AF002015

Grundwissen Soziale Arbeit
Herausgegeben von Rudolf Bieker

Band 21

Werner Schönig/Katharina Motzke

Netzwerkorientierung in der Sozialen Arbeit

Theorie, Forschung, Praxis

Verlag W. Kohlhammer

Dieses Werk einschließlich aller seiner Teile ist urheberrechtlich geschützt. Jede Verwendung außerhalb der engen Grenzen des Urheberrechts ist ohne Zustimmung des Verlags unzulässig und strafbar. Das gilt insbesondere für Vervielfältigungen, Übersetzungen, Mikroverfilmungen und für die Einspeicherung und Verarbeitung in elektronischen Systemen.

Es konnten nicht alle Rechtsinhaber von Abbildungen ermittelt werden. Sollte dem Verlag gegenüber der Nachweis der Rechtsinhaberschaft geführt werden, wird das branchenübliche Honorar nachträglich gezahlt.

1. Auflage 2016

Alle Rechte vorbehalten
© W. Kohlhammer GmbH, Stuttgart
Gesamtherstellung: W. Kohlhammer GmbH, Stuttgart

Print:
ISBN 978-3-17-022681-4

E-Book-Formate:
pdf: ISBN 978-3-17-030733-9
epub: ISBN 978-3-17-030734-6
mobi: ISBN 978-3-17-030735-3

Für den Inhalt abgedruckter oder verlinkter Websites ist ausschließlich der jeweilige Betreiber verantwortlich. Die W. Kohlhammer GmbH hat keinen Einfluss auf die verknüpften Seiten und übernimmt hierfür keinerlei Haftung.

Vorwort zur Reihe

Mit dem so genannten „Bologna-Prozess" galt es neu auszutarieren, welches Wissen Studierende der Sozialen Arbeit benötigen, um trotz erheblich verkürzter Ausbildungszeiten auch weiterhin „berufliche Handlungsfähigkeit" zu erlangen. Die Ergebnisse dieses nicht ganz schmerzfreien Abstimmungs- und Anpassungsprozesses lassen sich heute allerorten in volumigen Handbüchern nachlesen, in denen die neu entwickelten Module detailliert nach Lernzielen, Lehrinhalten, Lehrmethoden und Prüfungsformen beschrieben sind. Eine diskursive Selbstvergewisserung dieses Ausmaßes und dieser Präzision hat es vor Bologna allenfalls im Ausnahmefall gegeben.

Für Studierende bedeutet die Beschränkung der akademischen Grundausbildung auf sechs Semester, eine annähernd gleich große Stofffülle in deutlich verringerter Lernzeit bewältigen zu müssen. Die Erwartungen an das selbständige Lernen und Vertiefen des Stoffs in den eigenen vier Wänden sind deshalb deutlich gestiegen. Bologna hat das eigene Arbeitszimmer als Lernort gewissermaßen rekultiviert.

Die Idee zu der Reihe, in der das vorliegende Buch erscheint, ist vor dem Hintergrund dieser bildungspolitisch veränderten Rahmenbedingungen entstanden. Die nach und nach erscheinenden Bände sollen in kompakter Form nicht nur unabdingbares Grundwissen für das Studium der Sozialen Arbeit bereitstellen, sondern sich durch ihre Leserfreundlichkeit auch für das Selbststudium Studierender besonders eignen. Die Autor/innen der Reihe verpflichten sich diesem Ziel auf unterschiedliche Weise: durch die lernzielorientierte Begründung der ausgewählten Inhalte, durch die Begrenzung der Stoffmenge auf ein überschaubares Volumen, durch die Verständlichkeit ihrer Sprache, durch Anschaulichkeit und gezielte Theorie-Praxis-Verknüpfungen, nicht zuletzt aber auch durch lese(r)freundliche Gestaltungselemente wie Schaubilder, Unterlegungen und andere Elemente.

Prof. Dr. Rudolf Bieker, Köln

Für Petra und Matthias –
den zentralen Akteuren unserer primären Netzwerke

Zu diesem Buch

„Früher dachte man, die Erde sei eine Scheibe, dann eine Kugel, heute scheint sie zum Netz(-werk) zu werden." (Tomlinson 1999, in: Keupp 2009, S. 43)

Die Netzwerkgesellschaft ...

Menschen haben sich schon immer vernetzt, Beziehungen wurden bewusst geknüpft und genutzt, Austausch wurde auf Gegenseitigkeit betrieben und bei fehlender Reziprozität schon immer die Vernetzung abgebrochen. Stichworte hierzu sind der kulturelle Austausch schon in der Vorzeit, Städtebünde in der Antike und im Mittelalter, gelehrte Korrespondenzen und auch die kluge Heiratspolitik zur Festigung von Familiennetzwerken. Das *Netzwerken* ist vermutlich eine *anthropologische Konstante* des ‚homo socialis', eine zutiefst und spezifisch menschliche Variante des Problemlösens.

Für die europäische Aufklärung des 17. und 18. Jahrhunderts war das Räsonieren ein Hauptgegenstand, und hierfür wurden schon früh Netzwerke und Netzwerktreffen organisiert. Diese Netzwerktreffen sind als *Salons* bekannt geworden, wurden bis ins 19. Jahrhundert als solche betrieben und sind bis heute – wenn auch modifiziert und unter anderem Begriff – vielfach zu finden. Im Salon erreichten Aufklärung und Vernetzung eine neue Qualität. Hier wurden wesentliche Aspekte der Netzwerkarbeit praktiziert: regelmäßiges Treffen, themenorientierter Diskurs, Glauben an die Kraft des besseren Argumentes, Pflicht, sich seines eigenen Verstandes zu bedienen, interdisziplinärer Austausch von Fachleuten, formale Hierarchielosigkeit, mehr oder weniger unscharfe Außengrenzen bei wechselnder Mitgliedschaft, Einführung von Nachwuchskräften, Konkurrenzsituation zu anderen Netzwerken und schließlich eine Person in der Funktion der Netzwerkkoordination. Es ist durchaus bemerkenswert, dass dieser Modernisierungsschub, zumindest in Form der Salons, von Beginn an wesentlich von Frauen getragen wurde, deren Salons Berühmtheit erlangten (Geier 2009, S. 38ff.; Safranski 2004, S. 147ff.).

Dazu passt, dass diese Salons gerade auch der Einführung junger Menschen in die intellektuelle Gemeinschaft der Künstler, Wissenschaftler, Unternehmer und Beamten dienten. Das dortige Netzwerken war somit nicht nur dem Diskurs gewidmet, sondern ermöglichte auch ein freies Nachdenken über die eigenen Interessen und Fähigkeiten. Ganze Generationen von Intellektuellen sind in diesen Salon-Netzwerken nachhaltig geprägt worden. Ihr Ich hat dort – um mit Buber zu sprechen – ein denkbar vielfältiges, kreatives und komplexes Du gefunden, an das es sich anlehnen und von dem es sich abgrenzen konnte. Netzwerke haben mithin auch die Funktion einer Peergroup im individuellen Bildungsprozess (Bisky 2011, S. 117ff.; Buber 1983).

Netzwerke sind daher Ausdruck der „Selbstorganisation der Aufklärung" (Schneiders 1997, S. 19). Mit der Gründung und dem Betrieb von Netzwerken erfuhr die europäische Kulturgeschichte einen enormen Modernisierungsschub, der bis heue nachwirkt. Dabei liegt die *Modernität des Netzwerks* darin, dass es den Teilnehmern ermöglicht, individuelle Ziele auf Grundlage von Freiwilligkeit und bei Nutzung größtmöglicher Flexibilität zu verwirklichen. Schon hierdurch unterscheidet sich das Netzwerk von verwandten Phänomenen, wie System, Gemeinschaft und Familie.

Zu Beginn des 21. Jahrhunderts steht nun die Innovationsfähigkeit der Gesellschaft auf dem Prüfstand, wobei Innovation zu dem gesellschaftlichen Mega-Thema schlechthin avanciert. Auch in den Sozialwissenschaften findet die breite gesellschaftliche Thematisierung technischer und organisatorischer Innovationen ihren Niederschlag, die sich u. a. in der „These einer reflexiven Verflüssigung etablierter Grenzziehungen" (Krücken/Meier 2003, S. 71) spiegelt. Damit wird ein grundlegender Strukturwandel der modernen Gesellschaft vermutet und – soziologisch betrachtet – die Gegenwartsdiagnose der ‚Innovationsgesellschaft' gezeichnet. In diesem Kontext findet sich auch Castells (2001) groß angelegte Analyse der gesellschaftlichen Transformationen der Weltgesellschaft wieder, in der der Autor neue, hochflexible Netzwerkkonfigurationen des Wissens und des Kapitals herausgearbeitet und kritisch hinterfragt hat. Er rückt darin die elektronischen Kommunikationsmöglichkeiten ins Zentrum seiner Globalisierungstheorie. Ihm zufolge lässt sich die Gesellschaft durch umfassende Auflösungserscheinungen von Grenzziehungen vormals institutionell eindeutig voneinander getrennter Sektoren charakterisieren und wird dadurch zur ‚Netzwerkgesellschaft': Im Sinne Castells ist der Netzwerkbegriff eng mit der Vorstellung eines Informationszeitalters und einer Wissensgesellschaft verknüpft. Netzwerke und Kommunikationstechnologie sind für ihn dessen zentrale Machtstruktur, durch die sich der von Castells durchaus kritisch gesehene informationelle Kapitalismus vollzieht.

Aufgrund dessen sind Netzwerke bereits seit geraumer Zeit allgegenwärtig in verschiedensten gesellschaftlichen Diskursen. Obwohl die sozialwissenschaftliche Netzwerkforschung durchaus kritisch mit ihrem Gegenstand umgeht und funktionale Leistungsgrenzen und Probleme der Zurechnung von Verantwortung sowie Koordinationsprobleme in Netzwerken thematisiert, orientiert sich die Diskussion letztlich aber immer an den *Problemlösungsversprechen*, die mit Netzwerkstrukturen tatsächlich – oder eben nur vermeintlich (Stichwort: Mythos) – einhergehen (Krücken/Meier 2003, S. 72). Denn die Annahme, dass Netzwerke in Innovationskontexten die überlegene und rationale Strukturform darstellen, ist derzeit in hohem Maße institutionalisiert: Die Politik ist das zentrale Umweltsegment, das Netzwerke insbesondere durch Programme auf ganz unterschiedlichen Ebenen fördert. Folglich bilden verschiedenste Akteure entsprechende Formalstrukturen aus, um als legitime Akteure von Seiten der Politik anerkannt zu werden. Dies sichert die Finanzierung, ohne die der Großteil dieser Akteure nicht überlebensfähig wäre (vgl. Krücken/Meier 2003, S. 87, dort mit Blick auf Wissens- und Technologietransferorganisationen).

... und ihre Soziale Arbeit

Auch das Sozialwesen (und mit ihr die Soziale Arbeit als Profession und Disziplin) kommt nicht ohne Netzwerke aus – und will dies auch gar nicht. Denn auch aus fachlicher Sicht sprechen veränderte strukturelle Rahmenbedingungen des Sozialstaates und der Gesellschaft per se schon für eine *netzwerktheoretische Fundierung Sozialer Arbeit*. Ursächlich hierfür sind

- die komplexer werdenden Probleme der Adressaten sozialer Hilfe,
- die sozialräumliche Diversifizierung der sozialen Bedarfe,
- die enorme Ausdifferenzierung spezialisierter sozialer Hilfen sowie
- die gestiegene Komplexität der Angebotsstrukturen sozialer Dienstleistungen (Kruse 2005, S. 37).

Vor diesem Hintergrund versucht die Politik Netzwerkorientierung einseitig zu instrumentalisieren. Mit Blick auf dieses Risiko sei darauf hingewiesen, dass seit Ende der 1980er Jahre Politik und Verwaltung im Kontext des Neuen Steuerungsmodells verstärkt auf einen Mix unterschiedlicher Steuerungsinstrumente setzen und hierbei Ambivalenzen erzeugen: Einerseits soll der Sozial- und Gesundheitssektor mittels wettbewerbszentrierter Modernisierungsinstrumente effizienter gestaltet und korporatistische Steuerungen des Systems aufgelöst werden. Andererseits sollen hier mittels Vernetzung vorhandene Angebotsstrukturen optimiert, d. h. stärker verzahnt und aufeinander abgestimmt werden, um Synergieeffekte durch die Koordination von Ressourcen zu produzieren und damit Prozesse der Leistungserstellung effizienter zu machen (Dahme/Wohlfahrt 2000, S. 9ff.). Dabei verweisen *Konzepte wie ‚New Governance', ‚New Public Management' und ‚Aktivierender Sozialstaat'* darauf, politische Steuerungsprozesse nicht mehr streng hierarchisch aufzufassen, sondern die Interdependenzen der Akteure zu betonen und sich damit von der traditionellen Staatsfixierung zu distanzieren (Schubert 2008, S. 36). Mit Blick auf die kommunale Daseinsvorsorge lassen sich als neue Leitbilder einer solchen Organisationsentwicklung beispielsweise die Neuorganisation des Planungs- und Handlungssystems im Sozialraum, das Qualitätsmanagement oder die Vernetzung der Infrastrukturen verschiedener Fachbereiche nennen (Schubert 2008, S. 12).

Problematisch dabei ist nicht nur die grundsätzliche Ambivalenz, da auch in Vernetzungskonzepten Kooperation und Konkurrenz gleichzeitig gedacht und umgesetzt werden sollen. Darüber hinaus ist die praktische Frage offen, wie die politisch so propagierte und inzwischen großflächig verordnete Modernisierungsstrategie ‚Vernetzung' von der Sozialen Arbeit umgesetzt wird oder vielmehr in ihr umgesetzt werden kann. Hier legen praktische Erfahrungen den Verdacht nahe, dass es *statt* zu einer *Ressourcenoptimierung eher* zu einer *politischen Funktionalisierung der Sozialen Arbeit* zum Zwecke der Kostenreduzierung kommt.

Aufgabe der Sozialen Arbeit muss daher sein, offensive Lobbyarbeit in Bezug auf die sozialpolitische Ausgestaltung der Gesellschaft (kommunal, national und global) sowie die Durchsetzung und vehemente Verteidigung fachlicher Standards zu betreiben. Dieses ohnehin schwierige Unterfangen wird in der Sozialen Arbeit durch die geringe berufsständische Organisation sowie einen verstärkt riskanten Sozialkorporatismus (Schönig/Motzke 2008) noch weiter erschwert. Für die Soziale Arbeit gilt daher, die politische Steuerungsperspektive Vernetzung wahr- und ernst zu nehmen, sie sich aber nicht unhinterfragt aufstülpen zu lassen, sondern professionell autonom sinnvolle Konditionen ihrer Umsetzung einzufordern und ihre Grenzen aufzuzeigen.

Diese spezifische Aufgabe der Sozialen Arbeit findet sich in ihrem grundsätzlichen Auftrag der *Bearbeitung, d. h. Verhinderung und Bewältigung sozialer Probleme* (Engelke et al. 2009, S. 267) wieder. Dabei sind soziale Probleme diejenigen gesellschaftlichen Tatbestände, die Störungen verursachen oder als solche aufgefasst werden (Groenemeyer 1999, S. 14). Bevor diese jedoch bearbeitet werden können, müssen sie thematisiert und ihre Bedingungen analysiert werden. Somit ist Soziale Arbeit auch „*Intervention als Form der praktischen Sozialpolitik*" (Schönig 2014, S. 14), die sich anstatt der sonst generalisierenden Sozialpolitik auf den Einzelfall hin orientiert. Wichtig ist im Zusammenhang mit dem Netzwerkgedanken auch, dass Soziale Arbeit immer auf die Mitwirkung der Adressaten angewiesen ist – sie gelten als ‚Koproduzenten' der jeweiligen personenbezogenen sozialen Dienstleistung (von Spiegel 2013, S. 34). Und nicht zuletzt basiert Soziale Arbeit auf ethischen Prinzipien der sozialen Gerechtigkeit, den Menschenrechten, der gemeinsamen Verantwortung und der Achtung der Vielfalt (IFSW 2015, o. S.).

Netzwerkorientierung in der Sozialen Arbeit

Bereits Ende der 1980er Jahre hob Nestmann (1989, S. 110) in Bezug auf den Netzwerkansatz hervor, dass er dafür geeignet sei, theoretische Analyse wie praktische Diagnose und Intervention für die Soziale Arbeit abzuleiten. Diese umfassenden Möglichkeiten sind der Ansatzpunkt dafür, in diesem Lehrbuch nicht – wie in zahlreichen Publikationen zuvor geschehen – von Netzwerk*arbeit* zu sprechen, sondern von Netzwerk*orientierung*. Netzwerkorientierung wird hier als „*Arbeitsprinzip*" (Boulet/Krauss/Oelschlägel 1980, S. 146 – die Autoren sprechen hier von Gemeinwesenarbeit als Arbeitsprinzip) der Sozialen Arbeit aufgefasst: Ein Arbeitsprinzip ist demnach ein allgemeiner Grundsatz, der das professionelle Handeln des Sozialarbeiters/Sozialpädagogen in den unterschiedlichen Arbeitsfeldern leiten soll. Es ist mit dem Zusatz ‚Arbeits-' verknüpft, weil es als solches nicht abgeschlossen formuliert ist, sondern sich im Arbeitsstadium befindet (Motzke/Schönig 2012, S. 231). Während Konzepte als Säulen die Handlungsfelder tragen, ist die Netzwerkorientierung eine Querschnittsaufgabe, die für alle Handlungsfelder relevant ist.

Neben Vorteilen des Netzwerkansatzes generell müssen sich aber alle, die mit netzwerkorientierten Strategien im Sozialwesen arbeiten, auch einer Reihe von *Gefahren und Grenzen* bewusst werden (Bullinger/Nowak 1998, S. 90f.; Straus 1990, S. 518f.): So darf beispielsweise im Glauben an die Stärkung des Netzwerks nicht die Option der Auflösung von Netzwerken vernachlässigt werden. Darüber hinaus besteht die Gefahr der ‚Kolonialisierung der Lebenswelt' (Habermas) von Klienten, d. h. die Gefahr einer erhöhten sozialen Kontrolle. Auch zielen netzwerkorientierte Hilfen oft auf eine Stärkung nichtprofessioneller Helfer ab, was jedoch nicht mit der Schwächung oder gar dem Ausschluss der professionellen Helfer gleichzusetzen ist. Wie noch zu zeigen sein wird, ist das Prinzip der Netzwerkorientierung seit jeher der Sozialen Arbeit inhärent, wenngleich sich diese Tatsache und eine Netzwerkterminologie gar nicht oder nur sehr verschleiert auffinden lassen (Kruse 2005, S. 36). Straus (2012, S. 234f.) identifiziert zwei Phasen, in denen sich die Netzwerkidee in der Sozialen Arbeit sichtbar verankert hat:

- *Erste Phase:* Die konkrete Netzwerkidee hat ihren Siegeszug in der Sozialen Arbeit erst in den 1980er Jahren angetreten. Darin habe die Frage der praktischen Konsequenz einer Netzwerkperspektive durchaus ihre Spuren hinterlassen.
- *Zweite Phase:* Dagegen seien in der heutigen, *zweiten Phase des Netzwerkbooms* (ab dem Jahr 2000) Netzwerke geradezu ubiquitär geworden, und der Begriff fungiere als eine Art Catch-all-Konzept.

Es ist wichtig zu sehen, dass der derzeitige Diskurs über Vernetzung (nicht nur in der Sozialen Arbeit) bereits auf der Ebene der Begrifflichkeiten jede Eindeutigkeit vermissen lässt. Denn sie bezieht sich auf ganz verschiedenartige Akteursbeziehungen – Merchel (2000, S. 92) nennt dazu im Kontext der Jugendhilfe eine Spannbreite von personalen Interaktionen zwischen Fachkräften über die Zusammenarbeit von Einrichtungen bei einzelnen Hilfefällen und die Koordination der Hilfeangebote von verschiedenen Einrichtungen bis hin zur Institutionalisierung von einzelfallbezogenen Kooperationsverfahren mit gegenseitiger Verbindlichkeit. Daher ist es nur stimmig, wenn Otto (2013, S. 6) bezogen auf die dargestellte Netzwerkperspektive als grundsätzliche Herausforderungen für die Soziale Arbeit folgende Aspekte hervorhebt:

- erstens die notwendige begriffliche Schärfung des Netzwerkansatzes,
- zweitens die Entwicklung eines Anwendungsbezugs, der sich einseitigen politischen (manageriellen) Steuerungsstrategien widersetzt,
- drittens soll daraus die Stärkung einer problembezogenen Professionalität als Identitätsbildung der Sozialen Arbeit hervorgehen.

Diesen drei Herausforderungen will sich das vorliegende Lehrbuch stellen. Es will damit einen systematisierenden, anwendungsbezogenen sowie identitätsstiftenden Beitrag für Disziplin und Profession Sozialer Arbeit bieten.

Fokus Lehrbuch

Wenngleich das vorliegende Lehrbuch in seinem Grundlagenteil zur Netzwerkforschung allgemeine Aspekte von Netzwerken, der Netzwerkanalyse und ihre Bedeutung für die Soziale Arbeit analysiert und systematisiert, so liegt sein *Fokus* dennoch *auf der vom Einzelfall unabhängigen Arbeit in institutionellen Netzwerken.* Dieser Schwerpunkt wurde gewählt, weil in der Sozialen Arbeit im Kontext von fallbezogenen Klientennetzwerken bereits eine Reihe von ausgereiften Netzwerkkonzepten sowie entsprechenden Methoden und Techniken existieren, für die Soziale Arbeit mit und in fallunabhängigen, institutionellen Netzwerken jedoch (noch) nicht. Hier mangelt es an theoretischer und empirischer Unterfütterung, wobei Schubert (2008, S. 40) darauf hinweist, dass in diesem Bereich der Profit-Sektor über zahlreiche Konzeptionen und Analysen verfügt, die in der Sozialen Arbeit bislang aber wenig Beachtung fanden. Diese Idee der

Übertragung wird aber durchaus kontrovers bewertet, wie dieses Lehrbuch u. a. auch zeigt.

Darüber hinaus knüpft das Lehrbuch ausdrücklich an die *deutschsprachige, interdisziplinäre, sozialwissenschaftliche Theorie und Forschung zu Netzwerken* an. Dies ist ein Novum und soll helfen, die Netzwerkorientierung der Sozialen Arbeit mit dem aktuellen Diskurs in der Netzwerkcommunity zu verknüpfen und als Folge dessen die Soziale Arbeit stärker zu professionalisieren. Denn in der Netzwerkcommunity wird davon ausgegangen, durch Netzwerkforschung weiter zu kommen als mit den (herkömmlichen) anderen Verfahren (Stegbauer/ Häußling 2010a, S. 13).

Gewissermaßen ‚von Natur aus' ist für die Soziale Arbeit die Netzwerk*praxis* zentral, besteht doch ihr Gegenstand in der konkreten Bearbeitung von sozialen Problemen, die nun mal nicht isoliert existieren und verstanden werden können. Dem geschuldet, wartet das vorliegende Lehrbuch mit einem großen Repertoire an Beispielen aus der Netzwerkpraxis auf, anhand derer zahlreiche theoretische und empirische Aspekte veranschaulicht werden. Aus dieser Kombination kann der Leser *Praxiswissen* schöpfen, welches freilich für die konkrete Anwendung in unterschiedlichen Kontexten und entsprechend der jeweiligen Aufgabe modifiziert werden muss.

Zuletzt sei darauf hingewiesen, dass das Thema ‚*social media*' im Kontext der sozialwissenschaftlichen Netzwerkforschung und zunehmend auch für die Soziale Arbeit ein bedeutsames Forschungs- und Handlungsfeld darstellt. Da Netzwerke in diesem Kontext aber auf ganz anderen Ausgangs- und Rahmenbedingungen fußen sowie anderen Logiken folgen, würde eine Aufnahme in dieses Lehrbuch dessen Rahmen sprengen.

In dieser Einleitung sowie im gesamten Text wird die männliche Schreibform als verallgemeinernder Plural verwendet, bei wörtlichen Zitaten hingegen die Originalschreibweise beibehalten.

Inhalt

Vorwort zur Reihe 5

Zu diesem Buch 7

1 Netzwerkforschung 15
   1.1 Theoretische Grundlagen 16
      1.1.1 Netzwerke als neues Paradigma 16
      1.1.2 Netzwerk und Kooperation 20
      1.1.3 Netzwerk und System 29
      1.1.4 Netzwerktypen und ihre Funktionen 36
      1.1.5 Netzwerke und Hierarchie 46
      1.1.6 Netzwerkorientierung in Disziplin und Profession Sozialer Arbeit 49
   1.2 Empirische Netzwerkanalyse 60
      1.2.1 Beziehungen erfassen und Netzwerke abgrenzen 62
      1.2.2 Beziehungen darstellen 68
      1.2.3 Beziehungen durch Kennzahlen beschreiben 75
      1.2.4 Besonderheiten der Analyse egozentrierter Netzwerke ... 80
   1.3 Besondere Methoden 84
      1.3.1 Fokus der Vernetzung im Sozialraum 85
      1.3.2 Aktivierende Befragung 90
      1.3.3 Netzwerkphasen und Netzwerkkoordination 95

2 Beispiele aus der Netzwerkpraxis 111
   2.1 Allgemeine Aspekte der Netzwerkpraxis 111
      2.1.1 Identität durch gemeinsame Story: Netzwerke sind Dramen 111
      2.1.2 Konkurrenz bei Gründung von Netzwerken: Loyalität und Reziprozität 115
      2.1.3 Das Drama der Netzwerkphasen: Zwischen Kooperation und Konkurrenz 122
      2.1.4 Kreativität und Innovationskraft: Die Stärken des Netzwerks stärken 126
      2.1.5 Im Schatten der Hierarchie: Die dunkle Seite der Macht ... 129
      2.1.6 Konventionelle Konfliktbewältigung: Hierarchiekonformität ... 133
      2.1.7 Ego illustriert sein Netzwerk 137
   2.2 Spezielle Aspekte der Netzwerkpraxis 142
      2.2.1 Unkonventionelle Balance: Themenzentrierte Interaktion ... 142
      2.2.2 Externe Netzwerkmoderation: Zwischen Erfolg und Instrumentalisierung 147
      2.2.3 Ausblühungen an der Peripherie: Ehrenamtler im professionellen Netzwerk 150

       2.2.4 Arbeitsteilung mit System: Das zentralisierte
            Hilfe-Netzwerk 154
       2.2.5 Hilfenetzwerke versus Familiensysteme:
            Fälle familialer Gewalt 158
       2.2.6 Community Organizing: Beziehungsaufbau
            und Sozialstaatskritik 163

3   **Netzwerke nutzen: Eine To-do-Liste** 173

4   **Fazit und Ausblick** 176

Literatur 179

1 NETZWERKFORSCHUNG

„Wir stehen also eher am Beginn einer Entfaltung der Netzwerkforschung, deren Potentiale bei weitem noch nicht ausgelotet sind." (Stegbauer/Häußling 2010a, S. 14)

Was Sie in diesem Kapitel lernen können

In diesem Kapitel kann sich der Leser zunächst allgemeine und weitestgehend interdisziplinäre theoretische Grundlagen der Netzwerkperspektive aneignen, an die in der Sozialen Arbeit angeknüpft werden sollte. Dabei geht es hier sowohl um für die Soziale Arbeit brauchbare Begriffsdefinitionen und Typendifferenzierungen (Kap. 1.1.1 und 1.1.4) als auch um Abgrenzungen zu inhaltlich verwandten und fachlich (über-)strapazierten Begriffen (Kap. 1.1.2 und 1.1.3). Des Weiteren wird das Thema Netzwerke und Hierarchie kritisch beleuchtet und aus professionstheoretischer Sicht bewertet (Kap. 1.1.5). Vor dem Hintergrund dieses Wissens setzt sich der Leser anschließend mit der herausragenden Bedeutung der Netzwerkorientierung für Disziplin und Profession Sozialer Arbeit auseinander und erfährt, warum sie als grundlegendes Arbeitsprinzip verstanden werden sollte (Kap. 1.1.6).

Im zweiten Schritt des Theorieteils wird die empirische Netzwerkanalyse fokussiert und vorgestellt: Der Leser lernt, wie man Netzwerke erfassen, abgrenzen, darstellen und mit Kennzahlen beschreiben kann (Kap. 1.2.1 bis 1.2.3). Obwohl der Fokus des Lehrbuchs auf der fallunabhängigen Arbeit in institutionellen Netzwerken liegt, werden im Kontext der Netzwerkanalyse auch Besonderheiten der Analyse egozentrierter Netzwerke ergänzt (Kap. 1.2.4).

Im dritten Schritt findet eine Auseinandersetzung mit einzelnen zentralen Aspekten und Methoden statt, die aus der Netzwerkpraxis resultieren und die den Leser auf die Praxisbeispiele im Folgekapitel vorbereiten (Kap. 1.3.1 bis 1.3.3). Im Sinne der Verfestigung des theoretischen Wissens rund um Netzwerke in der Sozialen Arbeit werden – den Theorieteil abschließend – Wiederholungsfragen bereitgestellt.

In der deutschsprachigen Sozialforschung, an die hier aus Sicht der Sozialen Arbeit angeknüpft werden soll, ist von Netzwerkforschung als Oberbegriff für Netzwerkanalyse und Netzwerktheorie die Rede – im Gegensatz zu den USA, wo die Soziale Netzwerkanalyse (‚social network analysis') und damit die Analysemethoden und -techniken generell im Vordergrund stehen (Stegbauer/Häußling 2010a, S. 14). Der Begriff ‚social network analysis' lässt sich jedoch eigentlich nicht direkt ins Deutsche übersetzen, weil man nicht sagen kann, dass die Analyse von Netzwerken etwas ‚Soziales' an sich hätte. Da sich auch beispielsweise Ingenieure der Elektrotechnik unter dem Thema Netzwerkanalyse mit

Stromausfällen bzw. Ausfallsicherheit beschäftigen, mag er ansonsten in die Irre führen (Stegbauer 2008, S. 12). Die deutschsprachige Besonderheit, generell von Netzwerkforschung zu sprechen, verdeutlicht, dass hierzulande, stärker als dies im internationalen Bereich üblich ist, eine Theoriedebatte geführt wird (ebd., S. 13). Aber auch in den USA lässt sich seit den 1990er Jahren ein zunehmendes theoretisches Interesse verzeichnen – nach einem Fokus auf Methoden der Netzwerkanalyse in den 1970er und 1980er Jahren (Stegbauer/Häußling 2010a, S. 13). Dabei versteht sich von selbst, dass nicht eine umfassende Theorie, sondern unterschiedliche Sichtweisen der Beziehungsstruktur in Form von Theorien mittlerer Reichweite oder Theoremen diese (nicht unproblematische) Theoriedebatte prägen. Somit zeichnet sich für Stegbauer und Häußling (2010b, S. 57) das Selbstverständnis der Netzwerkforschung analog zu ihrem Gegenstand durch Heterogenität und Dynamik aus: Es existieren verschiedene Theoriebestrebungen sowie divergierende Forschungsstrategien, die entweder an den Relationen, an den Positionen bzw. Knoten oder an dem Gesamtnetzwerk ansetzen und von dort Netzwerkstrukturen beschreiben.

Die Netzwerkforschung ist ein äußerst dynamisches Forschungsfeld, das sich wie kaum ein anderer Sozialforschungsbereich interdisziplinär entwickelt und daher transdisziplinäre Zusammenarbeit fördert (Stegbauer/Häußling 2010a, S. 13). Es ist daher richtig und wichtig, auch mit (v. a. anwendungsorientierten) Fragestellungen und Erkenntnissen aus Disziplin und Profession Sozialer Arbeit an dieses Forschungsfeld anzuknüpfen und es damit zu bereichern – dem soll dieses Buch Rechnung tragen. Darüber hinaus fällt die Form der transdisziplinären Zusammenarbeit der Sozialen Arbeit sehr leicht, schließlich konstituiert sich die Wissenschaft Soziale Arbeit aus den Beiträgen unterschiedlicher Fächer sowie deren Perspektiven und Methoden, die sie unter der ihr eigenen Zielsetzung zu integrieren vermag (Motzke 2014, S. 44).

1.1 Theoretische Grundlagen

In diesem ersten Teil zu theoretischen Grundlagen der Netzwerkorientierung in der Sozialen Arbeit soll einerseits inhaltlich an die sozialwissenschaftliche Netzwerkforschung bzw. Netzwerktheorie angeknüpft werden, andererseits sollen theoretische Aspekte herausgearbeitet werden, die für die Netzwerkperspektive der Sozialen Arbeit spezifisch sind.

1.1.1 Netzwerke als neues Paradigma

In dem in der Einleitung genannten Kontext ist es nicht verwunderlich, dass die Netzwerkforschung in den letzten Jahren – auch im deutschsprachigen Bereich – einen enormen Aufschwung erfahren hat. So gibt es kaum mehr ein sozialwissenschaftliches Fachgebiet, in der die Netzwerkperspektive nicht bedeutungsvoll wäre (Stegbauer/Häußling 2010a, S. 13). Aktuell werden daher die Netzwerkanalyse und die Netzwerktheorie in Anlehnung an Kuhn (1973) als „neues

Paradigma in den Sozialwissenschaften" (Stegbauer 2008, S. 11) wertgeschätzt: Neu und anders ist dieses *Netzwerkparadigma* insofern, als es sich von der klassischen Surveyforschung abgrenzt. Die Akteure werden nicht mehr isoliert betrachtet, sondern man berücksichtigt in der Netzwerkforschung den Beziehungskontext und die Beziehungsstruktur zwischen den Befragten.

Erhofft werden durch eine solche Forschung neue Erkenntnisse, die die Gräben zwischen Theorie und Praxis, zwischen Mikrophänomen und Makrophänomen oder eben zwischen qualitativer und quantitativer Forschung überbrücken können (Stegbauer/Häußling 2010a, S. 14). Der *Anwendungskontext des Netzwerkbegriffs* in den Sozialwissenschaften reicht heute von der traditionellen Perspektive der formalen Netzwerkanalyse zur Untersuchung von Austausch-, Beeinflussungs- und Machtprozessen zwischen natürlichen Personen bis hin zu einem – bereits oben skizzierten – Verständnis als sozialpolitischem und ökonomischem Steuerungsansatz institutioneller Netzwerke (Schubert 2008, S. 35). Denn Netzwerke wurden in der wirtschaftlichen wie politischen Praxis bereits erfolgreich als eine neuartige Form der Handlungskoordination eingesetzt, da Netzwerke Problemlösungen zustande bringen, die anderen organisatorischen Arrangements und Strukturen überlegen sind (Weyer 2014, S. 39). Neben Wirtschaft und Politik finden sich in der Netzwerkgesellschaft selbstverständlich zahllose weitere *Anwendungsfelder der Netzwerkforschung* – so wie beispielsweise Soziales, Bildung, Wissenschaft, Technik und Soziale Räume, um nur einige Felder zu nennen. Im Hinblick darauf und mit Blick auf die deutsche Forschung ist bei Ziegler (2010, S. 39–53) ein komprimierter Überblick über Entwicklungen und Schwerpunkte der deutschsprachigen Netzwerkforschung der letzten drei Jahrzehnte zu finden.

Die *neue Netzwerksichtweise* hat sich in den letzten Jahren in Deutschland mit enormer Geschwindigkeit verbreitet, was sich neben fokussierten Zeitschriftenbeiträgen insbesondere an der Anzahl an Überblicksaufsätzen, Monografien, Sammelbänden und Lehrbüchern zeigt (neuerdings exemplarisch Jansen 2006; Schubert 2008; Stegbauer 2008a; Stegbauer 2016; Stegbauer/Häußling 2010c; Fischer/Kosellek 2013; Quilling et al. 2013; Weyer 2014). Entscheidende Impulse gehen auch von der seit 2010 existierenden Sektion ‚Soziologische Netzwerkforschung' der Deutschen Gesellschaft für Soziologie (DGS) aus, die u. a. mit einer offenen Mailingliste eine Informationsplattform für die deutschsprachige Netzwerkforschungs-Community installiert hat und Publikationslisten generiert. Darüber hinaus ist eine Vielzahl an – oft interdisziplinär gestalteten – Tagungen und Workshops zum Thema zu verzeichnen (z. B. alljährliche ‚Trierer Summer School on Social Network Analysis', aktuell Gründung einer ‚Deutschen Gesellschaft für Netzwerkforschung'). Diese Entwicklungen führten bereits dazu, dass eine kleine Zahl von Hochschulstudiengängen in unterschiedlichen Fachrichtungen mit dem Schwerpunkt Netzwerke aus der Taufe gehoben wurde und in der Folge auch bei der Denomination von Professuren Schwerpunktsetzungen im Netzwerkkontext zu finden sind. Aber auch international ist die deutsche Netzwerkforschungs-Community vernetzt, was sich exemplarisch an ihrer regen Beteiligung an der alljährlichen ‚Sunbelt-Conference' des ‚International Network for Social Network Analysis' (INSNA) veranschaulichen lässt. All dies macht deutlich, dass viele verschiedene wissenschaftliche und anwendungsorientierte Disziplinen das neue und wachsende Paradigma als erkenntnisleitendes Prinzip und als Methode einsetzen – so auch die Soziale Arbeit.

In Bezug auf die Soziale Arbeit beginnen die Überlegungen meist mit der Feststellung, dass *Netzwerke* seit langem als „Schlüsselkategorien Sozialer Arbeit" (Becker 2006, S. 34) gelten. Bestätigt wird dies durch den Befund, dass in allen aktuell relevanten Theorien, Konzepten und Methoden Sozialer Arbeit letztlich netzwerk- und unterstützungsbezogen argumentiert wird – und dies auch da, wo entsprechende Begrifflichkeiten und Bezugnahmen nicht explizit deutlich werden (Kruse 2005, S. 36). Vor diesem Hintergrund stellt sich aber die Frage, was an dem wachsenden Paradigma der Netzwerkorientierung das genuin Neue für die Soziale Arbeit ist. Mit Kruse (ebd., S. 41) ist zu antworten, dass Netzwerkarbeit (d. h. Vernetzung und vernetztes Arbeiten) eine alte, bekannte und doch zugleich völlig neue Strategie ist: Stellte Vernetzung in der Vergangenheit eine Strategie zur Steigerung der *Effektivität* der Hilfe für die Klienten dar, so richtet sich aktuell der Fokus zumeist auf die *Effizienz*, d. h. auf ein systematisches Prozessmanagement der Hilfeleistungen mit dem Ziel der Rationalisierung und Optimierung sozialer Dienstleistungen und des Ressourceneinsatzes. Zwischen alter Effektivitätsstrategie und neuer Effizienzstrategie besteht jedoch kein grundsätzlicher Widerspruch, weshalb beide in die Soziale Arbeit – wenngleich nicht ohne Vorsicht und Widerstand gegenüber Versuchen der politischen Funktionalisierung – integriert werden können.

Die derzeitige Inflation der Netzwerkrhetorik – in der Sozialen Arbeit wie auch in der sozialwissenschaftlichen Netzwerkforschung generell – verdeckt oftmals die Tatsache, dass es einerseits zunächst einer klaren und auf das Anwendungsfeld bezogenen Definition des Begriffes Netzwerk bedarf und dass es andererseits unterschiedliche Typen von Netzwerken und der Netzwerkorganisation gibt, die in Theorie und Praxis unterschieden und differenziert betrachtet bzw. gehandhabt werden. Aufgabe dieses Lehrbuches ist es daher zunächst, für die Soziale Arbeit brauchbare Definitionen und Differenzierungen anzubieten, die an den sozialwissenschaftlichen Diskurs um Netzwerke anschlussfähig sind.

Der *Begriff ‚Netzwerk'* bezeichnet grundsätzlich die Tatsache, dass Menschen miteinander sozial verknüpft sind – d. h. bildhaft betrachtet: Menschen werden als Knoten in einem Fischernetz gesehen, von denen Verbindungsfäden zu anderen Menschen laufen, die wiederum einen Knoten darstellen (Gerhardter 2001, S. 1). Die klassische, eher *quantitative Definition* von Netzwerk, die aus dem Kontext der Netzwerkanalyse stammt, bleibt in diesem Bild und spricht von Netzwerken als abgegrenzte Menge von Knoten (d. h. Akteure) und als Menge der zwischen ihnen verlaufenden Relationen (d. h. Beziehungen) (Pappi 1987, S. 15). Mit dem Begriff ‚Vernetzung' wird dann die Verbindung der Knoten eines Netzwerks über Beziehungen umschrieben, wobei die Verbundenheit zwischen den Akteuren und der Prozess der Beziehungspflege im Mittelpunkt stehen (Schubert 2008, S. 35). Im Anschluss an den Sozialanthropologen Mitchell, einem der Väter der Netzwerkkonzeption, können Interaktionsmerkmale wie der Inhalt, die Dauer, die Intensität, die Häufigkeit sowie die Gegenseitigkeit von Beziehungen als auch Strukturmerkmale des Netzwerks wie die Erreichbarkeit der Akteure untereinander, die Beziehungsdichte sowie die (sozial-)strukturelle oder räumliche Reichweite unterschieden werden (vgl. Bulinger/Nowak 1998; zur Erläuterung ausgewählter Kennzahlen siehe Kap. 1.2).

Im Verständnis einer eher *qualitativen Definition* wurde der Begriff ‚Netzwerk' ursprünglich durch den Anthropologen Radcliffe-Brown im Jahr 1940 in einem metaphorischen Sinn verwendet: Das Netzwerk ist das Geflecht an realen sozialen Beziehungen (Bullinger/Nowak 1998, S. 65). Aber erst der Sozialethnologe Barnes prägte in den 1950er Jahren bei einer Untersuchung der Sozialstrukturen auf einer norwegischen Insel den Begriff in einem strukturellen Sinn: Weil er die vorgefundenen Organisationsmuster nicht mit den herkömmlichen Kategorien (Markt, Unternehmen und Verwaltung, offizielle Gemeinschaften, Expertenkulturen etc.) beschreiben konnte, definierte er das soziale Umfeld als Netzwerk:

> *„I shall neverless look at social class from merely the one point of view: as a network of relations between pairs of persons according each other approximately equal status. [...] The image I have is a set of points some of which are joined by lines. The points of the image are people, or sometimes groups, and the lines indicate which people interact with each other. We can of course think of the whole of social life as generating a network of this kind."* (Barnes 1954, in: Bullinger/Nowak 1998, S. 66)

Im Unterschied zu den traditionellen Organisationsstrukturen verfügten diese, auf Verwandtschaft, Freundschaft und Bekanntschaft beruhenden, sozialen Netzwerke nicht über klare, eindeutige und damit leicht zugängliche Strukturen. Allerdings bestanden zwischen einer Vielzahl von Akteuren Verbindungen, die erfolgreiches gemeinsames Handeln zur Erreichung eines vereinbarten Zieles anstrebten – dabei konnte die Form des Netzwerks extrem unterschiedlich sein (Quilling et al. 2013, S. 10). Diese Erkenntnisse finden sich auch in der Transaktionskostenökonomie wieder, die typologisch die Trias ‚Markt', ‚Organisation' und ‚Netzwerk' unterscheidet und auf die in der Netzwerkliteratur immer wieder zurückgegriffen wurde: Während in einem Markt die Koordination über Tauschbeziehungen funktioniert und Preise die Tauschbeziehungen regeln, erfolgt die Koordination in Netzwerken über interdependente Beziehungen, Aushandlung und Vertrauen. Organisationen unterscheiden sich von Markt und Netzwerk durch formal geregelte Beziehungen von Mitgliedern und entwickelte, formalisierte Routinen.

An die vorangehenden Überlegungen zu quantitativen und qualitativen Aspekten wird angeknüpft, wenn hier mit Blick auf das spezifische *Anwendungsfeld Soziale Arbeit* folgende *grundständige Definition von ‚Netzwerk'* vorgeschlagen wird – zunächst unabhängig von den verschiedenen Netzwerktypen (s. Kap. 1.1.4):

Netzwerk

Ein Netzwerk ist eine Struktur von Verbindungen unabhängiger Akteure, die gemeinsam ein Thema bearbeiten und dazu ihre Ressourcen einsetzen. Das Netzwerk ist operativ offen und weitgehend ohne Hierarchien, darüber hinaus ist es ein nicht von vornherein befristeter Zusammenschluss mehrerer Akteure.

Erläuterung: Das Netzwerk besteht zunächst aus einer Menge von Beziehungen zwischen einer abgegrenzten Menge von Knoten (‚Struktur von Verbindungen'). Diese Knoten sind grundsätzlich nicht voneinander oder von Knoten außerhalb des Netzwerks abhängig (mehrere ‚unabhängige Akteure'). Sie arbeiten themenzentriert (‚gemeinsam ein Thema bearbeiten') und setzen ihre Ressourcen zur gegenseitigen Beeinflussung und Unterstützung ein (‚Ressourcen einsetzen'). Im Unterschied zu traditionellen Organisationsstrukturen sind Netzwerke ‚operativ offen' und ‚weitgehend ohne Hierarchien', d. h. die Knoten sind untereinander verbunden, aber nicht fest verkoppelt, und es bestehen eher keine festen Regelungsmechanismen und Hierarchien (Unterscheidung Netzwerk und System, s. Kap. 1.1.3). Die Struktur von Verbindungen ist grundsätzlich nicht befristet, kann aber einen geplanten Endpunkt haben bzw. den Zeitpunkt ihrer Auflösung festsetzen (‚nicht von vornherein befristeter Zusammenschluss').

Mit dieser Definition sind hinreichende Struktur- sowie Interaktionsmerkmale von Netzwerken bestimmt, die in der Sozialen Arbeit eine Rolle spielen. Durch sie unterscheidet sich das Netzwerk auch von anderen, zum Teil sehr eng verwandten Begriffen wie Kooperation oder System. Diese enge Verwandtschaft des Netzwerks zu Kooperation und System macht es aber gerade lohnenswert, sich Unterschiede, Gemeinsamkeiten sowie wechselseitige Implikationen genauer anzuschauen. Dem soll in den beiden folgenden Unterkapiteln nachgegangen werden.

1.1.2 Netzwerk und Kooperation

Netzwerke wurden bisher definiert als Strukturen, durch die unabhängige Akteure miteinander verbunden sind. Im Netzwerk bearbeiten diese Akteure ein Thema gemeinsam und setzen dazu ihre Ressourcen ein. Kooperation hingegen beschreibt „die interaktive Organisation der Erstellung von Leistungen in Arbeitsteilung. Sie erfolgt über die Koordination der zugrunde liegenden Aktivitäten und setzt das Vorhandensein der erforderlichen Ressourcen voraus. Im Kern geht es um einen wechselseitigen Austausch zwischen den beteiligten Akteuren, der auf Dauer angelegt zu Standardisierung und Formalisierung führt" (Schubert 2011, S. 531). Eine solche Formalisierung kann in der Bildung eines Netzwerks bestehen – mit anderen Worten: Netzwerke sind institutionalisierte Kooperationen.

Dies wirft die Frage auf, welche allgemeineren Aussagen sich in der Literatur zum menschlichen Kooperationsverhalten finden lassen und was diese Erkenntnisse – in die theoretische Überlegungen und Ergebnisse empirischer Tests einfließen – für die praktische Netzwerkarbeit bedeuten. Gibt es also ein grundlegendes „Prinzip Kooperation" (Pester 1993), das die Netzwerkorientierung in der Sozialen Arbeit trägt, wann ist es erfolgreich, und wie weit ist dieses Prinzip Kooperation belastbar? Kooperation (lat. cooperare = zusammenarbeiten, zusammenwirken) ist ein Ausdruck der Sozialnatur des Menschen (Schönig 2015, S. 67ff.). Insofern ist nicht nur die Konkurrenz, sondern auch die Kooperation im menschlichen Verhalten angelegt. Führt man sich die Vielzahl unserer alltäglichen Sozialkontakte vor Augen, so ist die ganz überwiegende Mehrheit dieser Kontakte entweder kooperativ oder gleichsam neutral, jedenfalls konkurrieren wir im alltäglichen Zusammenleben eher selten. Umso nachhaltiger prägen sich daher die Konkurrenzsituationen in die Erinnerung ein.

Gleichwohl machen die biologische Verhaltensforschung und insbesondere die Soziobiologie gewichtige Argumente dafür geltend, dass aus evolutionstheoretischer Sicht die Konkurrenz – und nicht die Kooperation – der grundlegend dominante Interaktionsmodus ist. Demnach führt das Streben allen Lebens nach Wachstum und Fortpflanzung in einer Welt begrenzter Ressourcen zwangsläufig zur Konkurrenz unter den Mitgliedern einer Population. Konkurrenz ist offenbar das im Zuge der Evolution genetisch programmierte Grundphänomen des Zusammenlebens. Kooperation und Gruppenbildung sind demgegenüber nachrangig, d. h. „letztlich Epiphänomene biologisch evolvierter individueller Lebens- und Reproduktionsinteressen und nicht etwa genuine Angriffsflächen und Modelliermasse der natürlichen Selektion" (Voland 2013, S. 9, vgl. a. S. 14, 21). Folglich ist aus Evolutionsperspektive die Kooperation der Konkurrenz nicht gleichrangig, sondern sie ist ein „Epiphänomen", d. h. aus der Konkurrenz abgeleitet und ihr nachgeordnet. Kooperation (und damit auch die Kooperation im Netzwerk) findet somit aus sozialbiologischer Sicht nur dann statt, wenn sie der eigenen Konkurrenzfähigkeit (der sogenannten fitness) dient.

Eben dies jedoch ist im alltäglichen Zusammenleben in modernen Gesellschaften der Fall – hier ist eine funktional differenzierte Gesellschaft ohne Kooperation nicht möglich. Gleichzeitig ist diese Kooperation voraussetzungsvoll, komplex und fragil. Diese Komplexität und Fragilität der Kooperation spiegelt sich eindrucksvoll in der Literatur der unterschiedlichen wissenschaftlichen Disziplinen, ist aber auch ein Hauptthema der bildenden Künste wie auch alltäglicher Gespräche unter Menschen. Sie ist umso mehr ein ständiger Aufreger, da komplexe, moderne Gesellschaften mit ihrer umfassenden Arbeitsteilung mehr denn je von Kooperation durchdrungen sind, von gelingender Kooperation abhängen und insbesondere auch Konkurrenzbeziehungen in Kooperationsstrukturen eingebettet sind. Schon die primäre Sozialisation im Elternhaus zeigt sehr eindrücklich die Bedeutung der Kooperation.

Das Konkurrenzstreben scheint letztlich eine beständige Herausforderung an die Kooperation zu sein, so wie auch die Konkurrenz ständig vom Kooperationsstreben herausgefordert wird. Ein Blick in die Literatur zeigt denn auch eine schier unüberschaubare Vielfalt von Kooperationstheorien, wobei man sich streiten mag, ob es sich hierbei um einige wenige, 17 oder gar 65 unterschiedliche Theorien handelt (Neugebauer 2012, S. 71).

Der weitreichendste Ansatz zur Erklärung von Kooperationsphänomenen ist der kooperative homo cooperativus, der dem konkurrierenden homo oeconomicus gegenüber und beiseite gestellt wurde. Der homo cooperativus akzentuiert eine positive Haltung zur Kooperation im Sinne einer ‚Kooperationsgesinnung'. Jene Kooperationsgesinnung ist als ‚Genossenschaftsgeist' vor allem in der genossenschaftswissenschaftlichen Literatur verbreitet. Selbst dort wurde die Annahme einer Kooperationsgesinnung jedoch schon früh als mehr oder weniger naive „Harmonietheorie" zurückgewiesen. An ihre Stelle setzte im deutschen

Sprachraum die Münsteraner Schule eine „Konflikttheorie" der genossenschaftlichen Kooperation, welche eigennutzorientierte Motive (statt einer Kooperationsgesinnung) in den Mittelpunkt ihrer Erklärung von Kooperation stellt (Eschenburg 1973, S. 102). Jene beiden sich widersprechenden Theoriestränge können in der klassischen Literatur auch bei Sombart, Durkheim und Böttcher gefunden werden. Hierbei stellt die Harmonietheorie zur Erklärung von Kooperation eher auf Aspekte der Tradition, mechanisches Zusammenwirken und geringer Reflexion ab, während die Konflikttheorie der Kooperation Rationalität, organisches Zusammenwirken und Reflexion in den Vordergrund stellt. Letztere kann im fortgeschrittenen Modernisierungsprozess einige Plausibilität für sich beanspruchen.

Kooperation ist gerade auch in Netzwerken ein „intra- und interorganisatorisches Spiel mit der Interdependenz, der Reziprozität und dem Wiedersehen" (Jansen, S. 2000, S. 31). Sie wird dann erfolgreich sein, wenn vier Voraussetzungen gegeben sind (Pester 1993, S. 75f.; im Original mit Hervorhebungen; vgl. ausführlicher Neugebauer 2012, S. 102ff.):

1. *Bewusstsein*: Kooperation setzt insbesondere in Netzwerken eine „bewusste, eigenverantwortliche Entscheidung" der Akteure voraus. Ein unbewusstes oder unfreiwilliges Zusammenwirken ist keine Kooperation.
2. *Interdependenz*: Gegenseitige Abhängigkeit ist für Kooperationen unerlässlich, d. h. ohne Interdependenz fehlt der Kooperation die Bindung.
3. *Gemeinsamkeit*: „Gemeinsames Handeln bzw. gemeinsame oder sich ergänzende Ziele sowie ausgewogene Machtverhältnisse" begründen eine Zusammenarbeit auf Augenhöhe. Die gemeinsamen Ziele und ausgewogenen Machtverhältnisse sind in Netzwerken idealtypisch umgesetzt.
4. *Vorteilhaftigkeit*: Die gemeinsamen Handlungen müssen zum gegenseitigen Vorteil sein, damit die Kooperationen „längerfristig stabil" sind. Dabei müssen nicht alle Akteure kurzfristig in gleichem Maße profitieren, nur darf es auch nicht langfristig zu einer Ausbeutungssituation durch Trittbrettfahrer kommen.

In stabilen Kooperationen handeln die Akteure somit eigennutzorientiert, und gleichzeitig wissen sie, dass sie sich in einer nützlichen Kooperation befinden. Eine erfolgreiche Kooperation festigt sich selbst, indem sie ihre eigenen Voraussetzungen stärkt. Umgekehrt kann eine Kooperation in einen Teufelskreis geraten, bei dem mangelnde Vorteilhaftigkeit die Gemeinsamkeit und das Bewusstsein beschädigen und die Kooperation untergraben.

Fragen der Kooperation eigennutzorientierter Akteure werden in der sozialökonomischen Literatur insbesondere in der Spieltheorie analytisch und empirisch bearbeitet. Sie hat sich seit ihrer Grundlegung durch Neumann/Morgenstern (1944) zunehmend zu einem zentralen Ansatz entwickelt, auf den unterschiedliche Humanwissenschaften zurückgreifen. Nicht zuletzt die Wirtschaftsnobelpreise an Nash/Harsanyi/Selten (Grundlagen der Spieltheorie, Nobelpreis 1994), Aumann/Schelling (Theorie der wiederholten Spiele, Nobelpreis 2005) und Hurwicz/Maskin/Myerson (Mechanismus Design, Nobelpreis 2007) haben dieser eigennutzorientierten Betrachtung von Kooperation zum Durchbruch in der wissenschaftlichen Gemeinschaft verholfen. Ihr Grundgedanke ist die Modellierung sozialer Interaktion in Entscheidungssituationen, bei denen Interessenkonflikte und Koordinationsprobleme vorliegen.

„Gegenstand der Spieltheorie sind Entscheidungssituationen, in denen das Ergebnis für einen Entscheider nicht nur von seinen eigenen Entscheidungen abhängt, sondern auch von dem Verhalten anderer Entscheider. Spieltheorie ist also eine Theorie sozialer Interaktion." (Rieck 2013, S. 21; Herv. i. Orig.)

In der spieltheoretischen Interaktion verfolgen mehrere vernünftige Entscheider ihre eigenen Interessen, so dass sich aus der gesamten Struktur des Spiels eine strategische Interaktion insbesondere in Form einer Kooperation ergeben kann. Ebenfalls ist eine Konfliktlösung möglich, und es ist Hauptthema der Spieltheorie, herauszuarbeiten, welche der beiden Lösungen sich ggf. in welcher Kombination durchsetzen wird. Dies wiederum hängt von den Eigenschaften des Spiels – seinen Regeln – ab. Diese Regeln können dazu führen, dass einzelne Strategien immer besser sind als andere (strikt dominierende Strategien) oder mindestens gleich gut wie diese (schwach dominierende Strategien). Diese Strategien dominieren, da rationale Spieler bei gegebenen Regeln ähnliche Verhaltensstrategien entwickeln werden. Dies ist der Grund, warum – nach dem Konzept der Spieltheorie – die Chance, die Notwendigkeit und ggf. auch die Unmöglichkeit von Kooperation rationaler Akteure in den Spielregeln angelegt ist (Rieck 2103, S. 26).

Es liegt auf der Hand, dass mit Blick auf die Spieltheorie am ehesten an strategische Spiele wie Schach u. a. und jedenfalls nicht an reine Glücksspiele zu denken ist. Allerdings ist im Gegensatz zum Schach die Lage noch komplexer. So können auch mehr als zwei Akteure beteiligt sein, es kann mehrere verbundene Spiele geben und vor allem können in einem Spiel auch beide Spieler gewinnen, was dann unmittelbar zur Kooperation überleitet. Letztlich ist in der Spieltheorie eine Vielzahl weiterer Differenzierungen möglich, von denen im Folgenden nur drei herausgehoben werden sollen:

1. In den Spielen kann der Vorteil des einen gleich dem Nachteil des anderen sein (*Nullsummenspiel*), oder beide können rational eine Handlungsstrategie einnehmen, welche in der Summe für beide lohnend oder nicht lohnend ist (*Nicht-Nullsummenspiel*). Dabei ist die erfolgreiche Kooperation als Win-win-Spiel als spezieller Fall den Nicht-Nullsummenspielen zuzuordnen. Nicht-Nullsummenspiele können auch nur einer Seite (win-lose) oder aber keiner Seite (lose-lose) ein positives Ergebnis bringen. Nur in den vergleichsweise seltenen Win-win-Spielen ist eine Kooperation möglich.
2. Die Spiele können *kooperativ* (mit der Möglichkeit, verbindliche Vereinbarungen zu treffen) oder *nicht kooperativ* (ohne die Möglichkeit, verbindliche Vereinbarungen zu treffen) sein. Kooperative Spiele sind durch die Möglichkeit der Kommunikation und vor allem der Vereinbarung verbindlicher Verträge charakterisiert. Kooperation in Netzwerken umfasst auch eine intensive Kommunikation untereinander und den Abschluss verbindlicher Vereinbarungen. Daher können Netzwerke in der Regel als kooperative Spiele angesehen werden.

3. Zudem können die Spiele mit nur *einem Spielzug* konzipiert sein oder sich *evolutorisch* bis hin zu unendlich vielen Spielzügen entwickeln. Hier haben evolutorische Spiele mit einer Vielzahl von Spielzügen das Potenzial zur Kooperation und dies besonders dann, wenn im jeweils nächsten Spielzug kooperatives Verhalten belohnt und nicht kooperatives Verhalten (Defektion) bestraft werden kann. Aufgrund ihrer besonderen Realitätsnähe wurden diese evolutorischen Spiele in den letzten Jahren besonders intensiv untersucht.

Sehr eindrücklich vermittelt das oftmals zitierte *Gefangenendilemma-Spiel* (Holler/Illing 2009, S. 2–9; Rieck 2103, S. 49–58) den Effekt der Spielregeln auf die Möglichkeit zur Kooperation. In diesem Spiel sitzen zwei Gefangene isoliert in Untersuchungshaft und müssen entscheiden, ob jeder für sich leugnet oder gesteht. Die Höchststrafe beträgt sechs Jahre und wird dann vergeben, wenn einer der beiden vom anderen verraten wird (-6), der Verräter selbst wird dann aufgrund einer Kronzeugenregelung nur zu einem Jahr verurteilt (-1). Gestehen beide Gefangenen, so werden beide aufgrund ihrer Geständnisse nur zu vier Jahren verurteilt (-4); leugnen beide, so wird man sie aufgrund von Indizien zu zwei Jahren verurteilen (-2). Hieraus ergeben sich folgende Kombinationen für die Gefangenen A/B: Einseitiger Verrat (-6 / -1) und (-1 / -6), beidseitiges Geständnis (-4 / -4) und beidseitiges Leugnen (-2 / -2).

Gestehen die beiden Gefangenen, so werden sie somit nach diesen Regeln zu einem oder maximal vier Jahren verurteilt (bei eigenem Verrat bzw. beidseitigem Geständnis); leugnen sie, so müssen sie mit zwei bis zu sechs Jahren rechnen (bei beidseitigem Leugnen bzw. Verrat des anderen). Im Durchschnitt kommt damit das Geständnis auf 2,5 Jahre Haft $((-1 + -4) / 2 = -2,5)$, das Leugnen jedoch auf vier Jahre $((-6 + -2) / 2 = -4)$. Daher ist das Geständnis für jeden der beiden Gefangenen, die sich ja nicht verbindlich absprechen können und die nur einmal gefragt werden, aus individueller Sicht rational und damit eine dominante Strategie. Sie haben beim Geständnis zwar mit einer geringen Strafe zu rechnen, laufen aber nicht Gefahr, wegen Verrat des anderen und eigener Leugnung besonders hart bestraft zu werden.

Jedoch sind diese Regeln sehr restriktiv und haben wenig mit der Netzwerkrealität gemein. Hier ist vielmehr Kommunikation die Regel, wodurch ein viel günstigeres Spielergebnis zu erwarten ist. Könnten die Gefangenen kommunizieren und – vor allem – verbindliche Absprachen für die Zukunft treffen, so würden sie sich gegenseitig kooperativ entlasten und beide würden aus Mangel an Beweisen freigesprochen. Diese und jede andere Ausweitung ihrer Handlungsoptionen würde die Kooperationsmöglichkeit erhöhen, und die Kooperation würde ihre Lage verbessern. Da im Gefangenendilemma jene Handlungsoptionen jedoch nicht gegeben sind, befinden sich die Gefangenen in einer Dilemmastruktur: Indem sie individuell, isoliert und mit Blick auf einen einzigen Spielzug rational entscheiden, entscheiden sie sich zum beidseitigen Nachteil.

Das Dilemma der Gefangenen ist der Erfolg des Staatsanwalts. Er hat die Regeln so geschaffen, dass sich die Gefangenen in einer Dilemmastruktur befinden. Hätte er andere Regeln verordnet – vor allem die Möglichkeit, kooperativ verbindliche Verträge einzugehen – so hätten sich die Gefangenen auf ein anderes

Ergebnis einigen können. Es sind daher die Regeln, welche Kooperationen verhindern oder sie fördern. Die Regelsetzung – sprich: Regulierung – ist damit der entscheidende Ansatzpunkt für die Ermöglichung von Kooperation.

Hier ist das Mechanismus-Design zu erwähnen. Mechanismus-Design bezeichnet jene gezielte Schaffung adäquater Regeln, durch welche die Spieler ein gewünschtes Ergebnis – z. B. die Kooperation – hervorbringen werden. Hier wird somit die Fragestellung der Spieltheorie umgekehrt: Es wird nicht mehr gefragt, welches Ergebnis Regeln hervorbringen werden. Die Frage ist vielmehr, welche Regeln festzulegen sind, wenn man ein bestimmtes Ergebnis erzielen will. Kooperationsfreundliche Regeln können daher – z. B. seitens der Sozialpolitik gegenüber den sozialen Diensten – ebenso geschaffen werden wie kooperationsfeindliche Regeln (Holler/Illing 2009, S. 329–346). Beide Regelarten haben einen entscheidenden Einfluss auf die Kooperation in Netzwerken.

Einen weiteren Hinweis auf das Entstehen von Kooperation zwischen rationalen Akteuren bietet das ebenfalls sehr bekannte Experiment Axelrodts (1988, S. 11), bei dem er Computerprogramme mit unterschiedlichen Strategien (von unbedingt kooperativ über gemäßigt kooperativ bis hin zu gar nicht kooperativ) gegeneinander über mehrere Runden antreten ließ. Dabei gewinnt die ‚Wie du mir, so ich dir'-Strategie (‚*Tit for Tat*'), d. h. es setzen sich jene durch, welche Kooperation zunächst anbieten, im Fall der Defektion jedoch sofort durch Kooperationsabbruch reagieren und in diesem Sinne entschlossen sanktionieren. Diese ‚Tit for Tat'-Strategie ist also einerseits kooperationsfreundlich, lässt sich jedoch andererseits nicht ausbeuten und reagiert sofort. Axelrodt zeigt mit diesem Experiment, dass Kooperationen schon dann dominieren, wenn die Spieler mehrmals aufeinandertreffen und wenn in der Grundgesamtheit Kleingruppen von mindestens nur 5 % der Spieler Tit for Tat spielen. Wehrhaftes kooperatives Verhalten ist dann ein Lernprozess und zieht immer weitere Kreise. Theoretisch wie praktisch ist daher ein wachsames, sanktionsbereites, aber grundsätzlich kooperatives Verhalten eine effiziente Strategie, um langfristig Kooperationen zu stabilisieren (Rieck 2013, S. 338 ff.).

Im Gegensatz zu Axelrodts starren Computerprogrammen ist die reale Kooperation zwischen Menschen indes durch eine enorme Flexibilität der Verhaltensweisen gekennzeichnet. Gerade hier ist dem Erfindergeist keine Grenze gesetzt, sei es, dass es um die Stabilisierung oder die Destabilisierung der Kooperation geht. Einige der Verhaltensweisen (Affekte, Reaktionsmuster) sind dabei genetisch programmiert, andere jedoch werden durch Bewusstsein, Überlegung und kulturellen Kontext hervorgebracht. Im Ergebnis fällt die experimentelle Prüfung der spieltheoretischen Modelle zur Kooperation nicht leicht, da die teilnehmenden Probanden immer auch vor ihrem kulturellen Hintergrund agieren und dementsprechend z. B. sehr unterschiedliche Vorstellungen von Gerechtigkeit und Fairness haben können, welche beide für die Stabilität von Kooperationen im Netzwerk entscheidend sein können. Immerhin lassen sich einige zentrale Vorteile der Kooperation sowie Strategien zu deren Stabilisierung benennen.

- *Vorteile der Kooperation* liegen im Schutz gegenüber Konkurrenten, den die Zugehörigkeit zu einem Netzwerk bieten kann, sowie in Effektivitäts- und

Effizienzgewinnen durch die Arbeitsteilung und Innovation im Netzwerk. Der gängige Slogan ‚Gemeinsam sind wir stark' hat hier seine Berechtigung.
- *Nachteile der Kooperation* liegen in einer möglichen Zunahme der internen Konkurrenz, der möglichen Ausbeutung von schwächeren Kooperationspartnern und der Hemmung eigener Initiative aus Rücksicht auf die Kooperationsstruktur. Wie alles, so hat auch die Kooperation ‚ihren Preis'.

Da Vor- und Nachteile der Kooperation gegeneinander aufgewogen und maximiert bzw. minimiert werden sollen, ist die Art und Weise der Kooperation – insbesondere auch in Netzwerken – ein optimierender Prozess. In diesem Prozess entscheidet am Ende eine Vielzahl unterschiedlicher Überlegungen und Umweltfaktoren darüber, ob eine Kooperation fortgesetzt und gar ausgebaut oder eingestellt oder zumindest eingeschränkt wird.

Eine weitere spieltheoretische Überlegung bietet hierzu das *Taube-Falke-Modell* von Dawkins (1978). Demnach gibt es in einer Gruppe idealtypisch zwei Arten von Mitgliedern: erstens die aggressiven und bis zum eigenen Tode kämpfenden Falken und zweitens die passiven, auf Deeskalation und Verlustminimierung bedachten Tauben.

- *Trifft nun ein Falke auf einen Falken*, so kommt es zum Kampf. Der Sieger des Falkenkampfes (Wahrscheinlichkeit = 0,5) erhält +50 Punkte, da er Stärke und Ruhm erntet. Der verlierende Falke hingegen verzeichnet -100 Punkte, da er verletzt und beschämt zurückbleibt. Damit ist der durchschnittliche Punktwert stark negativ (0,5 · 50 + 0,5 · -100 = -25 Punkte).
- *Ein Falke gewinnt gegen eine Taube* immer (+50 zu 0 Punkte). 0 Punkte bedeutet hier, dass die Niederlage für die Taube mit keinem weiteren Verlust verbunden ist. Im Durchschnitt ergibt sich ein sehr günstiger Punktewert (0,5 · 50 + 0,5 · 0 = +25 Punkte).
- *Treffen zwei Tauben aufeinander*, so drohen sie nur (-10 Punkte für den Aufwand), ohne zu kämpfen. Der Sieger erhält auch hier brutto 50 Punkte und abzüglich des Aufwandes netto 40 Punkte; der Verlierer des Taubenduells verliert 10 für den ertraglosen Aufwand. Hier liegt der Durchschnitt (mit einem Punktwert von 0,5 · (50 − 10) + 0,5 · -10 = +15 Punkte) zwischen dem Wert des reinen Falkenduells und dem Wert des Duells zwischen Falke und Taube.

Interessant ist nun, dass – ausgehend von den hier skizzierten Werten – sowohl eine Gruppe voller Falken als auch eine Gruppe voller Tauben nicht optimal wäre. Gäbe es nur Falken, so würde für alle der Durchschnittswert von -25 Punkten gelten, gäbe es nur Tauben +15 Punkte. Daraus folgt: Nur bei einer Mischung beider Strategien, wenn also Taube und Falke aufeinandertreffen, kann mit +25 Punkten der höchste Durchschnittswert erzielt werden. Eine Stabilität wird es daher erst geben, wenn im gewählten Beispiel der Anteil der Falken geringer ist (hierdurch sinkt u. a. das Risiko, dass Falke auf Falke trifft) und der Anteil der Tauben höher ist (hierdurch steigt die u. a. Chance, dass Falke auf Taube trifft).

Deutlich zeigt somit das Taube-Falke-Modell die Vorteilhaftigkeit einer Mischung unterschiedlicher Verhaltensstrategien in einer Gruppe – auch in einem

Netzwerk! –, während sich rein homogene Gruppen in einer Konkurrenz der Gruppen untereinander nicht durchsetzen würden. Auch in der Praxis der Kooperation wird man immer wieder unterschiedliche Typen von Gruppenmitgliedern antreffen, bei denen es darauf ankommt, in der Kooperation ein gutes Mischverhältnis herzustellen.

Wie dieses Mischverhältnis im Einzelnen aussieht, muss hier allerdings offenbleiben und dies umso mehr, da moderne Kooperationsbeziehungen in Netzwerken komplex angelegt sind. Sie folgen ganz offensichtlich keinem simplen Falke-Taube-Dualismus. Auffällig ist hier vielmehr, dass Kooperationen vielfältige Formen altruistischen und/oder reziproken Verhaltens der einzelnen Akteure hervorbringen, durch welche die Kooperation stabilisiert wird – sie belohnen kooperatives Verhalten und bestrafen defektives Verhalten. Voland (2013, S. 63–84) unterscheidet in diesem Zusammenhang sechs Strategien, die auch in Netzwerken häufig anzutreffen sind:

- *Mutualismus:* Kooperation mit mehreren anderen bei gleichzeitigem unmittelbaren Vorteil aller Akteure, wie z. B. bei einer Mannschaftssportart.
- *Tausch:* Ebenfalls Kooperation mit einem anderen zum gleichzeitigen unmittelbaren Vorteil, hier nun aber auf bilateraler Ebene, wie eben bei einem Tauschgeschäft zum beidseitigen unmittelbaren Vorteil.
- *Reziproker (schwacher) Altruismus:* Unterstützung eines anderen in Erwartung späterer Gegenleistung durch ihn selbst, daher langfristig zum beidseitigen Vorteil, z. B. bei unterschiedlichen Spezialisierungen und in Notsituationen. Besondere Voraussetzung: langer Zeithorizont und Vertrauen.
- *Indirekte (starke) Reziprozität:* Unterstützung eines anderen in Erwartung einer späteren Gegenleistung eines dritten Netzwerkmitgliedes, ebenfalls bei unterschiedlichen Spezialisierungen und in Notsituationen. Besondere Voraussetzung: langer Zeithorizont, Vertrauen und Sanktion von Normverletzern.
- *Handicap-Altruismus:* Unterstützung anderer, um den übrigen Netzwerkmitgliedern die eigene Stärke zu demonstrieren, z. B. zur Steigerung der eigenen Reputation. Besondere Voraussetzung: Prestige-Hierarchien innerhalb des Netzwerks.
- *Nespotischer Altruismus:* Unterstützung anderer aus der eigenen Subgruppe mit dem Ziel der Stärkung dieser Subgruppe. Klassisch ist diese Subgruppe eine Familie, oder es sind die Angehörigen desselben Verbandes. Besondere Voraussetzung: Gemeinsame Abstammung oder sonstige Zugehörigkeit zu einer Subgruppe.

Von diesen Strategien zur Aufrechterhaltung einer Kooperation sind die ersten beiden (Mutualismus und Tausch) unproblematisch, da sie keinen Ansatz zu unkooperativem Verhalten (Defektion) bieten: Wer hier nicht kooperiert, handelt unmittelbar zu seinem eigenen Nachteil. Interessanter sind daher die beiden obigen Reziprozitätsstrategien (reziproker Altruismus, indirekte Reziprozität). Beide sind nur möglich bei Stabilität eines Netzwerks, und beide laufen ständig Gefahr, dass in ihnen die Altruisten mit ihren Vorleistungen enttäuscht werden. Für die Netzwerke ist es daher existenziell, dass Regeln und Sanktionen etabliert werden, welche solcherlei Defektion möglichst umgehend bestrafen (vgl. hierzu auch die obigen Ausführungen zu Axelrodts Tit-for-Tat). Praktisch geschieht dies durch Ausschluss und/oder länger anhaltendem Reputationsverlust. Ausschluss und Reputationsverlust sind umso leichter möglich und folgenschwerer, je enger und langfristiger die Netzwerkakteure kooperieren und je höher ihr Nutzen aus der Kooperation ist.

Aus psychologischer Sicht scheinen Menschen besonders sensibel für Trittbrettfahrertum und ähnliche Regelverletzungen zu sein. Die Akteure in einem Netzwerk haben eine besonders feine ‚Antenne' für andere Akteure, die nur Vorteile aus dem Netzwerk ziehen wollen. Daher können diese Täter recht leicht entlarvt werden. Für die Stabilität der gesamten Kooperation ist es dann von zentraler Bedeutung, dass die kooperierenden Akteure über Sanktionsmöglichkeiten – wie eben Ausschluss oder Kooperationsabbruch gegenüber den Trittbrettfahrern – verfügen.

Noch schwieriger ist der Fall einer indirekten Reziprozität, weil hier keine unmittelbare Beziehung zwischen dem Altruisten und dem Erbringer der Gegenleistung existiert. Dies konstituiert eine extrem komplexe Netzwerkbeziehung, die entsprechend schwer zu managen ist. Gerade diese Strategie ist indes in hochdifferenzierten modernen Gesellschaften die Regel, weshalb sie auch in der Forschung besonders beachtet wurde.

Bei steigender Komplexität der Netzwerkbeziehungen gewinnen daher Fragen der Moral und der Fairness an Bedeutung. Damit werden Standards für kooperationsfreundliches Verhalten gesetzt, die über den Einzelfall und über den reziproken Altruismus hinausgehen. Moral und Fairness sind solche Normen, die eine uneingeschränkte Durchsetzung des Eigeninteresses verhindern. Diese Standards erleichtern es, trotz der Komplexität in großen Netzwerken eine Normverletzung zu erkennen und an sie schließlich eine Sanktion knüpfen zu können.

Fairnessstandards in Netzwerken, welche die komplexen Netzwerkbeziehungen gegen Defektion absichern sollen, sind sehr wirkungsmächtig und häufig zu beobachten. Ein prominentes Beispiel für deren reale Existenz ist das Ultimatum-Spiel. Hier treffen zwei Personen aufeinander, von denen Person A nur dann einen Geldbetrag (10 €) erhält, wenn er sich mit einer weiteren Person B über die Aufteilung der 10 € zwischen A und B einigen kann. Gelingt die Einigung, so erhält jeder den vereinbarten Anteil, gelingt die Einigung nicht, so erhalten beide nichts. Es ist nur ein einziges anonymes Angebot ohne Kommunikation und Verhandlung möglich.

Nüchtern betrachtet und ohne Fairnessaspekte wäre hier zu erwarten, dass B jedes beliebige Angebot von A akzeptieren würde, da B sich mit dem ggf. auch geringen Betrag/Anteil immer besser stellen würde als bei einer Ablehnung und dem folgenden Totalausfall. Ohne Fairnessaspekte würde B jedem beliebigen Betrag zustimmen, da er sonst gar kein Geld erhalten würde. Praktisch jedoch geht es nicht nur um Geld, sondern eben auch um Fairness. Tatsächlich haben Experimente immer wieder gezeigt, dass in den meisten Fällen Spieler A 5 € anbietet und Spieler B dem zustimmt. B stimmt darüber hinaus auch Angeboten zu, die zwischen 5 € und 2,50 € liegen. Jedoch lehnt B noch schlechtere Angebote unter ca. 2,50 € wahrscheinlich ab und wird auf diesen geringen Betrag verzichten.

Grund für diese Ablehnung durch B ist sein verletztes Fairnessempfinden und zudem die Tatsache, dass B immer weniger Euro entgehen, wenn er ein schlechteres Angebot ablehnt. B wird sich von A bei einem Angebot von unter 2,50 € schlicht ausgenutzt sehen und ist nicht bereit, für einen so geringen Betrag in seinem Fairnessempfinden verletzt zu werden. B ist offenbar bereit, selbst auf einen geringen Geldbetrag zu verzichten und ein unfaires Angebot abzulehnen, d. h. er lässt sich die Sanktion von A einen geringen Geldbetrag kosten. Dieses Verhalten von B ist in einer Vielzahl von Experimenten in verschiedenen Kulturen nachgewiesen worden und daher gut abgesichert (Voland 2013, S. 75f.).

Stünden glaubhaft größere Summen zur Disposition (z. B. eine Million Euro, was experimentell schwierig umzusetzen ist), so wäre es interessant zu beobachten, wie sich die entsprechenden Grenzwerte entwickeln würden. Wird B dann sein Fairnessempfinden an relativen oder an absoluten Größen orientieren? Wird er dann 10 % (= 100.000 €) akzeptieren, während er im Ursprungsexperiment 10 % (= 1 €) mit Sicherheit abgelehnt hätte? Werden umgekehrt Menschen in einer Armutslage auch 1 € akzeptieren? Vermutlich, denn diese Fairnessbewertungen sind nicht absolut, sondern hängen wahrscheinlich von relativen Kontextfaktoren ab.

Wie dem auch sei: In der komplexen Kooperation eines Netzwerks kann ein Konsens über Fairness ein wichtiger Kitt als Prävention gegen Ausbeutungsstrategien sein. Dies gilt umso mehr, je größer das Netzwerk ist und je komplexer damit die Altruismus- und Reziprozitätsüberlegungen sein werden. Zudem zeigen vergleichende Untersuchungen, dass die Probanden in künstlich arrangierten Experimenten deutlich rationaler, kühler und geiziger agieren als sie es im alltäglichen Leben tun würden. So gewendet, ist der stabilisierende Einfluss von Normen im alltäglichen Leben eher noch stärker, als er ohnehin durch Experimente nachgewiesen ist.

In der Praxis der Netzwerkkoordination wird daher mit gutem Grund eine Vielzahl von Verhaltensnormen implementiert. Dies gilt umso mehr, wenn – was angesichts seiner operativen und strukturellen Offenheit nicht einfach ist – das Netzwerk nach innen eine starke Identität ausbildet und sich nach außen gegenüber der Umwelt und anderen Netzwerken abgrenzen kann. Dann wirkt der Konsens über Normen nach innen stabilisierend. Ergänzend kann man kooperationsfreundliches Verhalten noch dadurch fördern, dass es beobachtet und erfasst wird und man es schließlich durch einen Prestigegewinn besonders wertschätzt und anerkennt.

1.1.3 Netzwerk und System

Der Systembegriff nimmt in verschiedenen theoretischen wie anwendungsorientierten Kontexten der Sozialen Arbeit eine zentrale Stellung ein. Weil zudem die Abgrenzung zwischen Netzwerk und System eine in der sozialwissenschaftlichen Netzwerkforschung häufig diskutierte (wenngleich nicht endgültig beantwortete) Frage darstellt, soll dieser Aspekt und ein konkreter Vorschlag einer Abgrenzung nun eingehender behandelt werden.

Netzwerke wie auch Systeme haben Eingang in sehr unterschiedliche Diskurse der Theorie und Praxis Sozialer Arbeit (sowie der Sozialwissenschaften insgesamt) gefunden und nehmen dort eine zentrale Stellung ein. Allerdings scheint der Erfolg beider Begriffe einer gegenseitigen Abgrenzung eher im Wege zu stehen. Oftmals wird in der Literatur und Praxis der Anspruch erhoben, einen Großteil der sozialen Prozesse und Strukturen nur mit Netzwerken oder nur mit Systemen abbilden bzw. bewältigen zu können.

Zudem ist aktuell der Netzwerkbegriff ‚moderner', da in einem Netzwerk tendenziell mehr Flexibilität und Innovationsneigung, dafür jedoch weniger Hierarchie und Regulierung vorliegen. Diese Modernität des Netzwerkbegriffs darf jedoch nicht den Systembegriff in den Hintergrund drängen. Vielmehr sollte versucht werden, das Verhältnis von Netzwerk- und Systembegriff besser zu klären und sie nicht in wenig fruchtbarer Weise mal synonym, mal vage abgegrenzt zu verwenden.

Die folgenden Ausführungen (vgl. ausführlich auch Schönig/Franken 2015) verstehen sich als ein Beitrag zu diesem Klärungsprozess zwischen Netzwerk- und Systembegriff. Sie fokussieren dazu auf das Kriterium der operativen Geschlossenheit eines Systems versus der operativen Offenheit eines Netzwerks und zeigen, dass sich aus diesem *Leitkriterium* andere Merkmale ableiten lassen, wie z. B. die Frage der Außengrenzen, typische Potenziale und Probleme und die Perspektive der Sozialen Arbeit.

Zunächst jedoch sei die *Problemanzeige* vorgetragen: Theorie und Praxis verwenden die Begriffe Netzwerk und System nicht einheitlich trennscharf abgegrenzt, und gelegentlich werden sogar beide Begriffe als „gleichbedeutende Metapher[n]" (Ritscher 2005, S. 169) aufgefasst. Andererseits scheint ein Konsens darüber zu bestehen, dass sich Netzwerk und System irgendwie unterscheiden. So ist eine Differenzierung beider Begriffe sinnvoll, gleichzeitig jedoch auch ein Wagnis. Die hier vorgeschlagene *Gegenüberstellung von System und Netzwerk* vermeidet zunächst die Diskussion, ob zwischen den beiden Begriffen eine Hierarchie im Sinne eines Ober- und Unterbegriffs angenommen werden soll. Denn dann

- erscheint entweder *der Systembegriff als Sonderfall eines universalen Netzwerkbegriffs* (Baecker 2012, S. 410 mit Verweis auf Maturana und Valera)
- oder umgekehrt *der Netzwerkbegriff als Sonderfall eines universalen Systembegriffs* (Geiser 2004, S. 44 und S. 48 mit Verweis auf Bullinger/Nowak).

Eine solche Hierarchisierung der Begriffe ist wenig fruchtbar. Sie lässt zudem die Frage unbeantwortet, was denn in diesem universalen Sinne am Ende kein Netzwerk bzw. kein System wäre.

Grundidee der folgenden Abgrenzung ist die Konzentration auf ein zentrales Merkmal, das für beide Interaktionsstrukturen gesetzt wird und aus dem sich die weiteren Charakterisierungen ableiten: den *operativen Unterschied*. Jenes Kriterium ist die operative Offenheit von Netzwerken bzw. die operative Geschlossenheit von Systemen. Es knüpft an die frühen Studien zur System- und Netzwerkforschung an, wie sie von Barnes bzw. Parsons u. a. vorgelegt wurden. In diesen Studien wurde der Netzwerkbegriff „als Alternative zum Begriff des

Systems verstanden" (Holzer 2012, S. 28), und dadurch wurden beide Begriffe voneinander abgegrenzt. Anschaulich hat Renate Mayntz diesen Aspekt hervorgehoben:

> *„Im Allgemeinen ist ein Netzwerk eine Struktur bestehend aus mehreren Knoten – anders gesagt, eine Gesamtheit, die aus untereinander verbundenen, aber nicht fest gekoppelten Teilen besteht. Sobald die Teile eines Ganzen in der Art und Weise einer Maschine fest verkoppelt sind, sei es technisch oder aufgrund einer Befehlskette, lässt sich das Netzwerkkonzept nicht mehr anwenden."* (Mayntz 1993, S. 43)

Folgt man Mayntz, so ist ein Netzwerk eine Struktur „aus untereinander verbundenen, aber nicht fest gekoppelten" Knoten, bei einem System hingegen sind die Teile „in der Art und Weise einer Maschine fest verkoppelt". Systeme sind durch Regelungsmechanismen und oft auch hierarchische Strukturen gekennzeichnet, und die einzelnen Akteure haben im System klar unterscheidbare Funktionen. Im Netzwerk hingegen sind die Prozesse offener. Übersetzt man nun die Begriffe ‚verkoppelt' und ‚nicht fest gekoppelt' mit den aus der Systemtheorie stammenden Begriffen der operativen Geschlossenheit bzw. operativen Offenheit, so kann der operative Unterschied als Unterscheidungskriterium verwendet werden.

Es sei an dieser Stelle angemerkt, dass das von uns hier angebotene zentrale Merkmal des ‚operativen Unterschieds' nicht das einzig mögliche und sinnvolle Unterscheidungskriterium in der System- und Netzwerkperspektive ist. Ein alternatives Kriterium wäre Nähe/Ferne der Akteure zueinander, wie sie im folgenden Kapitel am Beispiel der Netzwerktypologie nach Straus, Schubert u. a. vorgestellt wird. Der Fokus auf beide Kriterien ist legitim und kann zu fruchtbaren Ergänzungen führen. Im Interesse einer stringenten Argumentation konzentrieren wir uns hier einstweilen auf den operativen Aspekt.

Dieses Unterscheidungskriterium der operativen Geschlossenheit bzw. Offenheit hat *Folgen für die Außengrenzen von Systemen bzw. Netzwerken*. Aus ihm folgt in der Regel, dass die Außengrenzen eines – operativ geschlossenen – Systems klar definiert sind, während die Außengrenzen eines – operativ offenen – Netzwerks unklar sein können. Jenes Unterscheidungskriterium der mehr oder weniger klar abgegrenzten Mitgliedschaft in Systemen bzw. Netzwerken kann aus dem zentralen Kriterium Offenheit/Geschlossenheit abgeleitet werden: Systeme müssen nach außen abgegrenzt sein, weil sie operativ geschlossen sind, und Netzwerke können nach außen offene Grenzen haben, weil sie operativ offen sind – und nicht umgekehrt. Somit unterscheiden sich Systeme von Netzwerken dadurch, dass Systeme operativ geschlossen sind, Netzwerke jedoch operativ offen agieren – dies ist der entscheidende Wesensunterschied.

Gleichzeitig haben Systeme und Netzwerke auch eine wichtige Gemeinsamkeit in der Tatsache, dass sie von außen fortwährend beeinflusst werden und eine Vielzahl von Impulsen erhalten. Dieses Faktum wird in der Literatur als *strukturelle Offenheit* bezeichnet, was eine Selbstverständlichkeit aller sozialen Systeme wie auch der sozialen Netzwerke benennt. Beide werden beständig von außen beeinflusst und reagieren auf diese Impulse und Störungen. So haben es z. B. Hilfesysteme immer mit neuen Fällen zu tun, Familien erleben tagtäglich veränderte Rahmenbedingungen, und selbst die vergleichsweise geschlossenen Klostergemeinschaften müssen auf die Veränderungen in ihrer Umwelt reagieren. Alle sozialen Systeme/Netzwerke sind mithin strukturell offen, d. h. Veränderungen ihrer Umwelt ausgesetzt. Dies ist in der Literatur unstrittig. Hieraus folgt, dass jenes Merkmal der strukturellen Offenheit an sich kein brauchbares Differenzierungsmerkmal zwischen sozialem System und sozialem Netzwerk ist.

Weitaus interessanter ist daher die Feststellung, dass Systeme/Netzwerke auf die allgemeinen Veränderungen der Rahmenbedingungen operativ unterschiedlich reagieren. Entscheidend ist hier der operative Unterschied, der mit seinen zentralen Implikationen in Tabelle 1 zusammengefasst wird.

Tab. 1: Netzwerk und System im Vergleich

	Netzwerk	System
struktureller Aspekt	strukturell offen	
operativer Aspekt	operativ offen	operativ geschlossen
besondere Ausprägungen	Zusammenarbeit auf derselben Ebene, Generalismus, Innovationsorientierung, gelegentliche Modifikation des Themas	Reproduktion durch anschlussfähige Kommunikation, Hierarchie, Arbeitsteilung, Verfahrensregeln, selbstreferentiell
Außengrenzen	operative Offenheit ermöglicht unklare Außengrenzen	operative Geschlossenheit erfordert klare Außengrenzen
Stärke	Netzwerke sind flexibel und innovativ; Schwarmintelligenz; Stärke schwacher Bindungen	Systeme können bekannte Problemstellungen effizient und effektiv lösen; rationale Gestaltung
Schwäche	operative Offenheit führt zu unberechenbaren und willkürlichen Ergebnissen; externe Veränderungen werden schneller in das Selbstverständnis und thematisch integriert	operative Geschlossenheit führt zu einer Verengung der Problemperspektive und der Handlungsmöglichkeiten; externe Veränderungen werden als Störung aufgefasst und verdrängt
Perspektive Sozialer Arbeit	soziale Netzwerke wie z. B. ein Stadtteilnetzwerk oder Freundschaftsnetzwerke können vielfältige Ressourcen flexibel nutzbar machen, jedoch entstehen im Laufe der Zeit feste Verfahren und Hierarchien, durch die sich ein Netzwerk zum System entwickelt	soziale Systeme wie z. B. das System der sozialen Sicherung oder die Familie können spezifische Probleme gut lösen, sind aber gelegentlich überfordert und müssen dann operativ geöffnet werden, um neue Problemlösungen zu ermöglichen. Dann werden sie durch Netzwerke ergänzt
Hauptanwendungsfeld	Lösung unspezifischer Probleme, Suche nach Innovationen	Lösung standardisierter, alltäglicher Probleme

Die in Tabelle 1 dargestellte *idealtypische Unterscheidung von System und Netzwerk* wirft in der Praxis Probleme auf. Ein Grund hierfür ist erstens, dass sich die Selbstbeschreibungen von realen Systemen und Netzwerken oftmals nicht mit den obigen Zuordnungen decken. Hierbei mag in der Praxis von Anfang an – zumindest implizit – ein anderes Begriffsverständnis zugrunde gelegen haben, so dass z. B. ein ‚Hilfenetzwerk' eingerichtet wurde, das aber de facto alle Merkmale eines Systems trägt und daher besser ‚Hilfesystem' heißen müsste. Zudem tragen Systeme und Netzwerke oftmals einen etablierten Traditionsnamen, den sie nicht aufgeben möchten. Gleichzeitig befinden sie sich in steten Wandlungsprozessen und bilden in diesen Prozessen eine Struktur aus, die dem ursprünglich korrekten Namen dann nicht mehr entspricht. Hier stehen nun Selbstverständnis und Traditionsname in einem Widerspruch. In beiden Fällen – dem abweichenden Begriffsverständnis und dem abweichenden Traditionsnamen – stößt sich die hier vorgeschlagene idealtypische Unterscheidung mit der Praxis. Dies sei an einem fiktiven Beispiel illustriert:

> **Fallbeispiel: Das ‚Netzwerk frühe Hilfen'**
>
> Das ‚Netzwerk frühe Hilfen' in einer Kommune wurde bereits vor einigen Jahren aufgebaut. Es hat sich bewährt und wurde durch sein professionelles und arbeitsteiliges Vorgehen allgemein anerkannt. Abstimmungsprozesse erfolgen effizient, da für einzelne Falltypen Prozeduren formuliert wurden, die eine Fallbearbeitung wesentlich erleichtern. Eine städtische Clearingstelle initiiert den Prozess und kontrolliert Verlauf und Ergebnis. Angesichts des Erfolgs ist die Innovationsneigung der Akteure gering. So trägt das ‚Netzwerk frühe Hilfen' letztlich heute alle Merkmale eines Hilfesystems. Das Selbstverständnis und die alte Benennung als Netzwerk stehen somit im Widerspruch zur realen Struktur als System.

Mit Blick auf die *Realtypen von Netzwerken und Systemen* kommt hinzu, dass zwischen den beiden Reinformen in der Praxis ein breites Spektrum von *Mischformen* existiert und dass diese Mischformen in der Praxis die Regel sind. Jene Mischformen – man könnte von einem flexibilisierten System oder einem gesteuerten Netzwerk sprechen – entstehen im Laufe der Zeit mit zunehmender Wahrscheinlichkeit, wenn etwa Familiensysteme durch individuelle Hilfenetzwerke geöffnet werden oder Stadtteilnetzwerke eine Steuerungsgruppe etablieren. Mit diesen Mischformen reagieren beide Strukturen auf die Vielfalt unterschiedlicher Probleme, mit denen sie alltäglich oder gelegentlich befasst sind. Diese Mischformen sind insofern Ausdruck ihrer strukturellen Offenheit.

Systeme und Netzwerke zeigen typische *Stärken und Schwächen*, die aus ihrer operativen Geschlossenheit bzw. Offenheit abgeleitet werden können. Soziale Systeme sind dabei gut geeignet, bekannte, alltägliche Problemstellungen effektiv und effizient zu lösen, während soziale Netzwerke ihre Stärke in der innovativen Bearbeitung unbekannter Problemstellungen haben. Nimmt man nun an, dass soziale Probleme häufig aus Wandlungsprozessen entstehen, mit Übergängen zu tun haben und neuartige Bewältigungsansätze erfordern, so erscheinen die sozialen Systeme dann häufig als einengend und problematisch, während soziale Netzwerke bei Wandlungsprozessen und Übergängen als eher positiv bewertet werden. Eine sich zügig wandelnde Gesellschaft wird daher eine zunehmende Netzwerkorientierung ausbilden. Dies ist auch an der Sozialen Arbeit ablesbar.

Netzwerke haben positive und auch negative Effekte. Blickt man in die Literatur zur Netzwerkorientierung und Netzwerkarbeit, so zeigt sich überwiegend ein recht einheitliches Bild positiver Effekte von Netzwerken: Netzwerke eröffnen neue Möglichkeiten, gemeinsam ein Ziel zu erreichen, sind dabei grundsätzlich offen, organisatorisch variabel und aufgrund der Reziprozitätsorientierung tendenziell hierarchie- und ausbeutungsresistent. Sie eignen sich „zur Förderung sozialer Ressourcen", da sie inhärent eine Vielzahl von Funktionen wahrnehmen wie z. B. „materielle Unterstützung, Arbeitshilfen, Beratung sowie Geselligkeit und Alltagsinteraktion, [...] Vermittlung von Anerkennung, von Orientierung wie auch die Vermittlung eines Zugehörigkeitsbewusstseins. [...] Vermittlung, von Geborgenheit, von Liebe und Zuneigung wie auch um motivationale Unterstützung" (Straus 2012, S. 224f.; vgl. auch Holzer 2010, S. 14–22). Netzwerke sind daher nach überwiegender Ansicht der Literatur ein positives soziales Phänomen; sie sind in diesem Sinne – hier nun in Übertragung einer eher sozialpolitischen Terminologie – vor allem Problemlöser und nicht Problemerzeuger (Schönig 2001, S. 70f.).

Ziel sozialer Netzwerkarbeit ist es daher generell, vorhandene Netzwerke zu stärken und aus ihnen Ressourcen zu mobilisieren. So werden mit einer Netzwerkkarte (vgl. zum Begriff und zur Veranschaulichung Kap. 1.2.4) die ‚sehr wichtigen Personen' identifiziert und grafisch dargestellt, um „die dort vorhandenen Hilfsquellen und Unterstützungsmöglichkeiten aufzuspüren", wobei „die Suche nach positiven Erlebnissen und Beziehungen sowie das Herausarbeiten von bereits vorhandenen oder möglicherweise noch zu erschließenden Ressourcen im sozialen Umfeld des Klienten" (Herwig-Lempp 2009, S. 208 und S. 210; im Original mit Hervorhebung) als besonders wichtig erachtet wird. Indem auf Ressourcenförderung abgestellt wird, fokussiert die Arbeit mit der Netzwerkkarte auf positive Erlebnisse und Beziehungen, um soziales Kapital als Lösungsressource zu erschließen. Dies geht so weit, dass selbst „‚furchtbare' oder ‚ganz schreckliche' Menschen [...] als Ressourcen betrachtet werden" – ihr positiver Beitrag liegt ungewollt darin, dass deren übles Verhalten vom Klienten als Lernerfahrung erkannt und seine eigene Leistung bei der Bewältigung der Konflikte reflektiert werden kann (Herwig-Lempp 2009, S. 216). So leitet sich aus der grundsätzlich positiven Bewertung von Netzwerken eine positive Perspektive der Netzwerkorientierung in der Sozialen Arbeit ab. In deren Zentrum steht die Frage, wie man die soziale Einbindung verbessern kann.

Generell erscheint damit die *Netzwerkorientierung in der Sozialen Arbeit* im Wesentlichen in einem positiven Licht. Ihr Tenor lautet: Je größer und vielfältiger das Netzwerk, desto mehr Handlungsoptionen kann es durch Ressourcenmobilisierung eröffnen. Das bedeutet, das Netzwerk ist Ausdruck der *„strength of weak ties"* (Granovetter 1973). Umgekehrt zeigen sich Krisen von Einzelpersonen und Familien darin, dass die Netzwerkeinbindung zu klein und defizitär ist.

Negative Effekte von Netzwerken werden in der Literatur weniger häufig genannt. So weist prominent Straus darauf hin, dass Netzwerke „oft auch negative

Wirkungen haben (z. B. Stress verschärfen, Liebe entziehen, Konflikte auslösen)" (Straus 2012, S. 226), was auch auf eine operative Schließung hindeuten und insofern Systemcharakteristika in sich tragen kann. Es ist daher ein gut begründeter Ansatz, die Netzwerkkarten allgemeiner zur Einschätzung und Abklärung eines Falles einzusetzen. Dies ist insbesondere im Case Management bewährte Praxis, um die ambivalenten Beziehungen zu veranschaulichen. Verengte, blockierende und schlicht problematische Beziehungen werden in Netzwerkkarten und Ecomaps durch zusätzliche Symbole (Blitz, gestrichelte Linie) notiert und veranschaulicht (Schönig 2014, S. 161).

Weitere negative Effekte von Netzwerken sind dann zu beobachten, wenn zwar ihre operative Offenheit gewahrt bleibt, diese Offenheit jedoch selbst negative Effekte hervorbringt. Auch der Sozialen Arbeit sind Funktionsprobleme von Netzwerken nicht fremd: Statt offenem Diskurs über Innovationen kommt es zur subtilen Blockade, kleine Probleme erzeugen endlose Diskussionen, und hinter der Fassade einer hierarchiefreien Zusammenarbeit regiert die Kommunalverwaltung mit dem „Schatten der Hierarchie" (Scharpf 1991).

Auch *Systeme haben sowohl positive als auch negative Effekte*. Wie in der obigen Synopse vermerkt, haben soziale Systeme ihre positiven Effekte zunächst einmal in der effektiven und effizienten Lösung erwartbarer, oftmals standardisierter, alltäglicher Probleme. In der Makroperspektive sind hier etwa das arbeitsteilige und hierarchische System der sozialen Sicherung bis hin zu transnationalen Organisationen zu nennen, in der Mesoperspektive haben Unternehmen und Verwaltungen Systemcharakter, und in der Mikroperspektive wird vor allem die Familie als System beschrieben, das aufgrund seiner eingespielten Verfahren alltägliche Probleme in der Regel gut lösen kann. Ohne Zweifel sind soziale Systeme mit Blick auf alltägliche Probleme – somit jene Probleme, die den Großteil unseres Lebens prägen – die rationale Organisationsform. Ihre positiven Effekte liegen somit auf der Hand. Negative Effekte sozialer Systeme treten dann in den Vordergrund, wenn sich die eingespielten Verfahren als Einengung erweisen und sie im Zuge eines Wandels oder Übergangs keine neuen Problemlösungen generieren können. Diese Perspektive auf Probleme sozialer Systeme – auf Problemsysteme – ist für die Soziale Arbeit ein wichtiger Zugang. Martin Hafen formuliert hierzu:

> *„Problemsysteme im Sinne von Kurt Ludewig [...] wären in diesem Sinne Systeme, die sich selbst als problematisch beschreiben oder von anderen so beschrieben werden und die es aus sich heraus nicht schaffen, andere als die problematisierten Problemlösungen zu generieren, sondern – im Gegenteil – immer ‚mehr desselben' (Watzlawick)."* (Hafen 2012, S. 313)

Die *Problemsysteme* implizieren somit eine Problemperspektive der Sozialen Arbeit auf soziale Systeme; Veränderungsbedürftigkeit und Veränderungsfähigkeit lösen einen Handlungsimpuls aus (Ludewig 2005, S. 87ff.). Aufgabe Sozialer Arbeit ist es dann zunächst, zirkuläre Wechselwirkungsprozesse und innere Mechanismen eines Systems zu ermitteln. Im Vordergrund der systemischen Diagnostik steht die Frage nach störungsaufrechterhaltenden Beziehungsmustern und Blockaden, die einer Problemlösung im Wege stehen. In Problemsystemen steht ihre operative Geschlossenheit neuen, innovativen Problemlösungen entgegen. Gerade deshalb kann hier die Netzwerkorientierung einen neuen Lösungsansatz bieten.

Im Zuge des Vergleichs von Netzwerk und System soll abschließend darauf aufmerksam gemacht werden, dass sich in der Theoriebildung Sozialer Arbeit unter dem Begriff ‚Systemtheorie' unterschiedliche Theorieansätze versammeln. Neben Theorien, die entweder dem radikalen (ursprünglich durch von Glasersfeld entwickelt) oder operativen Konstruktivismus (ursprünglich durch Luhmann entwickelt) zuzurechnen sind, haben sich auch die ökologische (Germain/Gitterman, Wendt) und die ontologische Systemtheorie (Obrecht, Staub-Bernasconi) in der Sozialen Arbeit etabliert. Für eine intensivere Auseinandersetzung mit Unterschieden und Gemeinsamkeiten, auch des Systembegriffs, sei auf Lambers (2010, S. 21–36) und May (2010, S. 107–142) verwiesen.

1.1.4 Netzwerktypen und ihre Funktionen

Nachdem bisher der Begriff des Netzwerks näher erläutert, definiert und gegenüber weiteren Begriffen abgegrenzt wurde, soll nun die Differenzierung nach *unterschiedlichen Formen und Funktionen von Netzwerken* im Kontext der Sozialen Arbeit erfolgen. Diese müssen in Theorie und Praxis unterschieden und differenziert betrachtet bzw. gehandhabt werden. Schon im Zuge der ersten Netzwerkboom-Phase (1980/1990er Jahre) hat Straus (1990) eine weitgehende Systematisierung von Netzwerken mit Blick auf das Sozial- und Gesundheitswesen vorgenommen, die auch noch in der aktuellen Netzwerkliteratur von zentraler Bedeutung ist (s. z. B. Schubert 2008, S. 38). Darin wird zwischen ‚natürlichen' und ‚künstlichen' sowie ‚primären', ‚sekundären' und ‚tertiären' Netzwerken unterschieden (s. Tab. 2).

Bei den *natürlichen Netzwerken* „handelt es sich um den Kreis von Personen, zu denen jemand zu einem bestimmten Zeitpunkt eine soziale Beziehung unterhält" (Straus 1990, S. 497) – in ihnen werden überwiegend soziale Ressourcen gebündelt. Im Zentrum des natürlichen Netzwerks stehen die *primären Netzwerke*, die nicht organisiert sind und einen informellen Charakter aufweisen. Dazu gehören die Familie, der Freundeskreis sowie vertraute Kollegencliquen, bei denen die Funktionen Vermittlung von Gefühlen, Aufbau von Vertrauen und Mobilisierung von Hilfe und Unterstützung eine Rolle spielen und die eine hohe Stabilität in der Zeit sowie starke Bindungen aufweisen (Schubert 2008, S. 38). Aber auch die *sekundären Netzwerke* gehören zu den natürlichen Verflechtungen – diese weisen jedoch eher schwache Bindungen und eine größere Beziehungsflexibilität auf (Granovetter 1973). Grundlage hier ist die Zugehörigkeit (z. B. zur Nachbarschaft) in gering organisierten, „kleinen Netzwerken" (Straus 1990, S. 498) oder die Mitgliedschaft (z. B. in Vereinen) in stärker organisierten, aber nichtprofessionellen Netzwerken. Dabei ermöglichen diese schwachen Bindungen, die auf gegenseitigem Vertrauen beruhen, einen vielfältigen Zugang zu sozialen Ressourcen im sozialen Umfeld (Schubert 2008, S. 38).

Die sekundären Netzwerke repräsentieren daher das zivilgesellschaftliche Sozialkapital im Sozialraum (Jansen, D. 2000, S. 35ff.).

Tab. 2: Netzwerktypen am Beispiel ihrer Bedeutung als Ressourcen (nach Straus 1990, S. 498)

Persönliche Ressourcen	Soziale Ressourcen/Netzwerke			Institutionelle Ressourcen	
	Intermediäre Instanzen (= ‚community institutions'/gemeindebezogene Einrichtung)				
	I Primäre Netzwerke	II Sekundäre Netzwerke		III Tertiäre Netzwerke im Sinne professioneller Hilfe	
	nicht organisiert	geringgradig organisiert	höhergradig organisiert	des gemeinnützigen „Dritten Sektors"	des marktwirtschaftlichen Sektors
		„Kleine Netze"	nichtprofessionelle professionelle Einrichtungen (aus Sicht des Gesundheitswesens)		
relativ stabile Persönlichkeitsmerkmale, z. B. • Selbstwertgefühl • Ich-Stärke • Einschätzung der Beeinflussbarkeit persönlicher Lebenschancen	• Familie, Verwandte • Freunde und Bekannte in Nachbarschaft, Schule und Betrieb	• Selbsthilfegruppen • Nachbarschaftsgruppen • Laienhilfegruppen • Telefonketten • Freizeitgruppen • Betriebsgruppen • etc.	• Vereine und Organisationen mit soz.-päd. Angeboten • Vereinigungen der Erwachsenenbildung • Vereinigungen für Kultur und Freizeit • sonst. lokale Bürgervereinigungen und Einrichtungen	z. B. Sozialstationen, organisierte oder kirchliche Beratungsstellen, Einrichtungen der Wohlfahrtsverbände, der Gewerkschaften, der Umweltschutzverbände	z. B. niedergelassene Ärzte und andere Heilberufe, Apotheken, Drogerien

Unter einem *künstlichen Netzwerk* versteht Straus (1990, S. 497) „einen Personenkreis, der erst aufgrund einer bestimmten [professionellen, Anmerk. W. S. und K. M.] Intervention zustande kommt, z. B. wenn jemand über eine Gruppe an einer Beratungsstelle neue Beziehungen gewinnt". In ihnen werden überwiegend institutionelle und professionelle Ressourcen zur Bildung von Koalitionen und zur Koordination von Aktivitäten gebündelt (Schubert 2008, S. 39). Die künstlichen Netzwerke werden auch als *tertiäre Netzwerke* bezeichnet, die entweder Vernetzungen von öffentlichen, sozialwirtschaftlichen und zivilgesellschaftlichen Akteuren im gemeinnützigen Dritten Sektor (z. B. Einrichtungen der Wohlfahrtsverbände) oder Kooperationen des marktwirtschaftlichen Sektors (z. B. Produktionsnetzwerke von Automobilunternehmen) darstellen. Nach Schubert (2008, S. 40) gewinnen tertiäre Netzwerke die Bedeutung einer Infrastruktur, wenn sie stabil und vom Kollektiv permanent verfügbar sind.

Blickt man auf die Struktur dieser Systematisierung, so ist zunächst anzumerken, dass Straus als zentrales Merkmal der Netzwerke die Nähe bzw. Ferne der Akteure zueinander verwendet. Dies ist nur eine mögliche Festlegung, wie auch die Fokussierung auf den operativen Unterschied (s. Kap. 1.1.3). Aus Sicht der Verfasser haben beide Festlegungen ihre Berechtigung, und es ist ratsam, die jeweils andere Perspektive mitzudenken.

Was daneben in dieser frühen Systematisierung nach Straus (1990) fehlt, aber in der Netzwerkliteratur verschiedentlich zu finden ist, ist die *Unterscheidung von ‚informellen' und ‚formellen' Netzwerken*. Eine Definition findet sich aber in aktuellen Arbeiten von Straus (2012, S. 228): „Informelle Netzwerke enthalten die quasi natürlichen, alle Menschen umgebenden Sozialkontakte, während es sich bei den darüber hinausgehend bewusst geschaffenen Netzwerken, in denen auch Organisationen eine Rolle spielen, um formelle Netzwerke handelt." Von daher kann festgehalten werden, dass die Begriffe natürlich und informell sowie künstlich und formell bezogen auf Netzwerke synonym genutzt werden (können).

Es sei zudem darauf hingewiesen, dass sich die hier erläuterte Systematisierung nach Straus (1990) deutlich von der gleichnamigen *Differenzierung nach Bullinger/Nowak (1998)* unterscheidet: Für Bullinger/Nowak (ebd., S. 70ff.) wird man in primäre oder mikrosoziale Netzwerke, die reine Face-to-face-Beziehungen beinhalten, hineingeboren, oder man wählt sie selbst (z. B. Familie, Freunde, Nachbarschaft). In sekundäre oder makrosoziale Netzwerke, die marktwirtschaftliche und öffentliche institutionelle Netzwerke darstellen, wird man hineinsozialisiert (z. B. Schule, Arbeitsstelle, Dienstleistungsbetriebe). Die tertiären Netzwerke sind in dieser Konstruktion als mesosoziale Netzwerke zwischen den primären und sekundären Netzwerken angesiedelt und stellen eine Alternative oder vermittelnde Instanz zwischen den Ebenen dar (z. B. Selbsthilfegruppen, intermediäre professionelle Dienstleistungen, Nichtregierungsorganisationen). Fraglich bleibt, warum Bullinger/Nowak in ihrem populären Einführungsbuch zur sozialen Netzwerkarbeit für soziale Berufe diese neuartige Differenzierung wählten, obgleich sie die Straus'sche Variante kannten. Dies hat in der weiteren Diskussion zur Netzwerkarbeit in der Sozialen Arbeit wohl eher Verwirrung gestiftet als zu weiterer Klärung beigetragen – durchgesetzt hat sich diese neue Systematisierung jedoch nicht.

Für die *weitergehende Typisierung von tertiären oder institutionellen Netzwerken* nach Straus (1990) identifiziert Bauer (2005, S. 16ff.) *drei Dimensionen*:

- Die erste Gruppe hebt auf die *räumliche Dimension* als zentrales Merkmal ab: Vernetzung vollzieht sich sowohl regional als auch überregional, landesweit, bundesweit und auch länderübergreifend. In regionalen Netzwerken soll das Potenzial relevanter Akteure vor Ort gebündelt und dadurch eine umfassende Problembearbeitung als selbst organisierter und selbst verantworteter Entwicklungsprozess erreicht werden. Dabei ist einerseits auf das Spannungsverhältnis zwischen Raumentkopplung zugunsten funktionaler Vernetzungen von Akteuren und der zentralen Bindung an das Lokale aufmerksam zu machen. Andererseits stehen viele regionale Vernetzungen implizit oder explizit in der Nähe zu traditionellen Konzepten der Gemeinwesenarbeit. Diese sind in doppelter Weise mit der Netzwerkperspektive verknüpft: Ihr Fokus ist zum einen das soziale Netzwerk von Bewohnern, das sowohl territorial (z. B. über Stadtteil, Nachbarschaft) als auch kategorial (Konzentration auf bestimmte Bevölkerungsgruppen) oder funktional (Konzentration auf bestimmte Problemlagen) bestimmt wird. Zum anderen erfordern die Prinzipien der Methodenintegration und des trägerübergreifenden Zugangs vernetzte Arbeitsformen, um die angestrebten Ziele zu erreichen.

- In einer zweiten Gruppe lassen sich institutionelle Netzwerke hinsichtlich ihres *Themengebietes bzw. Handlungsfeldes und der damit zusammenhängenden Akteurskreise* zusammenfassen und unterscheiden (z. B. Handlungsfelder Jugendhilfe und Altenhilfe).
- Als letzte Typisierungsdimension wird die *Struktur der Akteursbeziehungen* genannt: Als Folge der Ausdifferenzierung psychosozialer Hilfen aus lebensweltlichen Zusammenhängen und mit fortschreitender Pluralisierung der Versorgungslandschaft entstehen vielfältige und komplexe Akteurskonstellationen als Ausgangspunkt für Vernetzung im Sozial- und Gesundheitswesen. Es bilden sich Netzwerke zwischen Ämtern, Einrichtungen, Vereinen, Verbänden, Projekten und Initiativen, aber auch zwischen verschiedenen professionellen Helfersystemen und ihren Klienten, deren Familien und weiteren sozialen Netzwerken. Bauer macht darin wiederum drei zentrale Dimensionen der Strukturbildung von institutionellen Netzwerken aus:
  – die Unterscheidung zwischen mittelbarer und unmittelbarer Vernetzung (Einrichtung von Koordinierungsinstanzen wie z. B. Stabsstellen vs. direkte Vernetzung durch regelhafte Formen der Koordination durch die beteiligten Akteure),
  – die Differenz von fall- und feldbezogener Vernetzung (traditionelle sowie neue Formen fallbezogener Kooperationen wie z. B. Case Management vs. Gemeinwesenarbeit, Sozialraumorientierung und Care Management)
  – und die Frage nach dem Formalisierungsgrad von Netzwerken (Kontinuum von weniger formalisierten über stärker formalisierte, institutionell angebundene, aber zeitlich begrenzte bis hin zu stark formalisierten und dauerhaft institutionalisierten Netzwerken).

Anders als Bauer beschreibt Schubert (2008, S. 47ff.) *vier konkrete Typen tertiärer Netzwerke* als bedeutungsvoll im Kontext des Zusammenwirkens von öffentlichen, (sozial-)wirtschaftlichen und zivilgesellschaftlichen Akteuren in der Sozialen Arbeit, die sich jeweils durch einen spezifischen Organisations- und Umweltbezug auszeichnen:

- Der *Typ des Policy-Netzwerks (lokales Politiknetzwerk)* steht für eine Politikverflechtung zwischen staatlichen Instanzen, öffentlichen Einrichtungen und privaten Interessengruppen innerhalb eines thematischen Politikfeldes (z. B. Wohnungs-, Arbeitsmarkt-, Flüchtlingspolitik). Sie sind zumeist getragen von machtstarken Personen (‚Entscheider'), die sich um standortgebundene Ressourcen konfigurieren, folgen aber dem Steuerungsmodus der Selbstorganisation. Zwischen den beteiligten Akteuren bestehen nur schwache Brückenverbindungen – durch das Netzwerk kommt es aber oft zu einer langfristig angelegten gegenseitigen Verhaltenskontrolle. In diesem Netzwerktyp können die Entscheidungsgewalt, die Einflussnahme auf Problemformulierungen und Implementierungen über staatliche und private Akteure breit verteilt sein. Ein Beispiel für ein solches Policy-Netzwerk ist das Netzwerk Flüchtlingspolitik in einer Region. Dort arbeiten Akteure aus verschiedenen Städten und Landkreisen sowie Vertreter der Landesregierung und der Liga der Wohlfahrtsverbände zusammen.
- Bei der *strategischen Allianz von Dienstleistern* handelt es sich um eine strategische Partnerschaft zwischen zwei oder mehreren Organisationen, die ihre Kompetenzen bündeln und längerfristige Beziehungen eingehen, um ihre individuellen Schwächen zu kompensieren und dadurch strategische (Wettbewerbs-)Vorteile zu erzielen. In der Sozialwirtschaft bilden Organisationen unterschiedlicher Träger Koalitionen von zwei oder mehreren aktuellen oder potenziellen Wettbewerbern in hierarchischer oder selbstorganisiert-horizontaler Ausrichtung und mit geringem Formalisierungsgrad. Ein Beispiel für eine solche strategische Allianz ist die Liga der Wohlfahrtsverbände mit ihren fachlich spezialisierten Arbeitsgruppen.
- Das *Kontraktnetzwerk einer Wertschöpfungspartnerschaft* erstellt als Wertkettennetzwerk Leistungen nach Vorgaben eines Abnehmers. Diese Netzwerke, die in der Sozialwirtschaft zumeist über die Qualität geregelt werden, können sowohl hierarchisch gesteuert (z. B. durch Qualitätskontrolle) oder durch Selbstverpflichtung der beteiligten Akteure (z. B. durch Vertrauen) koordiniert werden. Dennoch unterliegen sie tendenziell dem Marktmechanismus. In der kommunalen Daseinsvorsorge repräsentiert dieses Netzwerk oft eine Zusammenarbeit zwischen dem kommunalen Auftraggeber auf der strategischen Ebene (Amt/Fachbereich) und sozialwirtschaftlichen Trägern, die als Zulieferer auf der operativen Ebene kompetitiv die dann vertraglich vereinbarten Dienstleistungen in einer abgestimmten Kette erbringen. Ein Beispiel für ein solches Kontraktnetzwerk ist die Beauftragung eines privaten Trägers zur Erbringung Sozialpädagogischer Familienhilfe, die Teil einer Maßnahme des Allgemeinen Sozialen Dienstes im Jugendamt ist.
- Im Mittelpunkt des vierten Typs *Projektnetzwerk* stehen die zeitlich befristete Realisierung eines komplexen Vorhabens sowie die Kombination wechselseitiger Ressourcen, um Vorteile zu erzielen. Es besteht aus den Beziehungen der Personen, die die beteiligten Organisationen für die Abwicklung einer konkreten Aufgabe zu einem interorganisatorischen Projektteam zusammenstellen. Kooperieren diese Akteure bereits lange Jahre und sind sich dadurch vertraut, so wird meist auf eine hierarchische Steuerung verzichtet. Ein Beispiel

für ein solches Projektnetzwerk ist das Projekt „Starke Eltern, starke Kinder", das darauf abzielt, Eltern in ihrer Erziehungskompetenz zu stärken. Beteiligte Akteure dabei sind verschiedene Professionen aus unterschiedlichen öffentlichen und privaten Trägern der Kinder- und Jugendhilfe.

Der Blick auf diese beiden ausgewählten, sehr unterschiedlichen Typisierungsversuche tertiärer Netzwerke zeigt, dass es nicht die eine allgemeinverbindliche Unterscheidung von Netzwerktypen und ihren Funktionen gibt. Vielmehr sind Klassifizierungen anhand ganz unterschiedlicher Kriterien, Merkmale und Dimensionen denkbar, die jeweils einen *‚geordneten Durchgang durch die Vielfalt der Netzwerklandschaft in der Praxis'* (Bauer 2005, S. 16) sowie den damit verbundenen Steuerungsproblematiken ermöglichen.

Unseres Erachtens bietet die oben erläuterte, ressourcenbezogene Unterscheidung der Netzwerktypen nach Straus eine sehr gute Grundlage. Sie eignet sich vor allem für die Netzwerkorientierung in der Sozialen Arbeit, für die alle drei Netzwerktypen – vor allem als Ressource, gelegentlich auch als Problemstruktur – von Bedeutung sind.

Netzwerkübergreifend weist Schubert (2008, S. 49) darauf hin, dass die besondere Problematik der Netzwerkkooperation darin besteht, dass die verschiedenen Netzwerktypen widersprüchlichen Netzwerklogiken folgen und daher dem Einsatz von jeweils zugeschnittenen Managementinstrumenten bedürfen. Als Grundvoraussetzung für den nachhaltigen Erfolg von Vernetzung und Kooperation nennt Schubert (ebd., S. 51) daher *qualifizierte Führungspersonen und Koordinationskräfte*. Insbesondere warnt er davor, tertiäre Netzwerke im professionellen Bereich der Sozialen Arbeit würden nach denselben ‚Solidaritätsregeln' funktionieren wie natürliche Netzwerke – damit seien Enttäuschungen und Verstörungen vorprogrammiert.

Die bis hierher vorgestellten Überlegungen haben zwei vorherrschende Ansätze zur Typologisierung von Netzwerken herausgestellt: die Offenheit (vgl. den oben skizzierten Ansatz von Luhmann und Mayntz) und die Nähe (vgl. den oben skizzierten Ansatz von Straus und Schubert). Damit sind Nähe (Distanz) und Offenheit (Geschlossenheit) die beiden Leitkriterien zur Unterscheidung von Netzwerken, die nun zusammengeführt werden (vgl. ausführlich Schönig 2016). Hieraus ergibt sich eine Matrix von vier Netzwerktypen, welche in der Sozialen Arbeit weit verbreitet sind (s. Tab. 3).

Tab. 3: Einfache Matrix von Netzwerktypen in der Sozialen Arbeit (Schönig 2016)

	Operativ geschlossen	**Operativ offen**
Nähe	Geschlossenes, nahes Netzwerk (z. B. traditionelle Familie)	Offenes, nahes Netzwerk (z. B. Freundeskreis)
Distanz	Geschlossenes, distanziertes Netzwerk (z. B. professioneller Hilfeverbund)	Offenes, distanziertes Netzwerk (z. B. Projektnetzwerk)

Die *traditionelle Familie* ist dadurch gekennzeichnet, dass sich die Familienmitglieder untereinander nahestehen und dass zwischen ihnen eingespielte Verfahren (Arbeitsteilung, Rechte und Pflichten, Rollen) bestehen, welche das alltägliche Miteinander regeln. Diese festen Verfahren entsprechen der operativen Geschlossenheit der Familie. Auch der *professionelle Hilfeverbund* ist operativ geschlossen, allerdings sind in ihm die Beziehungen zwischen den Akteuren von professioneller Distanz gekennzeichnet und beruhen nicht auf persönlicher Nähe. Beispiele hierfür sind kommunale Netzwerke früher Hilfen, der Wohnungslosenhilfe u. a.: Sie sind arbeitsteilig, d. h. operativ geschlossen organisiert und ihre Akteure stehen in einem professionell-distanzierten Verhältnis zueinander.

Im *Freundeskreis* sind sich die Akteure persönlich nahe und sie pflegen gleichzeitig einen offenen Umgang miteinander. Oftmals können im Freundeskreis Ressourcen mobilisiert und Hilfen organisiert werden (z. B. Umzug, Kinderbetreuung, Freizeitgestaltung), jedoch eher projektartig und mit geringerer Verbindlichkeit. Schließlich ist das *Projektnetzwerk* als distanziertes Netzwerk mit offenen Verfahren zu nennen, in dem professionelle Akteure ohne feste Arbeitsteilung und Rollen zusammenarbeiten. Eine Arbeitsgruppe zur Vorbereitung des Weltkindertages ist hierfür ein gutes Beispiel, ebenso wie andere Formen der themenorientierten Zusammenarbeit.

Diese einfache Vier-Felder-Matrix wird nun in ein Kontinuum übertragen und mit Funktionsbeschreibungen versehen (s. Abb. 1). Dadurch wird deutlich, dass zwei Spannungslinien innerhalb der realen Netzwerkvielfalt existieren.

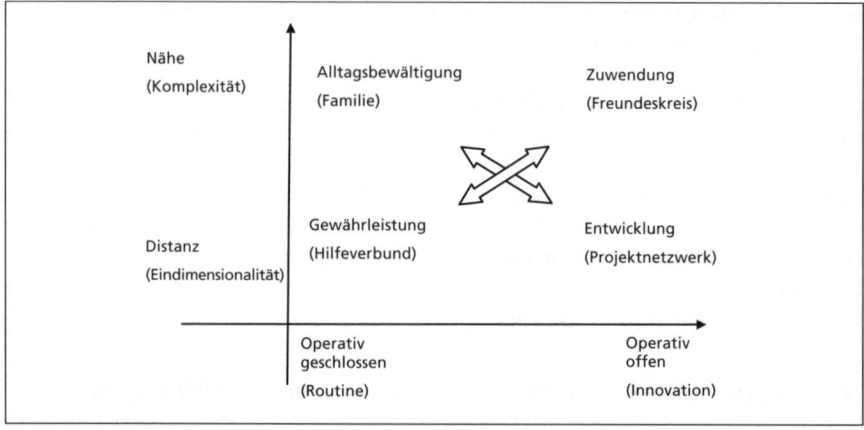

Abb. 1: Netzwerktypen als Gegenpole unterschiedlicher Funktionen (Schönig 2016)

Die Abbildung zeigt einen erweiterten Blick auf die erste Matrix, indem sie den Handlungsbezug konkretisiert. Welche Netzwerke sind geeignet, welche Funktion zu erfüllen, und welche Netzwerke sind dabei mehr oder weniger kompatibel?

Blickt man erstens auf die *Familie*, so kann deren primäre Funktion aus netzwerkanalytischer Sicht mit dem Begriff der *Alltagsbewältigung* bezeichnet werden (vgl. mit Bezug zur Sozialen Arbeit u. a. Böhnisch 2008). Die Familie ist mehr eine Schicksalsgemeinschaft als ein Netzwerk, da die individuellen Lebenswege komplex verkoppelt sind. In der Familie wirken ihre Mitglieder routiniert zusammen, es herrscht Arbeitsteilung vor und es existiert eine Identität nach innen und außen. Ein separates Thema hat die Familie nicht; sie ist sich selbst ihr Thema, da sie alltäglich eine Reihe von Familienfunktionen zu erfüllen hat. Je geschlossener dann eine Familie operiert, desto eher ist sie als System zu bezeichnen. Letztlich agiert die Familie daher im Grenzbereich einer an Netzwerken orientierten Sozialen Arbeit.

Zweitens steht der Familie – durch einen diagonalen Pfeil markiert – das *Projektnetzwerk* als Gegentypus gegenüber. Das Projektnetzwerk hat die Funktion der *Entwicklung* eines Projekts und nur unter diesem Aspekt (eindimensional) sind die Akteure für einen begrenzten Zeitraum verbunden (vgl. mit Bezug zur Sozialen Arbeit u. a. Nüß/Schubert 2004). In der Sozialen Arbeit lassen sich sehr vielfältige Projektnetzwerke beobachten. Bedeutsam ist dabei immer, dass sich die Konferenz auf ein Thema zentriert, das außerhalb von ihr selbst liegt und von ihr bearbeitet wird. In operativer Hinsicht ist die Themenbearbeitung grundsätzlich offen und auf Innovation ausgelegt, welche die Entwicklung fördern soll. Fasst man diese Merkmale zusammen, so erscheinen nicht zufällig das Projektnetzwerk oder andere themenzentrierte Netzwerke als prototypisch für die Netzwerkorientierung in der Sozialen Arbeit überhaupt: Sie verfolgen ein Entwicklungsziel und sind sowohl eindimensional-themenzentriert als auch operativ offen angelegt.

Der professionelle *Hilfeverbund* hat die *Gewährleistung* sozialer Dienstleistungen zum Thema (vgl. mit Bezug zur Sozialen Arbeit u. a. Olk/Otto 2003). In Konzentration auf die meist professionelle Themenbearbeitung ist das Netzwerk eindimensional. Zudem wird die Dienstleistung im Verbund routiniert und arbeitsteilig erbracht. Hierdurch ist das Netzwerk operativ geschlossen und nimmt systemischen Charakter an.

Dem Hilfeverbund steht – wiederum durch einen Pfeil markiert – der *Freundeskreis* gegenüber. Sein Thema ist die persönliche *Zuwendung* und Ermächtigung vor dem Hintergrund individualisierter Lebensentwürfe, was im Zuge des Modernisierungs-/Individualisierungsprozesses an Bedeutung gewinnt (vgl. mit Bezug zur Sozialen Arbeit u. a. Alinsky 1973). Die einzelnen Akteure in diesem Netzwerk haben sehr unterschiedliche Bedarfe, sind aber komplex miteinander verbunden. So werden die Akteure und ihre Ressourcen fallweise kombiniert für einzelne Aktionen – Freizeitgestaltung, Umzugshilfe, Kinderbetreuung – herangezogen.

Abschließend stellt sich nun die Frage, wie aus diesen Überlegungen eine allgemeinere Typologie von Netzwerken in der Sozialen Arbeit gewonnen werden kann. Hierzu skizziert die folgende Tabelle 4 einen Vorschlag.

Tab. 4: Matrix neun unterschiedlicher Netzwerktypen (Schönig 2016)

Distanz-aspekt	Operativer Aspekt		
	Geschlossen (systemisch)	Teiloffen (systemisch vernetzt)	Offen (vernetzt)
Nähe (komplex)	Geschlossene Nähe (z. B. Familie)	Teiloffene Nähe (z. B. Wahlverwandtschaft)	Offene Nähe (z. B. Freundeskreis)
Teildistanz (mehrdimensional)	Geschlossene Teildistanz (z. B. Kollegium)	Teiloffene Teildistanz (z. B. Jugendhilfeausschuss)	Offene Teildistanz (z. B. Stadtteilkonferenz)
Distanz (eindimensional)	Geschlossene Distanz (z. B. Hilfeverbund)	Teiloffene Distanz (z. B. Handlungsfeldnetzwerk)	Offene Distanz (z. B. Projektnetzwerk)

In der differenzierteren Matrix werden neun unterschiedliche Netzwerktypen in der Sozialen Arbeit systematisiert und mit Beispielen unterlegt, so dass ein genaueres Bild entsteht. So wird hier der Versuch gewagt, die Zwischenräume zwischen den bereits skizzierten vier Typen aufzufüllen, da sich gerade in den Zwischenräumen eine bunte Vielfalt an Netzwerktypen verbirgt. Mithin illustriert diese Matrix die sogenannte zweite Phase der Netzwerkorientierung in der Sozialen Arbeit (s. S. 11 und Straus 2012, S. 234f.), die etwa mit dem Jahr 2000 einsetzt. In dieser Phase sind Netzwerke geradezu ubiquitär geworden und der Begriff fungiert als Catch-All-Konzept. In diesem Sinne ist es geradezu zwingend, nach Vielfalt und Mischformen zu suchen. Zudem kann es mit dieser differenzierten Matrix leichter gelingen, real existierende Netzwerke typologisch zuzuordnen.

Beim Blick auf die Matrix fällt auf, dass die vier bereits skizzierten Beispiele für die Soziale Arbeit (Familie, Hilfeverbund, Freundeskreis und Projektnetzwerk) nun in den vier Ecken der Matrix, d. h. dort als besonders pointierte Typen vermerkt wurden. Die zusätzlichen fünf Beispiele sind nun zwischen ihnen eingetragen und benennen Mischtypen. Diese sind

- *Netzwerke der teiloffenen Nähe:* Hier wird eine nahe Verbindung in einem gemischten Modus aus Geschlossenheit und Nähe praktiziert. Als Beispiel hierfür dient die *Wahlverwandtschaft*. In einer Wahlverwandtschaft sind die Akteure im Netzwerk oftmals über viele Jahre und in mehrfachen Dimensionen verbunden, so dass sich hier feste Rollen und damit auch teilweise geschlossene Operationen herausgebildet haben.
- *Netzwerke der geschlossenen Teildistanz:* Hier beruht die Verbindung auf mehr als einem, jedoch nicht auf einer Vielzahl von Aspekten und sie ist zugleich durch operative Geschlossenheit geprägt. Als Beispiel ist hier ein *Kollegium* vermerkt, d. h. ein kollegiales Netzwerk, das über viele Jahre besteht. Hier haben sich sowohl mehrdimensionale Verbindungen aufgebaut als auch arbeitsteilige Routinen etabliert.

- *Netzwerke der teiloffenen Teildistanz* stehen mit ihren beidseitig vermittelnden Eigenschaften im Zentrum der Matrix und kommen als Mischform in der Sozialen Arbeit besonders häufig vor. Dies vor allem dann, wenn in Netzwerken unterschiedliche Akteure zusammenarbeiten, zwischen denen gleichzeitig unterschiedliche Verbindungen bestehen. Als Beispiel wäre hier an den *Jugendhilfeausschuss* zu denken, der oftmals sehr groß und gemischt ist und teilweise in offenen und teilweise in geschlossenen Operationen arbeitet.
- *Netzwerke der offenen Teildistanz* verbinden einen mittleren Grad der Nähe mit einem offenen Modus im operativen Bereich. Hier kann exemplarisch an eine *Stadtteilkonferenz* gedacht werden. Sie ist als solche institutionalisiert und deren Mitglieder sind oftmals über mehr als nur den Bezug zum Stadtteil verbunden. Sie sind indes nicht eng befreundet und sie pflegen einen projektbezogenen, offenen und auf Innovation ausgerichteten Umgang miteinander.
- *Netzwerke der teiloffenen Distanz* verbinden distanzierte Akteure in einem teilweise geschlossenen und teilweise offenen Modus. Auch hier ist an die langjährige Kooperation in einem professionellen Netzwerk zu denken, wie z. B. einem *Handlungsfeldnetzwerk* wie der *Jugendberufs- oder der Wohnungslosenhilfe*. Die dortigen Akteure verbindet nur der fachliche Bezug. Die Aufgaben im Netzwerk werden teils routiniert und arbeitsteilig erledigt, teilweise werden aber auch in einem offenen Prozess neue, innovative Projekte auf den Weg gebracht.

Ohne die obige Matrix zu überfrachten, sei dennoch auf die beiden Gegenpole entlang der bereits erläuterten Diagonalen zwischen der Familie einerseits und dem Projektnetzwerk andererseits hingewiesen. Beide sind in der Matrix unterschiedlich schraffiert. Je heller ein Feld unterlegt ist, desto näher steht es dem traditionellen Familiensystem, je dunkler die Schraffierung, desto näher steht es dem Projektnetzwerk. Aus dieser Überlegung folgt schließlich tendenziell, dass es einen Kern und dass es Randbereiche der Netzwerkorientierung in der Sozialen Arbeit gibt: Im Zentrum der Netzwerkorientierung stehen themenzentrierte, eindimensionale und operational offene Kooperationsformen (hier durch das Projektnetzwerk repräsentiert), während die traditionelle Familie deutlich systemischen Charakter hat und somit die Peripherie der Netzwerkorientierung markiert. Diese Typologisierungsfragen verdienen für die Netzwerkorientierung in der Sozialen Arbeit zunehmende Beachtung und können dafür hilfreich sein, u. a. die aufgezeigte Zentrum-/Peripherie-Problematik weiter zu reflektieren und zu bearbeiten.

Bevor im Weiteren präzise analysiert wird, wie die Netzwerkorientierung in der Sozialen Arbeit konkret verankert ist und umgesetzt werden kann, wird dem bereits zuvor angeschnittenen Thema Netzwerke und Hierarchie aufgrund seiner Brisanz aus professioneller wie auch gesellschaftlicher Perspektive ein eigenes Unterkapitel gewidmet.

1.1.5 Netzwerke und Hierarchie

Seit den 1980er Jahren ist in Europa und darüber hinaus in der Mehrzahl der OECD-Staaten eine Hinwendung zum aktivierenden Sozialstaat zu beobachten. Die Intention dieses aktivierenden Sozialstaates ist es, eine Vielzahl sozialer Probleme durch unterschiedliche Formen der Aktivierung zu beheben. Beispiele hierfür sind die Ausgestaltung von Transferleistungen nach dem Motto ‚Förderung statt Alimentation', härtere Sanktionsregeln, mehr Betreuungsleistungen für Kinder, die Förderung bürgerschaftlichen Engagements und auch die Nutzung von Netzwerken für sozialpolitische Ziele.

Die Aktivierungsstrategie wird in den europäischen Sozialstaaten – obgleich ursprünglich eine Idee von New Labour – von einer breiten politischen Mehrheit getragen und ist über die politischen Lager hinweg erstaunlich stabil, so stabil, dass sich auch neue Leitbilder und Slogans neuer Regierungen nahtlos einfügen. In Deutschland ist die Aktivierungsstrategie vor allem ein typisches Mittelschichtskonzept – ein Konzept, dass beim Parteienwettbewerb um die ‚politische Mitte' offenbar alternativlos ist. Vom aktivierenden Sozialstaat wird mehr Effektivität und Effizienz in der Bewältigung sozialer Probleme erwartet (Schönig 2006, 2015).

Sollen die Bürger aktiviert werden, so sind sie im aktivierenden Sozialstaat sowohl Objekt als auch zugleich Subjekt neuer Governance-Strukturen: Sie sollen sich aktiv in Strukturen einbringen, die sie selbst aktivieren. Es liegt nahe, dass man bei diesen Überlegungen auf die Nutzung von Netzwerken zurückgreift, welches recht weitreichende Folgen haben kann. Die Rede ist von einer „Veränderung von Governance und Staatlichkeit" (Dingeldey 2008, S. 13) insgesamt, die auf einen partiellen Rückzug des Staates und die stärkere Einbindung nichtstaatlicher Akteure auch in Form von Netzwerkstrukturen hinausläuft. Der aktivierende Sozialstaat impliziert somit Reformen im sozialpolitischen Instrumentarium und gleichzeitig ein stärker pluralistisches, sich auf Regulierung konzentrierendes Governanceverständnis in der Sozialpolitik. Praktiziert werden verschiedene Ansätze, die in einem Spektrum von ‚harter' Machtausübung bis hin zu ‚weichen' Lernprozessen angeordnet werden können.

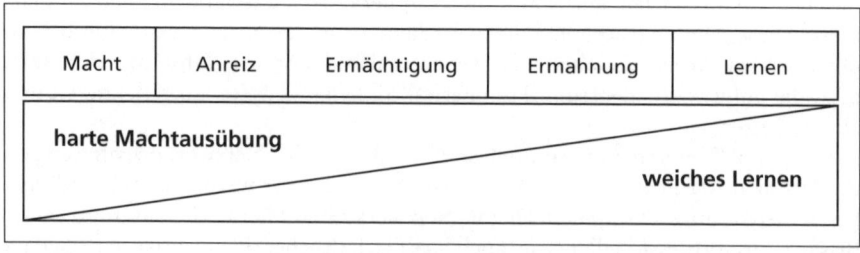

Abb. 2: Spektrum sozialpolitischer Instrumente des aktivierenden Sozialstaats

Anbieter und Adressaten sozialer Dienstleistungen sehen sich in jeweils unterschiedlicher Mischung Formen staatlicher Macht und Hierarchie, von Anreizen, Ermächtigung, Ermahnung und Lernen gegenüber, wobei auch hier ein „Schatten der Hierarchie" (Scharpf 1991) wirkt, welcher auch bei weicheren, indirekten Regulierungsformen eine mehr oder weniger große Kooperationsbereitschaft sicherstellt. Mit anderen Worten: Die Nutzung von Netzwerken durch den aktivierenden Sozialstaat ist intuitiv plausibel, sie wirft aber bei näherer Betrachtung eine Reihe von Problemen auf. Netzwerke sind zwar einerseits für den Staat hilfreich, erlauben aber andererseits keine stringente Durchsetzung von politischen Effektivitäts- und Effizienzzielen. So können Netzwerke die Politik zwar unterstützen, sie sind jedoch nicht hinreichend bei der Durchsetzung politischer Vorhaben. Dies kann an zwei Aspekten veranschaulicht werden:

- Einerseits sind – wie gesehen – *Netzwerke operativ offen und lassen sich daher nur begrenzt instrumentalisieren*. Ihre Stärke liegt in der Innovation, Themenfindung und Ressourcenmobilisierung bei neuartigen Problemen, bei denen die unterschiedlichen Akteure auf Augenhöhe zusammenarbeiten. Netzwerke brauchen Spielräume für ‚weiches Lernen' wie die Luft zum Atmen.
- Andererseits ist der *Sozialstaat auf die effektive und effiziente Lösung sozialer Probleme angewiesen*, deren Problemgehalt er selbst definiert. Dabei ist der aktivierende Sozialstaat auf kommunaler, landes- und Bundesebene in zunehmendem Maße unter einem Erfolgsdruck, da der Erfolg seiner Politik von Wissenschaftlern, Journalisten und vergleichenden Institutionen beständig beobachtet und bewertet wird. Da er sich selbst die Aktivierung als zentrales Erfolgskriterium gesetzt hat, muss er sich nun auch daran messen lassen, ob er erfolgreich aktiviert, und kann sich daher Ineffektivität und Ineffizienz immer weniger leisten. In dieser Stresssituation wird das oben beschriebene ‚weiche Lernen' in Netzwerken nicht immer hinreichen. Der Sozialstaat greift daher nach wie vor und teilweise auch vermehrt auf bekannte Formen der ‚harten Machtausübung' zurück, die sozial- und verwaltungsrechtlich verbindlich sind. So sind z. B. die konkrete Festlegung von Hilfeverfahren, die Festsetzung von Hartz-IV-Regelsätzen, die Ausschreibung und Vergabe von Aufträgen an soziale Dienste und die Durchführungsverordnungen zur Umsetzung eines Gesetzes Formen der ‚harten Machtausübung'. Hier können Netzwerke beratend hinzugezogen werden, am Ende jedoch können und müssen die relevanten Akteure in Sozialpolitik und Sozialverwaltung hierarchisch entscheiden.

Damit wird deutlich, dass Netzwerkorientierung in der Sozialen Arbeit und aktivierender Sozialstaat sorgfältig aufeinander abgestimmt werden sollten und beides keineswegs aus sich heraus automatisch zusammenpasst. Dies schließt nicht aus, dass eine pragmatische Praxis beides zusammenfügen kann, nur ist eben auf beiden Seiten – dem Netzwerk und dem aktivierenden Sozialstaat – eine besondere Sensibilität für die Perspektive des anderen notwendig. Instrumentalisieren Sozialpolitik und Sozialverwaltung Netzwerke für ihre Ziele, so werden diese Netzwerke mehr oder weniger offen von einer Hierarchie geprägt. Da jedoch Hierarchien für Systeme typisch, für Netzwerke aber eher untypisch sind, folgen hieraus eine Reihe von Problemen für die Netzwerkorientierung. Hierarchien sind z. B. zwischen dem Staat als Auftraggeber von sozialen Diensten und den Wohlfahrtsverbänden nicht von der Hand zu weisen.

Bereits bei der Diskussion des aktivierenden Sozialstaates hat sich gezeigt, dass der „Schatten der Hierarchie" (Scharpf 1991) oder auch die „Rute im Fenster" (Scharpf 2000, S. 326) die Kooperationsbeziehungen zwischen Sozialpolitik und Sozialwirtschaft einseitig prägt und dass daher – umgekehrt betrachtet – hier von einer Herrschaftsfreiheit keine Rede sein kann. Mit der Metapher ‚*Schatten der Hierarchie*' hat Scharpf einen Begriff geprägt, der recht gut die etwas diffus-bedrohliche Empfindung der Akteure in der Sozialen Arbeit widerspiegelt (vgl. ausführlich auch Schönig 2015). Wesentlich ist hier, dass er glaubwürdig die autoritative Option unterstreichen kann. Hier kann bereits ein niedrigeres Niveau ausreichen, um vor allem gegenüber Wirtschaftsunternehmen durch gezielte Unsicherheit einen Schatten der Hierarchie zu erzeugen. Insofern wird hier durchaus glaubwürdig eine Drohkulisse aufgebaut, und es wird staatliche Interventionsbereitschaft signalisiert. Dies fällt dem Staat gegenüber der Sozialwirtschaft umso leichter, als der Staat schon allein über eine gesteuerte Verunsicherung bei der Mittelvergabe und Beauftragungspraxis sozialer Dienstleistungen mehr oder weniger subtil sanktionieren kann. Sozialwirtschaftliche Unternehmen fürchten – wie alle Unternehmen – nicht nur schrumpfende Budgets an sich, sondern auch generell Unsicherheit und mögliche Störungen ihrer Arbeits- und Geschäftsabläufe. Drohen diese Budgetkürzungen, Unsicherheiten und Störungen, so kann sehr wohl davon ausgegangen werden, dass ein Schatten der Hierarchie in sozialpolitisch beeinflussten Netzwerken der Sozialen Arbeit existiert und wirkt. Dabei stehen weniger die große Drohkulisse, der massive Skandal und das heftige Drama im Vordergrund als vielmehr die subtilen, potenziellen Störungen der alltäglichen Geschäftstätigkeit. Letztere machen den Schatten der Hierarchie zu einem alltäglich relevanten Phänomen; es ist wohl jedermann aus der praktischen Tätigkeit in derartigen Netzwerken vertraut.

Man führe sich hier vor Augen, dass Politik und Sozialverwaltung beide intern streng hierarchisch organisiert sind und dass speziell die Politik zusätzlich permanent in einem Wettbewerbsmodus denkt. Beides ist dem Kooperationsbemühen in Netzwerken nicht zuträglich. Die privaten Akteure im Netzwerk mögen dann einen Teil des Konkurrenz- und Hierarchie-Drucks abfedern, indem sie sich besonders kooperativ zeigen, auch diesem Puffern ist jedoch eine Grenze gesetzt.

Fiktives Netzwerk von privaten Einrichtungen der Wohnungslosenhilfe

Zur Illustration sei hier auf ein fiktives Netzwerk von privaten Einrichtungen der Wohnungslosenhilfe in einer Stadt verwiesen. Die dort verbundenen sozialen Dienste und ihre Akteure haben untereinander eine *deutliche Kooperationsneigung*, welche in diesem Handlungsfeld häufig anzutreffen ist. Nicht zuletzt ist diese kooperationsfreudige Einstellung einer gewissen traditionellen Distanz und Skepsis gegenüber der Sozialpolitik und Stadtverwaltung geschuldet, was wiederum die Akteure im Netzwerk vielschichtig verbindet.

Im Gegensatz dazu ist im Beispiel dieser Stadt das Thema Wohnungslosenhilfe aus Sicht der Kommunalpolitiker ein Streitthema und damit ein *Konfliktfeld der*

> *politischen Konkurrenz.* Sie erwarten, dass unterschiedliche Fach-Konzepte und Träger in Konkurrenz zueinander stehen; sie wollen Gewinnerideen und Best-Practice-Beispiele. Seitens der Sozialverwaltung wird dieses Konkurrenzdenken hierarchisch an das Netzwerk weitergegeben. Es werden Ausschreibungen organisiert, alte Projekte in Frage gestellt, und es wird generell nach dem Erfolg der Wohnungslosenhilfe gefragt. Das Netzwerk Wohnungslosenhilfe wird sich diesem Konkurrenzdruck nur begrenzt entziehen können und vielmehr mit ihm kreativ umgehen müssen.

In der Sozialen Arbeit wird angesichts dieser hierarchischen Schatten gelegentlich eine „Hierarchiekonformität" (Mennemann 2013) der Kooperationsstrukturen angeraten, d. h. eine Zusammenführung von Akteuren auf der jeweils gleichen Hierarchieebene. Dadurch entstehen homogene Netzwerkteile, die arbeitsfähig sind. Die Kooperation im Netzwerk beruht dann eben nicht mehr auf einer Mischung, die ansonsten nur zu Blockaden führen würde. Diese Netzwerke werden in der Literatur auch als „strukturbasierte Macht-Netzwerke" oder auch als „Ressourcen-Dependence-Netzwerke" bezeichnet (Neugebauer 2012, S. 15ff.).

Trotz dieser Abhängigkeitsstrukturen bleibt der Schatten der Hierarchie letztlich jedoch auch nur ein Schatten, da die direkten klassischen staatlichen Steuerungs- und Interventionsmöglichkeiten in den Kooperationsnetzwerken so nicht mehr gegeben sind. Der Staat ist tatsächlich auch selbst auf die Netzwerke angewiesen, will die dortigen Ressourcen nutzen und kann nur begrenzt einen möglichen Kooperationsabbruch riskieren. Jene staatlichen Akteure, die im Netzwerk ihre prominente Stellung in der Hierarchie nutzen, könnten früher oder später in einem anderen Kontext die Folgen ihres Handelns spüren. Gefordert ist somit ein neues Rollenverständnis von Politik und Verwaltung, das weniger auf Hierarchie und stärker auf Regulierung und Verhandlung setzt und dies auch glaubwürdig praktiziert. Hierbei wiederum kommen typische politische Verhandlungsstrategien zum Tragen, wie z. B. Austritt und Widerspruch, Tauschhandel und Kompensation, Kompromiss und Innovation (ebd., S. 27). Sie halten den Kooperations- und Verhandlungsprozess am Leben, müssen aber zunächst einmal im Netzwerk grundsätzlich erlernt, praktiziert und akzeptiert werden. Dies ist eine Aufgabe der Netzwerkmoderation (s. dazu auch Kap. 1.3.3).

1.1.6 Netzwerkorientierung in Disziplin und Profession Sozialer Arbeit

Wie bereits in der Einleitung angekündigt, wird in diesem Lehrbuch die *Netzwerkorientierung* analog zu Boulet/Krauss/Oelschlägel (1980, S. 146) *als „Arbeitsprinzip"* der Sozialen Arbeit aufgefasst: Ein Arbeitsprinzip ist demnach ein allgemeiner Grundsatz, der das professionelle Handeln des Sozialarbeiters/Sozialpädagogen in den unterschiedlichen Arbeitsfeldern leiten soll. Es ist mit dem Zusatz ‚Arbeits-' verknüpft, weil es als solches nicht abgeschlossen formuliert ist, sondern sich im Arbeitsstadium befindet (Motzke/Schönig 2012, S. 231). Während Konzepte als Säulen die Handlungsfelder tragen, ist die Netzwerkorientierung eine Querschnittsaufgabe, die für alle Handlungsfelder relevant ist.

Bewusst wurde der Terminus Netzwerk*orientierung* statt Netzwerk*arbeit* gewählt, da in der Sozialen Arbeit mit (sozialer) Netzwerkarbeit zumeist ein Konzept oder eine Methode bezeichnet wird (Bullinger/Nowak 1998, S. 97ff.; Galuske 2013, S. 330ff.). So sprechen auch Straus/Höfer (1998, S. 79) von der integrierenden Qualität der Netzwerkperspektive und haben versucht, die Gesamtperspektive netzwerkbezogenen Denkens und Handelns in Abbildung 3 darzustellen.

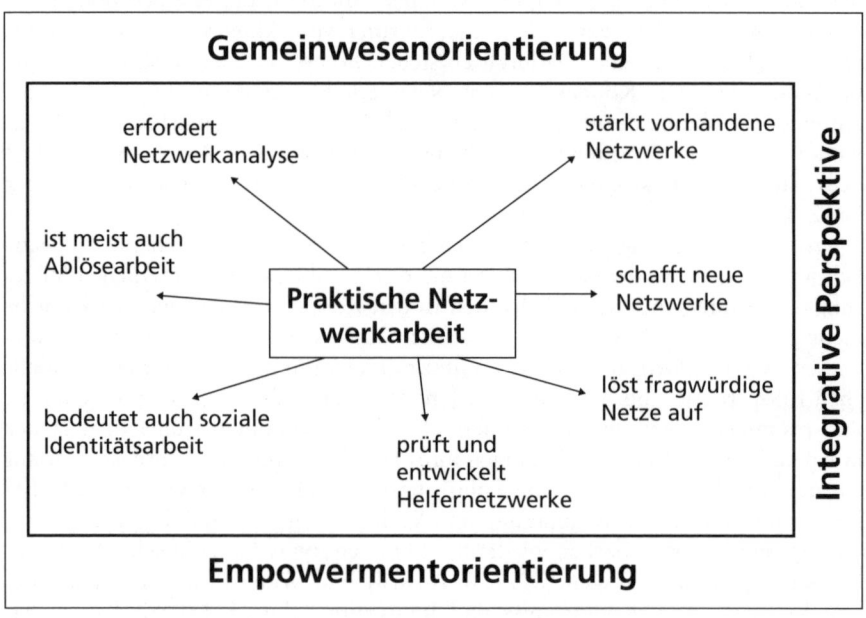

Abb. 3: Orientierungen der Netzwerkarbeit (Straus/Höfer 1998, S. 79)

Wie in Abbildung 3 zu sehen ist, präsentiert sich die Netzwerkperspektive mit ihrer Integration der Dimensionen Empowerment, integrative psychosoziale Arbeit und Gemeinwesen auch als *anschlussfähig an andere Diskurse in der Sozialen Arbeit* (ebd., S. 81f.): Im Sinne des Empowerments beinhaltet Netzwerkarbeit den Versuch, Menschen zu befähigen, ihr Leben nach eigenen Zielen in den Griff zu bekommen und zu gestalten und sie dabei nicht als isolierte Einzelwesen zu begreifen. Netzwerkarbeit integriert darüber hinaus unterschiedliche sozialpädagogische, therapeutische und sozialpsychologische sowie soziologische Traditionen und ist stets auch Gemeinwesenarbeit, weil sie im unmittelbaren Lebensumfeld der Klienten ansetzt.

In Anlehnung an die aus der Diskussion um die Sozialraumorientierung bekannte Losung „Vom Fall zum Feld" (Hinte et al. 1999) kann im Zusammenhang mit dem Arbeitsprinzip Netzwerkorientierung von *„Kein Fall ohne Feld"* (Motzke/Schönig 2012, S. 231) gesprochen werden – d. h. dass in der Sozialen Arbeit grundsätzlich keine Fallarbeit ohne Netzwerkperspektive denkbar ist. Unabhängig von der durch Hinte et al. (1999, S. 99f.) geprägten – und zu Recht nicht unumstrittenen – Begriffsschöpfungen „fallunspezifische Arbeit", „fallspezifische" und „fallübergreifende Arbeit" fokussiert das vorliegende Lehrbuch die vom Einzelfall unabhängige Arbeit (in tertiären oder institutionellen Netzwerken): Im Gegensatz zur fallbezogenen Arbeit, die sich direkt und unmittelbar mit dem Fall beschäftigt, sowie der „fallübergreifenden Arbeit", die anlassbezogen die Ressourcen des sozialen Raumes zur Unterstützung des jeweiligen Falles nutzt, sind hier Tätigkeiten gemeint, die nicht einem spezifischen Einzelfall zuzuordnen sind. Sie geschieht zu einem Zeitpunkt, wo die Fachkräfte noch nicht absehen können, für welchen späteren Fall sie die jeweilige Ressource benötigen werden. Dazu zählen nach Hinte et al. (1999, S. 100) insbesondere die Aneignung von Kenntnissen über den sozialen Raum, die Einbindung in das Netz der Fachkräfte im Wohnquartier und der Aufbau von Kontakten zu Institutionen außerhalb des sozialen Bereichs (z. B. Vereine, Bürgergruppen etc.).

Setzt man die Idee der Netzwerkorientierung als Arbeitsprinzip in Zusammenhang mit den von Spiegel (2013, S. 25ff.) prominent herausgearbeiteten spezifischen *„Charakteristika der beruflichen Handlungsstruktur"*, so wird deutlich, dass die Netzwerkorientierung gut zur Sozialen Arbeit passt. Denn der Profession ist per se erstens Kooperation im Sinne einer Koproduktion mit dem Klienten inhärent, und sie hat zweitens ein strukturelles Technologiedefizit zu verzeichnen. Letzteres bedeutet, dass menschliches Handeln immer komplex ist und keiner einfachen Steuerungslogik unterliegt.

Dies spiegelt sich auch in der Netzwerkperspektive wider: Netzwerke leben von Kooperation und Aushandlung, um Innovation zu ermöglichen, und sind nicht rein technologisch steuerbar. Darüber hinaus kennzeichnet die Arbeit der Fachkräfte in der Sozialen Arbeit bekanntlich stets die Auseinandersetzung mit dem doppelten (oder Tripel-)Mandat – so auch in der Arbeit in und mit (v. a. institutionellen) Netzwerken, denn einzelne Akteure haben darin oft mehrere, nur schwer miteinander zu vereinbarende Mandate inne.

Bezirksjugendpflegerin in einem sozialräumlichen Netzwerk

Dies kann man am Beispiel einer Bezirksjugendpflegerin illustrieren, die im sozialräumlichen Netzwerk ‚Jugendhilfe im Stadtteil' mitarbeitet: Dort vertritt sie in Persona zum einen die Interessen des Jugendamtes gegenüber den sozialen Diensten, aber auch die unmittelbaren Interessen der Jugendlichen. Diese drei Mandate müssen nicht miteinander in Widerspruch stehen, tun dies aber häufig, wenn z. B. die Jugendlichen einen Bolzplatz fordern, den die Stadt aber weder finanzieren noch vom Platz her ausweisen kann.

In der Auseinandersetzung mit dem Arbeitsprinzip Netzwerkorientierung befassen sich Sozialarbeiter und Sozialpädagogen daher mit *zentralen professionsspezifischen Themen*, zu denen auch das Aushalten von Widersprüchen, Paradoxien und Ambivalenzen, d. h. von Unvereinbarkeiten und ungeklärten Spannungszuständen im Berufsalltag der Sozialen Arbeit gehören. Dies kann in der Betrachtung von allgemeinen und speziellen Aspekten aus der Netzwerkpraxis verdeutlicht werden (s. Kap. 2).

Das Konstrukt des Prinzips *Netzwerkorientierung* als Grundsatz und Leitfaden *durchdringt* gewissermaßen die für die Soziale Arbeit konstitutiven Elemente *Disziplin, Profession und Praxis* (vgl. zum Zusammenhang der drei Elemente: Motzke 2013). Anhand der drei ausgewählten Aspekte Theorien (1), Methoden/ Konzepte (2) und Handlungskompetenz (3) soll dies im Folgenden anhand einiger Beispiele aufgezeigt werden:

Laut Kruse (2005, S. 36) sind *netzwerktheoretische bzw. netzwerkanalytische Bezüge in eigentlich allen aktuell relevanten Theorien* Sozialer Arbeit die wesentliche Grundlage. Dies verwundert nicht, geht es in der Sozialen Arbeit doch genuin um die Bearbeitung sozialer Probleme zugunsten gesellschaftlicher Integration (s. Einleitung). Diese Integration kann nur durch die erfolgreiche Vermittlung zwischen subjektiven Lebenswelten und gesellschaftlichen Anforderungen erfolgen – wofür stets der Klient in seinem Umfeld (primäre und sekundäre Netzwerke: soziale Ressourcen) und der Professionelle in seinen beruflichen Strukturen (tertiäre Netzwerke: institutionelle Ressourcen) betrachtet werden müssen. Schon die *frühen Theorieansätze* der Sozialen Arbeit weisen darauf hin:

Bereits *Richmond*, eine der US-Pionierinnen der Sozialen Arbeit, zeigt in ihrem Werk „Social Diagnosis" (1917) auf, dass ‚casework' nie den Charakter der isolierten Konzentration auf Einzelne hat, sondern der sorgfältigen Berücksichtigung des gesamten Umfelds bedarf. Gerade in ihrem Ansatz der Fallarbeit sind bereits wesentliche Aspekte sozialräumlicher, familiensystemischer und das soziale Unterstützungsnetzwerk einbeziehender Art mitgedacht (Riemann/Schütze 2012, S. 132), darüber hinaus finden sich erste Ansätze der Arbeit mit Netzwerkkarten (Budde/Früchtel 2005, S. 15).

Zur gleichen Zeit entwickelte *Addams* mit dem durch sie gegründeten ‚Hull House' die US-amerikanische Settlement-Bewegung mit, in denen Siedlungshäuser und Nachbarschaftsheime Bildungs- und Sozialleistungen anboten und als Orte der Netzwerkbildungen dienten (Lambers 2013, S. 55).

Unter dem Eindruck dieser anglo-amerikanischen Entwicklungen revolutionierte auch *Salomon* um 1900 die ‚soziale Hilfstätigkeit' in Deutschland mit der Idee, dass die Ursachen von Armut und sozialen Problemen nicht im individuellen, sondern im kollektiven Kontext zu finden seien (Kuhlmann 2000, S. 223). In der Wohlfahrtspflege sah sie ein Prinzip der gegenseitigen Hilfe, das die Menschen zusammenführen und verbinden kann (Salomon 1928, in: Engelke et al. 2009, S. 241).

In der *weiteren Theorieentwicklung* können dann stärkere sowie zum Teil ganz konkrete Netzwerkbezüge ausgemacht werden – dies soll an einigen, unsystematisch ausgewählten Beispielen illustriert werden:

- Bei *Thiersch* (2008, S. 30–40) und seiner populären Theorie einer alltags- und lebensweltorientierten Sozialen Arbeit ist u. a. von dem Grundsatz der „Vermittlung und Aushandlung von Interessen" sowie von der konkreten Handlungsmaxime „Vernetzung und Kooperation" die Rede. Auch bei Böhnisch (2008, S. 329), der Soziale Arbeit im Kontext von Lebensbewältigung definiert, findet sich die Netzwerkarbeit als ein Strukturierungsangebot im Zuge von möglichen sozialpädagogischen Interventionen.
- Bei *Staub-Bernasconi* (2008, S. 278) hingegen müssen Netzwerke implizit mitgedacht werden, wenn sie als ein Spezifikum professioneller Sozialer Arbeit ein ‚mehrniveaunales' Interventionsspektrum für die Bearbeitung sozialer Probleme nennt – dies meint, dass je nach Problemdiagnose und -erklärung Interventionen im Zusammenhang mit Individuen, Familien, Kleingruppen, Nachbarschaften, kleinen und großen Gemeinwesen sowie Organisationen in Frage kommen.
- Für *Kleve* (2004, S. 163), der sich stark an der Systemtheorie nach Luhmann orientiert, geht es in der Sozialen Arbeit um die Bearbeitung von Problemen ‚sozialer Partizipation' entweder an gesellschaftlichen Funktionssystemen (Inklusion/Exklusion) oder an lebensweltlichen Systemen (Integration/Desintegration) – auch hierbei geht es um den Netzwerkgedanken, wenngleich Kleve in seiner Terminologie den Begriff System wählt (zur definitorischen Abgrenzung von Netzwerk und System s. Kap. 1.1.3).

Zuletzt sei auf gegenwärtige theoretische Auseinandersetzungen wie der mit dem Capability Approach (Sen/Nussbaum) verwiesen – ihn hat erstmalig *Röh* (2013) für eine Fundierung Sozialer Arbeit genutzt und damit Soziale Arbeit als Unterstützung einer daseinsmächtigen Lebensführung definiert. Dabei kann Daseinsmächtigkeit des Einzelnen, neben der Verfügung über ausreichende ökonomische und ökologische Mittel, dadurch hergestellt werden, Entwicklungs- und Bewältigungsaufgaben mithilfe relevanter anderer und Gemeinschaften (d. h. Netzwerke) meistern zu können (ebd., S. 253).

Analog zu den *allgegenwärtigen netzwerktheoretischen Bezügen* in den Theorien Sozialer Arbeit stellt Kruse (2005, S. 36) dies *auch für die Methoden Sozialer Arbeit* fest und schließt daraus, dass sich *Netzwerkarbeit* in der Sozialen Arbeit etabliert hat. Dies untermauert er durch ein Statement des Instituts für Sozialarbeit und Sozialpädagogik (ISS):

„*Netzwerkarbeit ist in der Sozialen Arbeit zum Schlüsselbegriff für modernen Methodeneinsatz geworden. […] dass Netzwerkarbeit eigene Instrumente benötigt, da sie durch die Verbindung von Sozialraumorientierung, Partnerschaft aller lokalen Akteure, Aktivierung von Zivilgesellschaft, Lebensweltorientierung und Vernetzung über den klassischen Dreiklang der Sozialen Arbeit aus Einzelfallhilfe, Gruppen- und Gemeinwesenarbeit hinaus greift.*" (ISS 2004, in: Kruse 2005, S. 36)

Unabhängig von der Zentralität des Themas für die Soziale Arbeit ist in der Fachwelt jedoch nicht unumstritten, ob Netzwerkarbeit nun als Methode (u. a. bei Galuske 2013; AWO 2004) oder aber als Handlungsmodell bzw. Konzept

(u. a. bei Bullinger/Nowak 1998; Lammers 1992; Nestmann 1989) verstanden werden soll. Grund dafür sind unterschiedliche Auffassungen davon, was mit den beiden Begriffen gemeint ist und in welchem Zusammenhang sie stehen. Nach Geißler/Hege (2007, S. 20ff.) sind

- ... *Konzepte* ganz allgemein theoriegestützte Sortierungen von Inhalten, Methoden und Verfahren zur Erreichung vorher festgelegter Ziele. Sind die Ziele festgelegt, so kann ein Konzept als Anleitung zum Handeln genutzt werden – dabei werden allgemein formulierte Konzepte für die konkrete Situation interpretiert und speziell ausgearbeitet. In der Sozialen Arbeit sind neben Organisationskonzepten (z. B. in Sozialmanagement und Sozialverwaltung) v. a. die Handlungskonzepte (z. B. Projektarbeit, Zielgruppenarbeit) von Bedeutung. Letztere organisieren und sortieren ‚ihre' Methoden mit Blick auf ihre Handlungsfelder, Zielgruppen oder die jeweilige Situation – somit sind Jugendhilfe, interkulturelle Arbeit, sozialraumorientierte Arbeit, Arbeit mit behinderten Menschen und Beratung u. a. typische Beispiele für Handlungskonzepte Sozialer Arbeit (Schönig 2014, S. 15).
- ... *Methoden* dann konstitutive Teilaspekte von Konzepten, d. h. praxisorientierte Anleitungen zum erfolgreichen Handeln im Rahmen von Konzepten. Beispiele für Methoden, die eng definiert sind und für verschiedene Konzepte eingesetzt werden können, sind u. a. Gesprächsführung, aktivierende Befragung, Gruppenarbeit, Sozialfotografie und Sozialraumanalyse (ebd.).
- ... *Verfahren und Techniken* wiederum Teilaspekte von Methoden, die Antworten auf Detailprobleme im komplexen Weg von der Identifikation eines Problems zur angestrebten Lösung beschreiben.

So ist *Netzwerkarbeit in der Sozialen Arbeit* ein *Handlungskonzept*, wobei Straus (2012, S. 227f.) verschiedene, in der Sozialen Arbeit virulente Konzepte der Netzwerkarbeit nennt: persönliche und klientenorientierte Netzwerkarbeit, organisationsorientierte Netzwerkarbeit und Netzwerkarbeit als Vernetzung psychosozialer Dienste und Initiativen bzw. auch sozialraumorientierte Vernetzung sowie Aufbau und Pflege von Netzwerken.

Am *Beispiel des Konzeptes klientenorientierter Netzwerkarbeit* kann mit Straus (ebd., S. 229) gezeigt werden, dass darunter ganz unterschiedliche methodische Traditionen sozialpädagogischer, therapeutischer und auch sozialpsychologischer Provenienz integriert werden, wie z. B. Elemente der Gemeinwesenarbeit mit Ideen und Methoden von Morenos Psychodrama oder Grundsätze der Gemeindepsychologie mit Elementen der systemischen Familientherapie. In der Arbeit an und mit Klientennetzwerken unterscheidet er konkret sieben methodische Formen, die sich wiederum auf einzelne Verfahren und Techniken stützen (ebd., S. 229ff.). Diese beziehen sich u. a. auf die Stärkung, Schaffung und ggf. Auflösung von Netzwerken. Für einen Überblick zu praxisorientierten klientenbezogenen Netzwerkmethoden verweist Straus zudem auf die Publikation von Röhrle/Sommer/Nestmann (1998), darüber hinaus sei auf eine Einteilung in fünf ‚Strategien' der Netzwerkarbeit durch Bullinger/Nowak (1998, S. 171f.) verwiesen – eine detaillierte Erläuterung der Inhalte würde an dieser Stelle jedoch den Rahmen des Lehrbuchs sprengen.

Auch im Zuge des *Konzepts Aufbau und Pflege von Netzwerken* können beispielhaft einsetzbare Methoden wie Netzwerkkoordination und Netzwerkmoderation genannt werden. Dabei entstammen die Moderationsverfahren ‚Open Space' und ‚World Café' für Gruppen sogar explizit der Netzwerkperspektive: Beiden Verfahren gelingt es in einer der Netzwerklogik entlehnten Form, menschliche Ressourcen über eine selbstorganisierte Form für Tagungs- und Fortbildungssituationen zu wecken und zu bündeln (Straus 2012, S. 233f.). Ähnlich differenzieren auch andere Autoren (u. a. Nestmann 1989 und 1991; Röhrle/Stark 1985; Gottlieb 1985) in mögliche Interventionsansätze oder -strategien im Zusammenhang mit sozialen Netzwerken. Auf der Suche nach einer Methoden-Systematik findet sich bei Galuske (2013, S. 336; unter intensiver Bezugnahme auf Bullinger/Nowak 1998, S. 173ff.) eine *Einordnung des Methoden- und Technikarsenals sozialer Netzwerkarbeit in zwei Gruppen*:

1. Im Kontext der *Netzwerkdiagnostik* geht es v. a. um Instrumente der Erhebung und Analyse von Netzwerkstrukturen (wie z. B. um Techniken der Soziometrie, Netzwerkkarte und Netzwerkbrett, auch Eco-Mapping (Budde/ Früchtel 2005, S. 14f.)) oder Netzwerkethnografie.
2. Im Zuge von *Netzwerkintervention und -evaluation* wird hingegen auf individuum- und gruppenzentrierte Beratungstechniken, Moderationsmethoden sowie Techniken und Strategien der Selbst- und Fremdevaluation, wie z. B. Training von Hilfesuchverhalten, Helferkonferenzen, Netzwerkberatung, Netzwerkkonferenzen oder Unterstützung von Selbsthilfegruppen zurückgegriffen.

Für die Umsetzung von Netzwerkarbeit als Handlungskonzept in der Praxis müssen Sozialarbeiter/Sozialpädagogen *spezifische professionelle Fähigkeiten und Kompetenzen* besitzen, die Teil der für die Profession Soziale Arbeit benötigten *Handlungskompetenz* sind. Denn grundsätzlich ist der für die Tätigkeit in der Sozialen Arbeit charakteristische Tätigkeitstyp die durch Handlungen konstituierte Praxis (Motzke 2014, S. 56). Nach von Spiegel (2013, S. 82ff.) hat Handlungskompetenz, wie sie das Kompetenzprofil der Profession Soziale Arbeit kennzeichnet, immer die drei Dimensionen Wissen, Können, Haltung, die in der Handlung zusammenkommen. Dies gilt selbstverständlich auch bezogen auf die Fähigkeiten und Kompetenzen, die für eine erfolgreiche Netzwerkarbeit unabdingbar sind.

Bezogen auf die *Dimension des Wissens* ist für die Arbeit mit und in Netzwerken bedeutend, auf einen Fundus an wissenschaftlichem Wissen in Bezug auf Netzwerkforschung, d. h. Netzwerktheorie und -analyse und den Zusammenhang zur Sozialen Arbeit, zurückgreifen zu können. Dazu zählt auch fundiertes Wissen über Steuerungs- und Koordinationsprozesse in natürlichen wie künstlichen Netzwerken. Genau dieses Wissen soll mit dem vorliegenden Lehrbuch umfangreich gebündelt, systematisiert und den (angehenden) Fachkräften in der Sozialen Arbeit zur Verfügung gestellt werden.

Tab. 5: Übersicht über Kompetenzen (nach von Spiegel 2013, S. 97f.)

Übersicht über Kompetenzen in der Dimension des Wissens
Beschreibungswissen
• Kenntnis methodischer Zugangsweisen zur subjektiven Wirklichkeit der Adressaten • Kenntnis konzeptioneller Raster der Wirklichkeitswahrnehmung • Wissen über Wirkungen des Kontextes
Erklärungswissen
• Kenntnis grundlegender Wissensbestände • Kenntnis arbeitsfeldspezifischer Wissensbestände • Kenntnis der sozialpolitischen Einbindung des Arbeitsfeldes • Wissen über Wechselwirkungen von Gesellschaft und Individuum • Kenntnis von Gesetzen und Finanzierungsgrundlagen • Grundkenntnisse über Organisationen
Wertewissen
• Kenntnis von Wechselbeziehungen biografischer Entwicklung und moralischen Orientierungen • Kenntnis professioneller Wertorientierungen und Handlungsmaximen • Kenntnis arbeitsfeldbezogener Leitlinien und des Leitbildes der eigenen Organisation
Veränderungswissen
• Kenntnis arbeitsfeldspezifischer und Methodenkonzepte • Erweiterung des methodischen Repertoires • Kenntnis fallangemessener materieller Hilfen • Kenntnis von Arbeitstechniken der Teamarbeit • Kenntnis von Evaluations- und Forschungsmethoden
Kompetenzen in der Dimension der beruflichen Haltungen
Reflexive Arbeit an der beruflichen Haltung
• Reflexion individueller Berufswahlmotive • Reflexion individueller Wertestandards • Reflektierter Umgang mit Emotionen • Entwicklung einer moralischen Kompetenz
Orientierung an beruflichen Wertestandards
• Akzeptanz individueller Sinnkonstruktionen • Achtung der Autonomie und Würde der Adressaten • Ressourcenorientierung • Anerkennende Wertschätzung • Demokratische Grundhaltung
Reflektierter Einsatz beruflicher Haltungen
• Ausbildung einer beruflichen Identität • Reflektierter Einsatz konzeptionell geforderter Haltungen

Tab. 5: Übersicht über Kompetenzen (nach von Spiegel 2013, S. 97f.) – Fortsetzung

Kompetenzen in der Dimension des Könnens
Fähigkeit zum kommunikativen methodischen Handeln
• Fähigkeit zum Aufbau einer tragfähigen Arbeitsbeziehung • Fähigkeit zum Aufbau und zur Pflege eines Aktionssystems • Fähigkeit zum dialogischen Verstehen • Fähigkeit zum dialogischen Verhandeln • Vermittlungsfähigkeit
Fähigkeit zum Einsatz der ‚Person als Werkzeug'
• Fähigkeit zur Selbstbeobachtung • Fähigkeit zur Selbstreflexion • Empathiefähigkeit • Ambiguitätstoleranz
Beherrschung der Grundoperationen des methodischen Handelns
• Fähigkeit zum methodischen Handeln • Verfügung über Strategien des Wissenserwerbs und der Wissensaneignung • Fähigkeit zum Zusammenführen von Wissensbeständen • Fähigkeit zur Ressourcenbeschaffung
Fähigkeit zur effektiven und effizienten Gestaltung der Arbeitsprozesse
• Fähigkeit zum konzeptionellen Arbeiten • Fähigkeit zur Optimierung der Organisation • Fähigkeit zur Dokumentation • Fähigkeit zur Selbstevaluation
Fähigkeit zur organisationsinternen Zusammenarbeit
• Fähigkeit zum Rollenhandeln • Fähigkeit zur Teamarbeit • Fähigkeit zur kollegialen Fallberatung
Fähigkeit zur interinstitutionellen und kommunalpolitischen Arbeit
• Fähigkeit zur interinstitutionellen Kooperation • Fähigkeit zur Verhandlung über Leistung, Qualität und Entgelt • Fähigkeit zur Intervention in andere Systeme

Im Zusammenhang mit der *Dimension des Könnens* wird in der Literatur zu Netzwerkarbeit in der Sozialen Arbeit insbesondere auf erforderliche Sozial-, Selbst- sowie Methodenkompetenz verwiesen: *Sozialkompetenz* beinhaltet hierbei z. B. kommunikative Fähigkeiten, Team- und Konfliktfähigkeit, differenzierte Wahrnehmungs- und Empathiefähigkeit, Offenheit und Ehrlichkeit, Vertrauensbildung, Neutralität, Integrationsfähigkeit, Frustrations- oder Ambiguitätstoleranz sowie den Umgang mit gegenläufigen Erwartungshaltungen (Bullinger/Nowak 1998, S. 138; AWO 2004, S. 30). Mit dem Begriff *Selbstkompetenz* werden u. a. Fähigkeiten wie Selbst- und Zeitmanagement, Stressbewältigungskompetenz, Planungsfähigkeit, reflexive Auseinandersetzung mit sich selbst, aber auch konzeptionelle Fähigkeiten, Kreativität, Innovationskompetenz sowie systemorientiertes Denken gefordert (Bullinger/Nowak 1998, S. 138f.; AWO 2004, S. 30). Und unter *Methodenkompetenz* werden u. a. die Fähigkeit, methodisch zu Handeln und verschiedene Ansätze methodischen Handelns situationsgerecht miteinander zu verbinden, als auch Verfahrens- wie auch Evaluationskompetenz verstanden (Bullinger/Nowak 1998, S. 139; AWO 2004, S. 30; Schubert 2008, S. 51).

Die *Dimension der Haltung* beinhaltet aus der Netzwerkperspektive v. a. die Einbeziehung ethischer Prinzipien und beruflicher Wertestandards in die Reflexion von Handlungszielen, Vorgehensweisen und Techniken (Bullinger/Nowak 1998, S. 139). In diesen Kontext gehören auch ‚Prinzipien', deren Berücksichtigung in der sozialen Netzwerkarbeit (v. a. mit natürlichen Netzwerken, Anmerk. K. M. und W. S.) von Bullinger/Nowak (1998, S. 133ff.) für unabdingbar gehalten wird:

- *Subjektstatus* der Betroffenen beachten,
- für die Dokumentation von Informationen über Netzwerke die *Zustimmung der Betroffenen einholen*,
- *kontrollierende Anteile* der professionellen Netzwerkarbeit den Betroffenen *offenlegen*,
- Klienten müssen ein *Recht auf Eigensinn* wahren können, und
- Substanz sozialer Netzwerke kann durch *inadäquate Interventionen* zerstört oder gar in das Gegenteil verkehrt werden.

Die Befolgung dieser Prinzipien solle gewährleisten, dass Sozialarbeiter/ Sozialpädagogen ihre Arbeit respektvoll durchführen und stets bemüht sind, Transparenz herzustellen – auch Partizipation und demokratische Spielregeln müssten fest in die Verfahrensweisen integriert werden.

Abstrahiert man von dieser Ebene der konkreten Kompetenzen auf den professionstheoretischen Diskurs, so kann mit Kruse (2005, S. 44) diagnostiziert werden, dass zwar soziale Netzwerkarbeit als Handlungsdimension Sozialer Arbeit erkannt wird, aber die Übertragung auf die professionelle Identitätsebene fehle: So sei man in der Sozialen Arbeit Case Manager, Quartiermanager oder Sozialmanager, aber eben kein Netzwerkmanager. Dem schließen sich die Verfasser an, empfehlen aber die Bezeichnung *Netzwerkkoordinator*. Dessen Status und Tätigkeitsfeld könnte dazu beitragen, die professionelle Identität von Sozialarbeitern und Sozialpädagogen heute leichter zu formulieren denn je.

Bereits an anderer Stelle wurde erläutert, dass *Netzwerkarbeit in der Sozialen Arbeit eine alte, bekannte und doch zugleich völlig neue Strategie* ist (s. Kap. 1.1.1). Stellte Vernetzung in der Vergangenheit eine Strategie zur Steigerung der Effektivität der Hilfe für die Klienten dar, so richtet sich aktuell der Fokus zumeist auf die Effizienz, d. h. auf ein systematisches Prozessmanagement der Hilfeleistungen mit dem Ziel der Rationalisierung und Optimierung sozialer Dienstleistungen und des Ressourceneinsatzes (Kruse 2005, S. 41). Gerade diese neuere Strategie des vernetzten Arbeitens lässt aufgrund veränderter struktureller Rahmenbedingungen des Sozialstaates und der Gesellschaft eine netzwerktheoretische Fundierung der Wissenschaft und Profession Sozialer Arbeit unausweichlich werden (Kruse 2005, S. 37). Mit dieser neueren Strategie, die letztlich ein Resultat der Politik des aktivierenden Sozialstaates sowie der neuen Governance-Strukturen ist (s. Kap. 1.1.5), *nimmt die – ohnehin bereits bestehende – Bedeutung von Kooperation und Vernetzung unter Organisationen und Akteuren* (d. h. auch in tertiären Netzwerken) *in der Sozialen Arbeit zu.* Dies, aber auch die seit jeher ausgerufene Strategie der Kooperation in der Sozialen Arbeit führten so weit, dass Kooperation, integrierte Zusammenarbeit oder gar die Arbeit in Netzwerken in vielen verschiedenen rechtlichen Rahmenbedingungen zu Voraussetzungen erhoben wurden und seitdem als Qualitätsstandards gelten (Schubert 2011, S. 530).

Diese *rechtliche Kodifizierung* findet sich prominent z. B. in der *Kinder- und Jugendhilfe (SGB VIII)* wieder, denn in diesem Handlungsfeld verlangen die zentralen fachlichen Handlungsmaximen der Dezentralisierung und Regionalisierung eine erhöhte Zusammenarbeit und intensivere Abstimmung zwischen Trägern und Verwaltung vor Ort (Bauer 2005, S. 21). So wird u. a. zur Zusammenarbeit der öffentlichen Jugendhilfe mit der freien Jugendhilfe aufgefordert (§ 4 SGB VIII) sowie zur Bildung von Arbeitsgemeinschaften, in denen neben den Trägern der öffentlichen Jugendhilfe die anerkannten Träger der freien Jugendhilfe sowie die Träger geförderter Maßnahmen vertreten sind (§ 78 SGB VIII). Auch haben die Träger der öffentlichen Jugendhilfe mit anderen Stellen und öffentlichen Einrichtungen im Rahmen ihrer Aufgaben und Befugnisse zusammenzuarbeiten (§ 81 SGB VIII).

Als ein weiteres Beispiel im Zusammenhang mit der rechtlichen Kodifizierung von Kooperation und Vernetzung in der Kinder- und Jugendhilfe sei auf das noch recht neue *Bundeskinderschutzgesetz (BKiSchG)* aus dem Jahr 2011 hingewiesen. Dort findet sich im Gesetz zur Kooperation und Information im Kinderschutz (KKG – Art. 1 BKiSchG) ein Paragraf zu den „Rahmenbedingungen für verbindliche Netzwerkstrukturen im Kinderschutz" (§ 3) – darin geht es um den Aufbau, die Koordination sowie die Durchführung und Finanzierung von Netzwerken im Bereich „früher Hilfen" in den Ländern. Mit Blick auf die Realisierung dieser Netzwerke bleibt jedoch zu fragen, ob die Vorgaben für eine solche Vernetzung nicht konkreter formuliert sein müssten und ob im Resultat nicht eine Überforderung der Träger der Jugendhilfe zu befürchten ist.

Auch im Rahmen der *Grundsicherung für Arbeitssuchende (SGB II)* finden sich deutlich rechtsverbindliche Aufträge für Zusammenarbeit und Vernetzung. So sollen die Agenturen für Arbeit bei der Erbringung von Leistungen zur Eingliederung in Arbeit mit den Beteiligten des örtlichen Arbeitsmarktes (Gemeinden, Kreise, Bezirke), den Trägern der freien Wohlfahrtspflege, den Vertretern der Arbeitgeber sowie der Arbeitnehmer, den Kammern und berufsständischen Organisationen zusammenarbeiten, um die Durchführung von Maßnahmen zu beraten oder zu sichern (§ 18 Abs. 1). Darüber hinaus sollen sie mit den örtlich zuständigen Trägern der Sozialhilfe auf deren Verlangen Vereinbarungen über das Erbringen von Leistungen zur Eingliederung schließen (§ 18, Abs. 3). Die beiden Beispiele zeigen, dass inzwischen Kooperation und Vernetzung sogar sozialrechtlich fixiert als Voraussetzung und Ausgangslage für die professionelle Arbeit von Sozialarbeitern und Sozialpädagogen gelten.

Insgesamt war und ist eine *Netzwerkorientierung für die Soziale Arbeit seit jeher* und unter aktuellen Rahmenbedingungen sowie Forschungsparadigmen mehr denn je *konstitutiv*. Von daher ist nur schlüssig, sie – wie von uns ausführlich dargestellt – in Anlehnung an die Terminologie von Boulet/Krauss/Oelschlägel (1980) als übergreifendes Arbeitsprinzip in der Sozialen Arbeit auszurufen. Sie ist damit Leitprinzip und allgemeiner Grundsatz, der das professionelle Handeln in den unterschiedlichen Arbeitsfeldern leiten soll. Entsprechend muss das *Arbeitsprinzip Netzwerkorientierung* für die einzelnen Dimensionen der professionellen Handlungskompetenz – Wissen, Können und berufliche Haltung – konkretisiert werden und kann dadurch zum professionellen Selbstverständnis werden und professionelle Identität bilden (Motzke/Schönig 2012, S. 239).

1.2 Empirische Netzwerkanalyse

Die vorstehenden theoretischen Überlegungen haben gezeigt, dass die Netzwerkorientierung eine Vielzahl von Aspekten bietet, Fragen aufwirft und Differenzierungen notwendig macht. Die Erforschung realer Netzwerke ist als Grundlage praktischer Handlungsempfehlungen unabdingbar. Im Zuge des allgemein steigenden Interesses am Netzwerkparadigma ist daher auch das Interesse an der Netzwerkanalyse gestiegen. Deren zentrale Elemente werden im Folgenden im Kontext der sozialwissenschaftlichen Netzwerkforschung erläutert.

Der praktische Wert und der Anspruch einer systematischen Netzwerkanalyse auch in der Sozialen Arbeit sei zunächst anschaulich durch Abbildung 4 aus der Beratungspraxis vor Augen geführt. Sie zeigt die Vernetzung eines Familienzentrums.

Die Grafik zur Vernetzung eines Familienzentrums wurde im Zuge eines Coaching-Prozesses erstellt und sei hier nicht im Detail erläutert. Für die Netzwerkanalyse ist sie aus zwei Gründen interessant: Zum einen zeigt sie, wie schnell ein Netzwerk in einem Gruppenprozess komplex und unübersichtlich werden kann. Zudem ist das obige Netzwerk eine Art Zwitter zwischen einem egozentrierten Netzwerk (mit Haus I als Zentrum) und einem institutionell geprägten Netzwerk um Haus I herum, das jedoch vielfältige interne Verbindungen hat, die Haus I nicht berühren.

Zur Veranschaulichung von Komplexität und Spezifität ist eine solche Grafik sehr geeignet, und sie mag auch den Gruppenprozess im Netzwerk befruchten. Für eine genauere Netzwerkanalyse bietet sie jedoch nur wenig brauchbare Informationen. Insbesondere werden der Netzwerktyp und die Qualität der Beziehungen im Netzwerk nicht herausgearbeitet. Aufgabe der empirischen Netzwerkanalyse ist es im Gegensatz dazu, eine theoriegeleitete Vereinfachung von Netzwerkstrukturen vorzunehmen und diese Strukturen sodann mit standardisierten Verfahren zu beschreiben.

Kern der empirischen Netzwerkanalyse ist die Ermittlung von Beziehungen zwischen zwei Akteuren, also ihrer Relation, weshalb die empirische Netzwerkanalyse eine Sonderstellung in der empirischen Sozialforschung einnimmt. Sie ba-

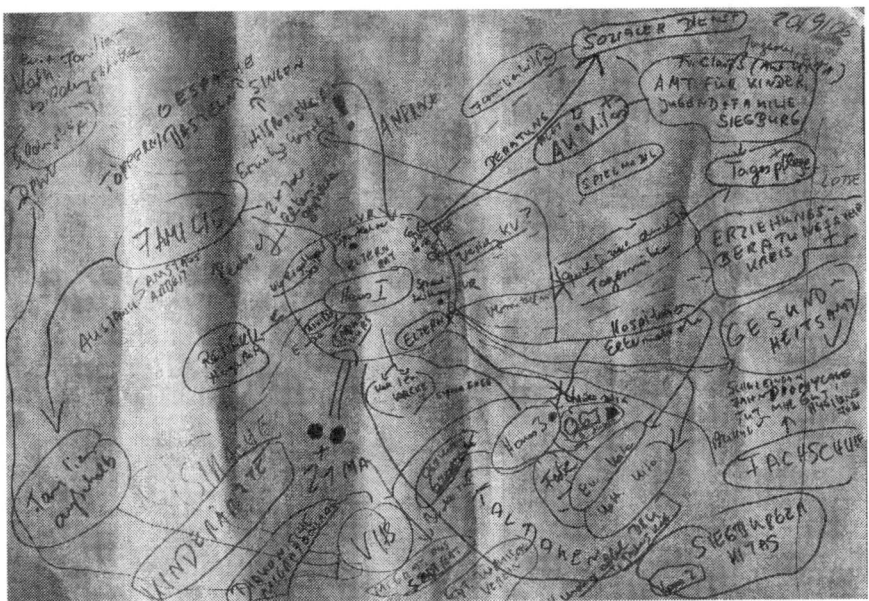

Abb. 4: Vernetzung eines Familienzentrums (Felber 2006, S. 75)

siert auf den zwei Forschungstraditionen der Soziometrie (Moreno 1967) und der Sozialanthropologie (Mitchell 1969; Pappi 1987, S. 11). Wichtige deutschsprachige Lehrbücher zur empirischen Sozialforschung, wie etwa das von Schnell/Hill/Esser (2011), erwähnen die Netzwerkanalyse mit keinem Wort. Es wird vielmehr selbstverständlich davon ausgegangen, dass empirische Sozialforschung in konventionellen Surveys durchgeführt wird, in denen die Probanden nach ihrem individuellen Status und nach ihren Bewertungen und Handlungen befragt werden, nicht jedoch systematisch nach ihren Beziehungen zu anderen Akteuren.

So hat die Netzwerkanalyse heute bei weitem nicht den Stand der konventionellen Surveyanalyse erreicht, und es ist zu vermuten, dass ihr wohl auch dauerhaft eher eine Randstellung zukommt. Ursache hierfür ist die Bezugnahme des konventionellen Surveys auf den methodischen Individualismus, wonach die Befragten zunächst einmal als Individuen betrachtet werden. Es geht beispielsweise um ‚ihre persönliche Meinung' und ‚ihr verfügbares Haushaltseinkommen', nicht jedoch um die Beziehungen zu anderen Personen. Jener Forschungsansatz ist allgemein sehr vertraut und etabliert.

Gleichzeitig zeigt die vermehrte Akzeptanz des Netzwerkparadigmas, dass auch jenes einen wichtigen Beitrag leisten kann: Sind soziale Beziehungen einem zunehmenden Wandel unterworfen und werden sie von den Akteuren bewusst ausgewählt und gestaltet, so kann dies vor allem durch die empirische Netzwerkanalyse nachgewiesen und veranschaulicht werden. Hierin liegt ihre besondere Modernität.

1.2.1 Beziehungen erfassen und Netzwerke abgrenzen

In der empirischen Netzwerkforschung werden Beziehungen zwischen Personen/ Akteuren/Institutionen erfasst, analysiert und veranschaulicht (vgl. hierzu anschaulich Henning 2012). Da jeweils mehrere Personen befragt werden, zeigt sich regelmäßig ein Gesamtnetzwerk, dessen Komplexität über die Beziehungen hinausgeht, welcher ein einzelner Proband in einer Befragung angeben kann. Ursache hierfür sind psychologisch nachgewiesene Restriktionen, denen unsere Wahrnehmung sozialer Beziehungen unterliegt:

- Die *Millersche Zahl* verweist auf maximal sieben Informationseinheiten im Kurzzeitgedächtnis (Miller 1956).
- Die *Dunbar-Zahl* besagt, dass man maximal 150 oder etwas mehr Personen konkret mit Namen und Beziehungsstatus angeben kann (Dunbar 1993).

Andere Restriktionen beziehen sich auf *zeitliche und räumliche Einschränkungen* in der Wahrnehmung sozialer Netzwerke. Dies führt dazu, dass reale Netzwerke als kleiner wahrgenommen werden, als sie eigentlich sind. Sie werden von einzelnen Personen kognitiv heruntergebrochen und in Teilnetzwerke aufgeteilt, um sie leichter erfassen und überblicken zu können. Unser Bild auf ein Netzwerk ist *durch individuelle Bewertungen verzerrt*. Positiv bewertete Beziehungen werden als intensiver und enger wahrgenommen und führen tendenziell zur Homophilie. Negativ bewertete Beziehungen werden hingegen als dissonant wahrgenommen und partiell verdrängt.

Zentrale Folgerung aus diesen Einschränkungen ist zunächst, dass man als Forscher ein Gesamtnetzwerk aus der Zusammenfassung einzelner Angaben ermittelt und hierzu eine Vielzahl von einzelnen Angaben nutzt. Aus den Einzelbildern wird dann das Gesamtbild des Netzwerks ermittelt. Umgekehrt formuliert: Ein Netzwerk kann nicht sinnvoll ermittelt werden, indem man nur einen einzigen Akteur befragt und sein rein subjektives Bild des Gesamtnetzwerks übernimmt. Stattdessen wird ein einzelner Akteur nur vergleichsweise einfach befragt. Erst die Summe der Einzelangaben erlaubt dann die Konstruktion des Gesamtnetzwerks. Konkret lautet eine typische Frage zur Ermittlung eines Informationsnetzwerks in der empirischen Netzwerkforschung:

„*Von wem haben Sie im Jahr X im Thema Y wichtige Informationen erhalten?*"

Wichtig ist hier zum einen, dass die möglichen Beziehungen *zeitlich und thematisch eingegrenzt* sind. Zum anderen wird nur ein einseitiger Informationsfluss abgefragt (Wer war für Sie wichtig?). Erfragt wurde *nicht* der umgekehrte Informationsfluss (Für wen waren Sie wichtig?) und auch *nicht* eine noch komplexere Struktur. (Wie sieht Ihrer Ansicht nach das Gesamtnetzwerk aus? Wer ist für wen wichtig?)

Erst der Forscher setzt aus den einzelnen Angaben das Gesamtnetzwerk zusammen. Wiederholt man die obige Frage für andere Jahre und andere Themen, so kann aus den Antworten jeweils ein anderes Netzwerk konstruiert, und letztlich können diese dann verglichen werden. *Jene Konstruktionsleistung ist aus-*

schließlich der Forschung überlassen. Annahmegemäß – man denke an die Ergebnisse von Miller und Dunbar – wäre die befragte Person mit der Aufgabe überfordert, das Gesamtnetzwerk realistisch wiederzugeben. Sehr wohl jedoch kann eine einzelne Person ihre Beziehung zu einer anderen Person angeben und damit die Basisinformation der empirischen Netzwerkforschung – der Dyade – liefern. Eine *Dyade* (griechisch: ‚Zweiheit') ist die Grundeinheit eines jeden Netzwerks. Sie besteht aus zwei Knoten (= nodes = Personen/Institutionen), welche durch ein Band (= tie) verbunden sind. Diese Dyade kann erfragt werden, ohne hierfür das Gesamtnetzwerk in den Blick zu nehmen. Man erhält dann beispielsweise das in Abbildung 5 dargestellte Bild.

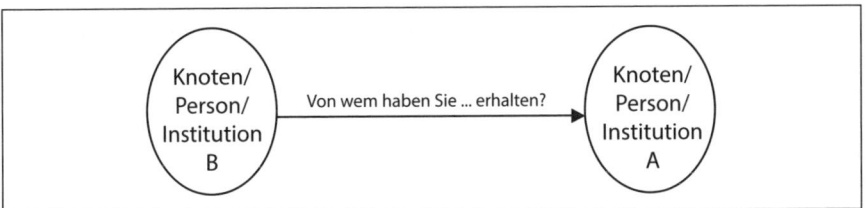

Abb. 5: Die Dyade als Grundeinheit der empirischen Netzwerkanalyse

Im schematischen Beispiel gibt A an, von B etwas erhalten zu haben. Der Pfeil ist daher zunächst nur von B auf A gerichtet. Erst mit der späteren Frage an B kann festgestellt werden, ob auch B möglicherweise von A etwas erhalten hat. Erst wenn B das bestätigt, kann in der Netzwerkforschung von einer reziproken Beziehung ausgegangen werden. Dann wären an beiden Endpunkten der Linie Pfeilspitzen eingezeichnet. Da die Dyaden inhaltlich spezifisch sind, müssen sie für jedes Thema und für jeden Zeitraum und für jede andere *Spezifikation* neu ermittelt werden. Fragt man mehrere Akteure, so wird das *Netzwerk schnell komplexer*. Nachdem bei mehreren Akteuren z. B. der Informationsfluss erfragt wurde, ergibt sich das in Abbildung 6 dargestellte Bild.

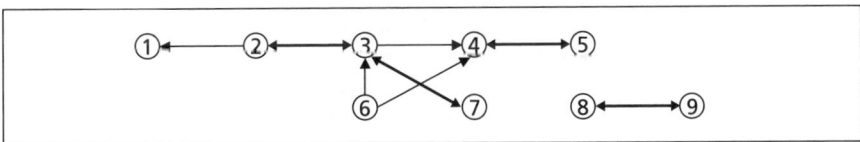

Abb. 6: Dyaden eines Informationsnetzwerks

Abbildung 6 veranschaulicht zunächst mit den geschlossenen Kreisen den bedeutsamen Aspekt, dass die Knoten selbst in ihrer Binnenstruktur nicht beachtet werden. Die Knoten sind die ‚Black Box' der empirischen Netzwerkanalyse; sie können realiter durchaus eine komplexe Binnenstruktur haben, nur wird in der Netzwerkanalyse von dieser Komplexität abstrahiert. Die Netzwerkanalyse beschränkt sich rein auf die Input-Output-Beziehungen der einzelnen Knoten und vernachlässigt alles, was innerhalb der Knoten geschehen mag. Zudem zeigt Abbildung 6 drei unterschiedliche Formen von Beziehungen zwischen zwei Punkten:

- *Keine Beziehung* besteht zwischen 7 und 9.
- Eine *einfache Beziehung* (jeweils nur eine Nennung) besteht zwischen 1/2, 3/4, 3/6 und 4/6.
- Eine *reziproke Beziehung* (gegenseitige Nennung) besteht zwischen 2/3, 3/7, 4/5 und 8/9.
- Die Personen 8 und 9 bilden eine *Clique*. Sie sind untereinander reziprok verbunden, nicht jedoch mit den Akteuren des Netzwerks.

Alle drei Beziehungsarten sind für die Analyse wertvoll, besonders interessant sind jedoch die *reziproken Beziehungen*. Sie können das Netzwerk stabilisieren und werden daher im Netzwerkdiagramm meist hervorgehoben – fett oder farbig – dargestellt. Hat eine Person mehrere reziproke Beziehungen (Person 3 im Beispiel), so hat sie offenkundig im Netzwerk eine zentrale Stellung inne. Person 1 hingegen ist deutlich marginalisiert.

Bevor nun jedoch auf dieser Grundlage weitere Darstellungsmöglichkeiten aufgezeigt werden, ist noch zu klären, wie überhaupt die *Grenzen eines Netzwerks* ermittelt werden können. Abbildung 6 des Informationsnetzwerks suggeriert auf den ersten Blick, dass die Abgrenzung eines Netzwerks unproblematisch ist – Mitglied im Netzwerk ist jeder, der von den Akteuren benannt wird.

Was aber ist dann mit Person 1 in Abbildung 6? Sie ist die einzige Person, die von niemandem als Informationsquelle benannt wurde; von ihr geht kein Pfeil zu einer anderen Person. Im Gegensatz dazu ist z. B. Person 6 für zwei andere Personen (3 und 4) als Informationsquelle relevant. Während somit Person 6 zweifellos als Netzwerkakteur bezeichnet werden kann, ist die Frage bei Person 1 durchaus strittig. Vermutlich war Person 1 vorab bereits als Netzwerkakteur bekannt und wurde daher in der Netzwerkanalyse befragt. Das Beispiel illustriert, dass die Abgrenzung eines Netzwerks keineswegs eine Selbstverständlichkeit ist, sondern in der empirischen Netzwerkforschung gut überlegt sein will. Für die Abgrenzung stehen zwei alternative Verfahren zur Verfügung:

1. Die *nominalistische Methode* übernimmt die Selbstdefinition eines Netzwerks. Der Interviewer orientiert sich zunächst z. B. an einer Mitgliedsliste oder einem E-Mail-Verteiler, in dem die Namen (lat. nomina) vermerkt sind.
2. Die *realistische Methode* sucht nach den wirklichen (lat. realis) Netzwerkmitgliedern. Sie geht dazu von einer kleinen Kerngruppe von Akteuren aus und erschließt sich erst während der Befragung im Schneeballverfahren die weiteren Netzwerkmitglieder.

Die *nominalistische Methode* hat eine Vielzahl von Vorteilen und ist daher bei weitem die häufigste Abgrenzungsmethode von Netzwerken. Ihr zentraler Vorteil ist, dass bei den meisten Netzwerken Mitgliedslisten, E-Mail-Verteiler oder ähnliche Informationen vorliegen, auf die man bei der empirischen Netzwerkanalyse leicht zurückgreifen kann. Sehr häufig werden diese Informationen zudem von einem Auftraggeber zur Verfügung gestellt und es ist dann Gegenstand des Forschungsvorhabens, die Beziehungen zwischen eben jenen nominellen Netzwerkmitgliedern zu untersuchen. Insbesondere die Auftragsforschung wird daher von der Netzwerkerfassung nach der nominalistischen Methode dominiert. Sie folgt in diesem Sinne der Selbstbeschreibung des Netzwerks.

Folgt man dieser Methode, so sucht der Netzwerkforscher nicht selbst nach Mitgliedern und Akteuren, sondern er geht von der Grundgesamtheit aus und legt den Befragten eine Liste vor, auf denen sie ihre Beziehungen zu den anderen Netzwerkmitgliedern eintragen. Es liegt auf der Hand, dass dieses Verfahren bei größeren Netzwerken mit z. B. über 100 Personen bald an seine Grenzen stößt und die Befragten ermüdet. Hier nun sind drei Vorgehensweisen möglich:

- Erstens kann man *die gesamte Liste mit über 100 Interviews per Briefpost oder online per Internet* befragen. Derlei große Befragungen sind dann praktikabel, wenn die Netzwerkmitglieder gut auf die Befragung vorbereitet sind und wenn sie die Befragung ernsthaft unterstützen. Auch dann jedoch besteht die Gefahr, dass die sehr sensiblen Angaben zu den eigenen Beziehungen im Internet verzerrt und manipulativ getätigt werden.
- Zweitens ist es ein übliches Vorgehen, *aus der Grundgesamtheit der über 100 Personen schrittweise einige Personen auszuwählen, mit welchen dann persönliche Interviews geführt werden.* Jene qualitativen und quantitativen Interviews mit dem ‚inneren Kern' der Netzwerkpersonen bieten zudem Hintergrundinformationen, welche aus der rein quantitativen Befragung der Grundgesamtheit nicht gewonnen werden könnten.
- Drittens bietet es sich an, *Verfahren eins und zwei zu kombinieren,* d. h. sowohl alle Personen quantitativ zu befragen als auch mit ausgewählten Personen zusätzlich qualitative Interviews zu führen. Jene dritte Variante ist am aufwändigsten, verspricht jedoch auch die besten Einblicke in das Netzwerk.

Im oben skizzierten Beispiel wurde das Informationsnetzwerk vermutlich nach der nominalistischen Methode erfasst. Nur so ist es plausibel, dass die passive Person 1, die ja für niemanden im Netzwerk wichtig ist, überhaupt befragt wurde. Sie stand jedoch dem Namen nach auf einer Mitgliedsliste des Netzwerks und wurde deshalb nach der nominalistischen Methode erfasst.

Die realistische Methode (vgl. Browne 2005; Jansen 2006; Bommes/Wilmes 2007) hat gegenüber der nominalistischen Methode den Vorteil, dass der Forscher *freier agieren und spannendere Ergebnisse erhoffen* kann. Hier liegen vorab keine Listen vor, was darauf hindeutet, dass das Netzwerk eher verdeckt agiert. Typische Beispiele hierzu sind Netzwerke von illegalen Einwanderern, Drogenkonsumenten oder auch Netzwerke der Queer-Community. Jene Netzwerke haben zum Schutz ihrer Mitglieder zwar keine Mitgliedslisten und E-Mail-Verteiler. Gleichwohl jedoch können sie einer Erforschung gegenüber aufgeschlossen sein, wenn ein Vertrauensverhältnis zum Forscher besteht.

In Abbildung 7 ist exemplarisch dargestellt, dass das Informationsnetzwerk nach der Schneeballmethode zunächst – in der ersten Welle – nur durch Befragung von Person 3 ermittelt wird. Sie wiederum nennt als wichtige Akteure die Personen 2, 6 und 7 als jene Personen, von denen Person 3 wichtige Informationen erhält. Die Forscher entschließen sich, in einem nächsten Schritt – der zweiten Welle – die Personen 2 und 6 zu befragen, Person 7 jedoch zunächst nicht. Erst in der dritten Welle wird Person 7 dann zusammen mit 1, 4, 5, 8 und 9 mit einbezogen.

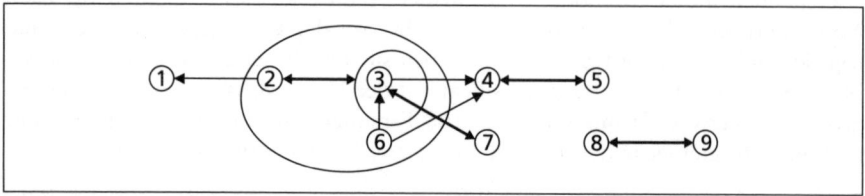

Abb. 7: Befragungswellen des Informationsnetzwerks nach der Schneeballmethode

Kern der realistischen Methode ist das Herantasten in das vorab unbestimmte Netzwerk nach dem *Schneeballverfahren*. Es lohnt, sich in das Netzwerk hineinzufragen und vorzutasten, da man nur so Kontakt zu den peripheren Akteuren eines Netzwerks erhält. Jene Personen am Rande sind den zentralen Akteuren oftmals unbekannt und würden daher bei einer rein nominalistischen Vorgehensweise systematisch vernachlässigt.

Auch die Schneeballmethode muss jedoch irgendwo beginnen, um sich von dort aus in das Netzwerk vorzutasten. Daher ist der eigentlichen Schneeballmethode eine erste *Befragung von ‚Experten'* vorgeschaltet. Auf den Ergebnissen dieser ersten Befragungswelle baut die Schneeballmethode auf, indem die Experten Hinweise zu möglichen weiteren Gesprächspartnern geben. Jene weiteren Gesprächspartner bilden einen äußeren Ring um den inneren Kern des Netzwerks. Dann werden in weiteren Wellen – wer konkret, muss zwischenzeitlich in Teamsitzungen festgelegt werden – zusätzliche Akteure an der Peripherie des Netzwerks miteinbezogen.

Wie erwähnt, hat die Schneeballmethode das Potenzial, überraschende Ergebnisse hervorzubringen, die den Personen im Kern des Netzwerks nicht bekannt sind. Die Durchführung mehrerer Wellen ist auch deshalb günstig, da mit der Schneeballmethode ein Selbstverstärkungseffekt einher gehen kann: Durch die Hinzurechnung oder Nicht-Hinzuziehung zur Netzwerkstudie können die betreffenden Personen zusätzlich auch im fortlaufenden Netzwerkprozess stärker einbezogen oder ausgegrenzt werden (Browne 2005, S. 47–60; Jansen 2006, S. 74; Bommes/Wilmes 2007, S. 16). Die Schneeballmethode ist dann erfolgreich, wenn wesentliche Voraussetzungen einer *vertrauensvollen Zusammenarbeit und Ernsthaftigkeit der Untersuchung* erfüllt sind.

- So muss *zwischen den Akteuren eine besondere Vertrauensbeziehung* bestehen, die sowohl die eigene Namensnennung (passive Rolle) als auch die Nennung weiterer Personen (aktive Rolle) trägt. Beide Nennungen müssen erlaubt sein.
- Zudem muss eine *Vertrauensbeziehung der Akteure zu den Auftraggebern* der Untersuchung bestehen, die sich auf die durchführenden Wissenschaftler

überträgt. Ohne diese Legitimität und Ernsthaftigkeit wird die Schneeballmethode kaum akzeptiert werden. Ebenfalls sind hohes Vertrauen und entsprechende Vorgespräche notwendig, wenn es sich nicht um eine Auftragsforschung handelt und der Zweck dieser ‚freien' Forschung erst vermittelt werden muss.

- Schließlich sollte die *Zahl der durchgeführten Interviews nicht zu niedrig* angesetzt werden, um das Schneeballverfahren überhaupt durchzuführen, periphere Akteure zu erfassen und darüber hinaus Verzerrungen auszuschließen oder zumindest jene wahrnehmen zu können. Zur Orientierung mag eine Mindestzahl von 40 bis 50 qualitativen Interviews dienen, was ein sehr beachtlicher Aufwand in der Feldphase ist. Auch dann noch können sehr bald Verzerrungen aufgrund fehlender Repräsentativität auftreten.

Sind die oben genannten Voraussetzungen erfüllt und stehen ausreichend Ressourcen für eine Vielzahl von Interviews zur Verfügung, so kann die Schneeballmethode erfolgreich in der Netzwerkforschung eingesetzt werden; dies insbesondere dann, wenn auch die Peripherie und die informellen Akteure eines Netzwerks erfasst werden sollen. Jene Aspekte sollten häufiger gerade auch in eher formellen und professionell dominierten Netzwerken beachtet werden. Zurzeit führt die offensichtliche Dominanz der nominalistischen Methode dazu, jene peripheren Akteure tendenziell zu vernachlässigen und die etablierten Akteure im Zentrum zu stark zu beachten.

Dieses Problem – die *tendenzielle Vernachlässigung peripherer Akteure in der Netzwerkforschung* – ist für die Soziale Arbeit von besonderer Bedeutung, da gerade in den für sie relevanten Netzwerken Akteure an der Peripherie oftmals bedeutende Beiträge leisten, ohne jedoch von den zentralen Akteuren bemerkt zu werden. Es ist dann Aufgabe der Netzwerkforschung, diesem Aspekt besondere Beachtung zu schenken und in den Interviews gegebenenfalls direkt danach zu fragen.

Allerdings verdeutlicht ein abschließender Aspekt die damit verbundenen praktischen Schwierigkeiten. So ist in den Interviews vorab zu entscheiden, ob man den Befragten freistellt, eine beliebige Anzahl von Netzwerkakteuren z. B. als wichtige Informationsquellen zu benennen (offene Anzahl von Beziehungen), oder ob man von vornherein die maximale Anzahl von Nennungen z. B. auf drei beschränkt (maximale Anzahl der ‚drei wichtigsten' Beziehungen). Beide Verfahren haben Vor- und Nachteile:

- *Lässt man die maximale Anzahl der Beziehungen offen,* so kann zwar theoretisch ein vollständiges Bild des Netzwerks ermittelt werden, praktisch jedoch werden die Befragten auch hier nicht vollständig antworten, so dass es auch hier zu Verzerrungen kommt. Zudem kann sich in großen Netzwerken das Datenvolumen durch eine Unmenge an Beziehungsinformationen enorm erhöhen. Das führt dazu, dass Kennzahlen weniger aussagekräftig sind und grafische Darstellungen durch eine Vielzahl von Beziehungspfeilen letztlich unmöglich werden.
- *Beschränkt man die maximale Anzahl der Beziehungen,* so werden die Befragten gezwungen, sich auf die wichtigsten Beziehungen zu konzentrieren.

Dies bedeutet per se eine Verzerrung des Bildes durch zwangsweise Reduktion und faktisch eine besondere Vernachlässigung peripherer Akteure. Darüber hinaus besteht für die Befragten ein psychologischer Anreiz, das Maximum als Optimum aufzufassen und in jedem Fall drei Beziehungen zu nennen. Der Gedanke ‚Da fehlt mir ja noch eine Angabe' ist zwar grundfalsch, jedoch menschlich und weit verbreitet. Der Vorteil einer Höchstgrenze bei z. B. drei Personen liegt darin, dass nur die wichtigen Beziehungen genannt und somit die berechneten Kennzahlen klarer unterschiedliche Zentralitätswerte u. a. anzeigen. Auch die grafische Darstellung gewinnt durch die Reduktion der Datenmenge an Prägnanz.

Diese wenigen Hinweise mögen verdeutlicht haben, dass bereits die adäquate Erfassung und Abgrenzung von Netzwerken methodische Grundkenntnisse voraussetzt und dem Netzwerkforscher immer Entscheidungen abfordert. Liegen nun die Interviews vor, so stellt sich die Frage der Darstellung von Beziehungen im Netzwerk.

1.2.2 Beziehungen darstellen

Beziehungen im Netzwerk werden zunächst in Form von *Listen und Matrizen* zusammengefasst und dann in *Diagrammen* grafisch dargestellt. Dabei geht man – wie oben erläutert – vom Grundsatz aus, dass immer nur die Empfänger Angaben über ihre Quelle machen (‚Von wem erhalten Sie z. B. wichtige Informationen?'). Niemals jedoch werden die Empfänger nach ihrer eigenen Wichtigkeit befragt (‚Wem geben Sie z. B. wichtige Informationen?'). Dieser Grundsatz schlägt sich unmittelbar in der Zusammenfassung der Beziehungen nieder.

Die einfachste Zusammenfassung der Beziehungen erfolgt durch eine *zweispaltige Liste*, in welcher untereinander die einzelnen Dyaden notiert werden. Dabei wird in der ersten Spalte eingetragen, wer die Beziehung benannt hat (die Information empfängt), und in der zweiten Spalte, wer die Quelle dieser Beziehung ist (die Information sendet). Im obigen Beispiel des Informationsnetzwerks (s. Abb. 7) ergibt sich die in Tabelle 6 dargestellte Liste.

Tabelle 6 fasst zwölf Dyaden zwischen den neun Akteuren zusammen und zeigt auf den ersten Blick, dass die Akteure sehr unterschiedlich in das Netzwerk eingebunden sind. Im Durchschnitt hat jeder der Akteure 1,3 Verbindungen, was insgesamt auf ein recht lockeres Netzwerk hinweist. Einzelne Akteure haben entweder keine einzige Verbindung benannt (6) oder wurden nie als wichtig bezeichnet (1). Andere Akteure (3 und 4) haben hingegen mehrere, teils sogar reziproke Verbindungen. Auch beide Cliquenmitglieder 8 und 9 verbindet eine reziproke Verbindung.

In einem nächsten Schritt können diese Daten in eine *Matrix* (s. Tab. 7) eingetragen werden, die dann letztlich auch zur grafischen Darstellung überleitet. Auch hier werden Sender und Empfänger strikt getrennt: In der Zeile wird jeweils nur der Empfänger genannt und in den Spalten dann die einzelnen Sender für diesen Empfänger abgetragen.

Tab. 6: Zusammenfassung des Informationsnetzwerks als Liste

Dyade-Nr.	Empfänger der Beziehung. Wer hat die Beziehung benannt?	Sender der Beziehung. Wer sendet die Information?
1	1	2
2	2	3
3	3	2
4	3	6
5	3	7
6	4	3
7	4	5
8	4	6
9	5	4
10	7	3
11	8	9
12	9	8

In der Matrix lassen sich die Nennungen der einzelnen Akteure gut nachvollziehen, indem man die einzelnen Zeilen für Akteur Nr. 1 bis 7 vergleicht. Betrachtet man hingegen die Spalten, so sieht man auf einen Blick, wie bedeutend ein einzelner Akteur für das Netzwerk ist. Darüber hinaus sind zwei weitere Informationen in der Matrix eingetragen:

In den *Feldern der Matrix* ist oben jeweils eine *Trefferanzeige* 1 (= Nennung = Treffer) oder 0 (= keine Nennung = kein Treffer) vermerkt. Diese Information ist für viele Zwecke völlig ausreichend. In einigen Studien werden jedoch zusätzlich die Probanden nach der Intensität der Beziehung gefragt, z. B. auf einer Skala von 1 (sehr intensiv) bis 5 (nicht intensiv). Diese *Gewichtung* ist unterhalb der Trefferanzeige in der Klammer eingetragen. Man erkennt eine große Streuung der Gewichtungen. Insbesondere ist interessant, dass z. B. die reziproke Beziehung zwischen 2 und 3 von beiden nur als locker eingeschätzt wird (Wert 1 bzw. 2), während die ebenfalls reziproke Beziehung zwischen 3 und 7 deutlich intensiver ist (Wert 4 bzw. 5). Auch die reziproke Beziehung zwischen den beiden Cliquenmitgliedern 8 und 9 ist naturgemäß sehr intensiv. Bei der Addition der Treffer und Gewichtungen zeigt sich dann, dass die Gewichtung einer Beziehung eine sehr interessante Zusatzinformation ist. Sie sollte daher nach Möglichkeit in der Befragung gleich mit erfasst werden.

In der Matrix ist die *Diagonale* mit einer Linie markiert. In jene diagonalen Felder können keine Treffer eingetragen werden, da die Befragten dort ihre eigene Beziehung zu sich selbst angeben müssten; hier wurde daher jeweils eine 0 als Platzhalter notiert. In der Matrix dient die Diagonale auch zur ersten Prüfung auf Reziprozität von Beziehungen und sogar der Symmetrie des gesamten Netzwerks. In diesem Fall müssten die bzw. alle Beziehungen spiegelbildlich an der

Tab. 7: Zusammenfassung des Informationsnetzwerks als Matrix (Gewichtung 1 bis 5 in Klammern)

	1	2	3	4	5	6	7	8	9	Summe
1		1 (3)	0	0	0	0	0	0	0	1 (3)
2	0		1 (1)	0	0	0	0	0	0	1 (1)
3	0	1 (2)		0	0	1 (2)	1 (5)	0	0	3 (9)
4	0	0	1 (5)		1 (3)	1 (1)	0	0	0	3 (9)
5	0	0	0	1 (2)		0	0	0	0	1 (2)
6	0	0	0	0	0		0	0	0	0
7	0	0	1 (4)	0	0	0		0	0	1 (4)
8	0	0	0	0	0	0	0		1 (5)	1 (5)
9	0	0	0	0	0	0	0	1 (5)		1 (5)
Summe	0	2 (5)	3 (10)	1 (2)	1 (3)	2 (3)	1 (5)	1 (5)	1 (5)	12 (38)

Diagonalen liegen. In unserem Beispiel ist dies nicht der Fall; es liegt kein symmetrisches Netzwerk vor.

Bedenkt man, dass die obige Matrix nur neun Akteure mit nur zwölf Beziehungen zusammenfasst, so wird hier nur ein recht kleines Netzwerk dargestellt. Schon hier jedoch ist die Matrix unübersichtlich. Tatsächlich dient daher die Matrix auch weniger der Darstellung als vielmehr der Strukturierung der Daten und Letzteres leistet sie sehr präzise. Für ein anschaulicheres Bild des Netzwerks sollte man hingegen eine grafische Darstellung wählen.

In unserem Beispiel wurde oben zur *grafischen Darstellung* bislang nur ein *einfaches Netzwerkdiagramm* mit einem simplen Grafik-Programm erstellt, das sich jedoch bald als unflexibel erweisen kann. Dann macht es Sinn, auf entsprechende Software wie z. B. *NetDraw* zurückzugreifen, das als Grafikmodul in

UCI-Net integriert ist. Aus der Matrix des Informationsnetzwerks mit den gewichteten Verbindungsdaten kann man dann z. B. das in Abbildung 8 dargestellte Netzwerkdiagramm erstellen.

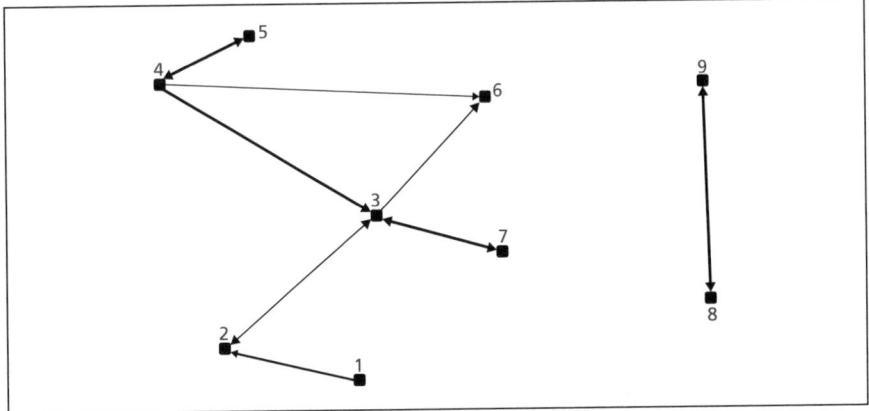

Abb. 8: Diagramm zum Informationsnetzwerk mit gewichteten Verbindungen

Das in der Software automatisch erstellte Netzwerkdiagramm ist zum einen intuitiv zentriert, indem es die zentralen Akteure ins Zentrum rückt und die peripheren Akteure an den Rand. Darüber hinaus sind die Verbindungspfeile unterschiedlicher Gewichtung mit jeweils unterschiedlicher Linienstärke ausgeführt. So erkennt man auf einen Blick die sehr intensiven und die weniger intensiven Verbindungen im Zentrum und bei der Clique.

Ergänzend dazu könnten die Knoten unterschiedlich gestaltet werden, um etwa Frauen von Männern, jüngere von älteren oder professionelle von ehrenamtlichen Netzwerkmitgliedern unterscheiden zu können. Da diese weiteren Informationen ein Netzwerkdiagramm auch überfrachten können, bietet es sich alternativ an, z. B. zwei Diagramme getrennt für Frauen und Männer zu erstellen. In ihnen sind dann nur alle Frauen bzw. Männer aufgeführt sowie die Verbindungen, welche zwischen nur den Frauen bzw. nur den Männern bestehen.

Verbindungen zwischen Frauen und Männern können nun nicht mehr angezeigt werden; sie sind ja auf zwei Diagramme verteilt. Daher entfallen nun diese Verbindungen, und in der Summe finden sich deutlich weniger Dyaden als im Gesamtnetzwerk (s. Abb. 9).

Im Ergebnis sind beide Diagramme deutlich reduziert, da sie ja nur einen Teil der Netzwerkakteure sowie ausschließlich die ‚internen' Verbindungen zwischen Frauen bzw. Männern zeigen. Hierdurch treten andererseits die Teilnetzwerke der Frauen und Männer deutlich hervor, und es ist auch sichtbar, dass die Clique der Personen 8 und 9 nur aus Frauen besteht. Betrachtet man nur das Netzwerk der fünf Frauen, so ist es in zwei fast gleichgroße Teilnetzwerke aufgeteilt. Bei den Männern hingegen ist in der Geschlechtsbetrachtung nun ein Mann (1) isoliert, weil sein einziger Kontakt eine Frau ist.

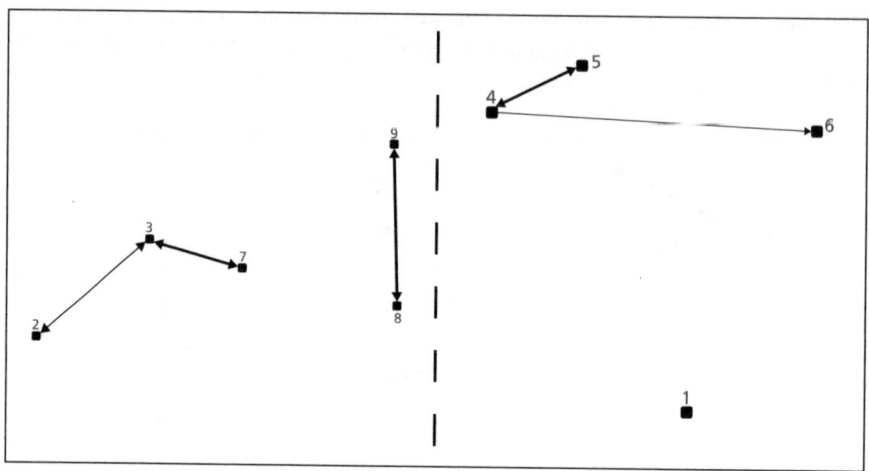

Abb. 9: Diagramme zum Informationsnetzwerk mit gewichteten Verbindungen; links: Frauen (Personen 2, 3, 7, 8, 9); rechts: Männer (Personen 4, 5, 6)

Vor allem bei größeren Datensätzen kann diese *Aufteilung in Teilnetzwerke* die Übersichtlichkeit des Diagramms merklich erhöhen und mehr Klarheit bieten als die unterschiedliche Gestaltung einzelner Knoten. Andererseits werden durch die beiden getrennten Diagramme die ‚externen' Verbindungen zwischen Frauen und Männern unterschlagen. So entsteht durch die Trennung das Bild, dass beide Gruppen keine Verbindungen zueinander hätten. Daher sollten die homogenisierten Teilnetzwerke immer nur in Bezug zum Gesamtnetzwerk interpretiert werden.

Abschließend zu den Darstellungsformen in Netzwerkdiagrammen sei noch auf zwei gängige Varianten hingewiesen, der *Kreisdarstellung* und der *Darstellung nach Hauptkomponenten*. Beide Darstellungen gehen von einem unterschiedlichen Ansatz aus. In der *Kreisdarstellung* sind alle Netzwerkakteure nach ihrer laufenden Nummer im Uhrzeigersinn auf einem Kreis (hier einem Oval) angeordnet. Diese Darstellung geht somit von einer Gleichheit der Akteure aus. Verbindungen zwischen ihnen werden dann entweder auf der Kreisbahn (1/2, 2/3, 3/4 usw.) abgetragen, oder sie durchschneiden die innere Fläche (4/6, 3/7 usw.). Je häufiger und je homogener die Verbindungen sind, desto gleichmäßiger wird das Muster im Kreisdiagramm. Zudem sind alle Akteure deutlich getrennt und sowohl die zentralen als auch die peripheren Akteure leicht zu erkennen.

Die *Darstellung nach Hauptkomponenten* verfolgt einen anderen Ansatz, indem sie die Akteure von links nach rechts nach einem Verfahren der multivariaten Statistik (Hauptkomponentenanalyse) sortiert. Mit diesem Verfahren werden große Datensätze vereinfacht und können so veranschaulicht werden. Im Gegensatz zu den bisherigen Netzwerkdiagrammen fließt hier also eine eigenständige Berechnung einer Kennzahl je Knoten ein.

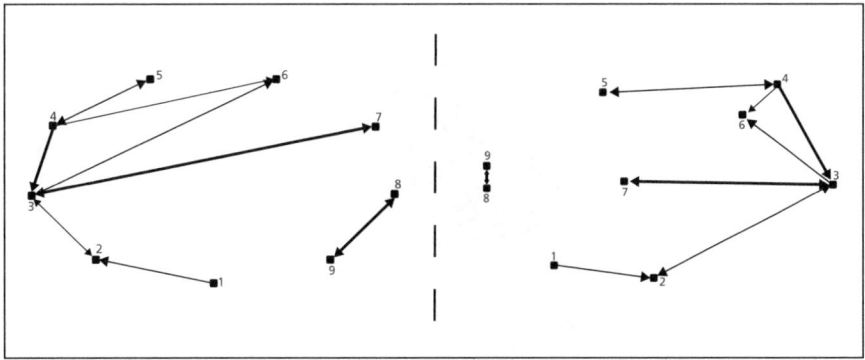

Abb. 10: Diagramme zum Informationsnetzwerk mit gewichteten Verbindungen; links: Kreisdarstellung; rechts: Hauptkomponentendarstellung

In der Netzwerkanalyse zeigt die Hauptkomponentendarstellung den unterschiedlichen Einbindungsgrad von Akteuren im Netzwerk nach den Kriterien a) Anzahl der Verbindungen, b) Gewichtung der Verbindungen und c) Reziprozität der Verbindungen. Diese Kennzahl wird grafisch dargestellt. Man erkennt in der Hauptkomponentendarstellung, dass die beiden Cliquenmitglieder 8 und 9 (ganz links isoliert) den geringsten Einbindungsgrad aufweisen, dass die Akteure 1, 2, 7 und 5 im Mittelfeld angeordnet sind und die Akteure 3, 4 und 6 (rechts) den höchsten Einbindungsgrad haben. Deutlich tritt Akteur 3 (ganz rechts) als derjenige mit dem höchsten Einbindungsgrad hervor. Mit einem Blick ist somit eine zentrale Frage der Netzwerkanalyse – jener nach dem unterschiedlichen Einbindungsgrad der Akteure – beantwortet.

Allerdings stößt auch diese Darstellungsform bei sehr großen Datensätzen bald an ihre Grenzen, da dann in der Vielzahl von Linien und Häufungen kaum noch Strukturen auszumachen sind. Zur Veranschaulichung dieses letzten Aspektes sei auf einen Beispieldatensatz zur Vernetzung von Orten (‚siteattributes') zurückgegriffen, der UCI-Net beigegeben ist. Er umfasst 307 Orte/Einrichtungen, die als Adressen vermerkt sind und zwischen denen 3061 Verbindungen bestehen. Der Datensatz kann wie in Abbildung 10 dargestellt werden.

Es wird deutlich, dass man in Abbildung 11 nichts mehr erkennen kann. Hier stößt die grafische Darstellungsform offenbar an eine Grenze, es sind weder einzelne Linien noch Binnenstrukturen oder Häufungen zu erkennen. Es würde sich daher anbieten, die Abbildung auf einzelne Aspekte (Geschlecht, Alter usw.) zu reduzieren, um dann evtl. doch differenziertere Strukturen erkennen zu können.

Wo hier bei einem Netzwerk und einer Darstellungsform die Obergrenze der Handhabbarkeit liegt, *hängt von der konkreten Struktur eines Netzwerks ab*. Ist das Netzwerk klar strukturiert, so können auch bei großen Datenmengen anschauliche Grafiken erstellt werden. Hierzu sei abschließend noch beispielhaft ein weiteres Diagramm gezeigt, ebenfalls aus dem UCI-Net-Beispieldatensatz (hier: ‚drugnet', s. Abb. 11).

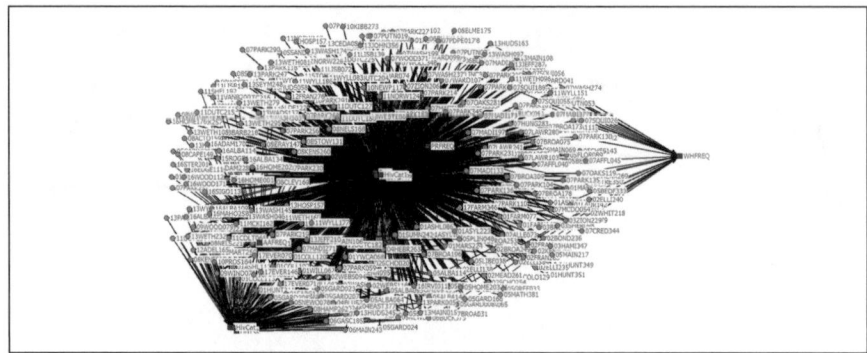

Abb. 11: Diagramm zur Vernetzung von Orten aus ‚siteattributes' in Form der Standarddarstellung

In Abbildung 12 erkennt man sofort eine eindrucksvolle Struktur. Im Drogennetzwerk wurden 293 Personen befragt, zwischen denen 337 Verbindungen bestehen. Man sieht in der Standarddarstellung, dass eine größere Anzahl der Befragten (61 Personen, sie sind in der linken Spalte abgetragen) keinerlei Verbindung zum Netzwerk hat. Auch das ist ein erstes Ergebnis.

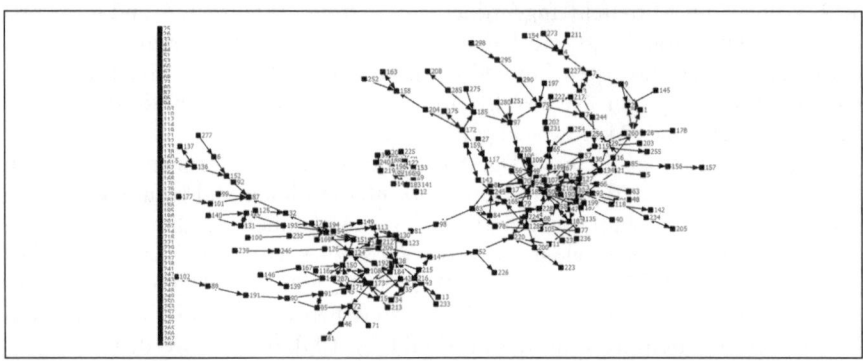

Abb. 12: Diagramm zu einem Drogennetzwerk aus ‚drugnet'

So verbleiben 232 Personen im Netzwerk, die somit im Durchschnitt knapp 1,5 Verbindungen untereinander haben. Das Netzwerk ist daher von geringer Dichte. Zudem ist es deutlich in drei Teilnetzwerke aufgespalten: die linke Untergruppe, die rechte Untergruppe sowie eine Clique, die vom Hauptnetzwerk isoliert ist. Darüber hinaus fällt auf, dass die Verbindung zwischen den beiden Teilnetzwerken über nur zwei Akteure verläuft. Jene Akteure können somit die Verbindung zwischen den Teilnetzwerken und damit das Netzwerk insgesamt kontrollieren.

1.2.3 Beziehungen durch Kennzahlen beschreiben

Ein Netzwerk kann nicht nur grafisch, sondern auch quantitativ mit Kennzahlen beschrieben werden. So wird die grafische Darstellung von Netzwerken durch die Berechnung von Kennzahlen ergänzt. Das Vorgehen der empirischen Netzwerkforschung ähnelt bei der Kennzahlenberechnung den bekannten Lage- und Streuungsmaßen aus der deskriptiven Statistik der empirischen Sozialforschung (Median, Standardabweichung u. a.). Allerdings sind für Netzwerke besondere Kennzahlen zu berechnen (vgl. exemplarisch Jansen 2006). Die wichtigsten Kennzahlen sind die Dichte, der Reziprozitätsgrad sowie die Zentralitätsmaße des Grades, der Nähe und der Kontrolle. Diese fünf Kennzahlen können in zwei Gruppen eingeteilt werden. Dichte und Reziprozitätsgrad beschreiben das *Gesamtnetzwerk*, ohne einzelne Netzwerkknoten in den Blick zu nehmen. Beide Kennzahlen erfassen die gesamte Vernetzung im Netzwerk.

- Die *Dichte* ist das Verhältnis zwischen der Zahl der vorhandenen Linien zur Zahl der maximal möglichen Linien, wobei letztere mit n · (n-1) berechnet wird. Ihr Minimalwert ist daher 0 und ihr Maximalwert 1. Im oben beschriebenen Beispiel des Informationsnetzwerks haben neun Akteure untereinander zwölf Verbindungen. Dem steht eine maximale Verbindungsanzahl von 9 · (9-1) = 9 · 8 = 72 Verbindungen gegenüber. Daher ist die Dichte D = 12 / 72 = 0,166 = 17 %. Dies ist ein eher geringer Wert.
- Die *Reziprozität* ist das Ausmaß, in dem Verbindungen gegenseitig genannt werden. Eine hohe Reziprozität indiziert ein ausbalanciertes und tendenziell stabiles Netzwerk. Ohne reziproke Verbindungen ergibt sich ein Minimalwert von 0, bei vollständiger Symmetrie aller Beziehungen wird der Maximalwert von 1 erreicht. Im obigen Beispiel existieren vier reziproke Beziehungen. Ihnen steht eine Gesamtzahl von acht Beziehungen im Netzwerk gegenüber. Daher ist der Reziprozitätsgrad R = 4 / 8 = 0,5 = 50 %. Dies ist ein durchschnittlicher Wert.

Fasst man die beiden Werte D = 17 % und R = 50 % zusammen, so zeigt sich das Informationsnetzwerk von einer geringen Dichte, dafür sind die wenigen Beziehungen aber zu einem höheren Anteil reziprok. Insgesamt ist daher anzunehmen, dass dieses locker geknüpfte Netzwerk an entscheidenden Stellen balanciert und letztlich stabil ist.

Will man nun die Position *einzelner Knoten/Akteure* im Netzwerk beschreiben, so berechnet man die Zentralitätsmaße des Grades, der Nähe und der Kontrolle. Die *Grad-Zentralität* (degree centrality D_c) ist die bekannteste Kennzahl zur Berechnung individueller Positionen im Netzwerk. Sie erfasst die Menge der Beziehungen eines Akteurs absolut oder relativ zu seinen maximal möglichen Beziehungen. Dies sagt etwas darüber aus, wie gut ein Akteur vernetzt ist, wie hoch also seine Bedeutsamkeit und Prominenz im Netzwerk ist. Aus der Matrix und Tabelle 8 des Informationsnetzwerks sind die Werte leicht ablesbar.

Tab. 8: Grad-Zentralität der Akteure im Informationsnetzwerk

Akteur	absolute Grad-Zentralität (D_c)	normierte Grad-Zentralität (D_c / n-1)	In-degree	Out-degree
1	1	0,125	1	0
2	2	0,25	1	1
3	4	0,5	3	3
4	3	0,375	3	1
5	1	0,125	1	1
6	2	0,25	0	2
7	1	0,125	1	1
8	1	0,125	1	1
9	1	0,125	1	1

Die vier Spalten beziehen sich auf unterschiedliche Aspekte der Verbindungen zwischen den Akteuren. Die *absolute Grad-Zentralität* (D_c) zählt schlicht die Anzahl der Beziehung eines Akteurs, unabhängig davon, in welche Richtung sie gehen und ob sie reziprok sind. Hier hat Akteur 3 mit vier Beziehungen (4 / n − 1 = 4 / 8 = 0,5 = 50 % normierte Zentralität) den höchsten Wert, während die Akteure 1, 5, 7, 8 und 9 mit nur einer Beziehung (= 12,5 % normierte Zentralität) deutlich weniger gut vernetzt sind.

In der Literatur werden die Akteure aufgrund unterschiedlicher Werte der normierten Zentralität gelegentlich auch als marginalisiert, als Akteure im Mittelfeld oder als Stars bezeichnet. Wo hierfür die Grenzen liegen, ist vor allem von der Größe des Netzwerks abhängig, da bei sehr großen Netzwerken auch die Stars geringere Zentralitätswerte haben. Bei dem Informationsnetzwerk mit unter zehn Personen ist Akteur 3 ein Star (D_c / 8 > = 50 %), die Akteure 2, 4 und 6 bilden das Mittelfeld (50 > = D_c / 8 > = 30 %), und der Rest ist marginalisiert (D_c / 8 < = 15 %).

Die beiden anschließenden Spalten der Tabelle 8 zeigen die Werte für die *eingehenden (In-Degree) und die ausgehenden (Out-Degree) Beziehungen.* Beide differenzieren nach der Richtung der Beziehung. Eingehende Beziehungen sind solche, die vom Befragten selbst genannt werden, von denen er also profitiert. Ausgehende Beziehungen hingegen werden vom Gegenüber benannt, für den diese Beziehung wichtig ist. Man erkennt im Beispiel auch hier eine interessante Differenzierung: Akteur 3 hat in beiderlei Hinsicht den höchsten Zentralitätsgrad, während die Akteure 1 und 6 in jeweils einer Hinsicht einen Zentralitätsgrad von 0 haben.

Anders als die Grad-Zentralität erfasst die *Nähe-Zentralität* (closeness centrality C_c) auch die indirekten Beziehungen eines Akteurs. Dadurch ist sie in ihrer Berechnung jedoch auch intuitiv schwerer zu erfassen. Sie besagt, dass ein Knoten hinsichtlich der Nähe als zentral bezeichnet wird, wenn von ihm aus der

Pfad zu jedem anderen Knoten kurz ist. Ist der Pfad zu jedem anderen Knoten kurz, so ist die Nähe-Zentralität hoch; ist hingegen der Pfad zu jedem anderen Konten lang, so ist die Nähe-Zentralität gering. Dabei misst die Nähe-Zentralität nur die kürzeste Distanz eines Knotens zu allen anderen Knoten. So hat auch die Anzahl der direkten Beziehungen einen Einfluss auf die Nähe-Zentralität. Viele direkte Beziehungen zu anderen Knoten bedeuten, dass wenige Vermittler gebraucht werden, dass der Weg zu den anderen Knoten kurz ist und damit die Nähe-Zentralität des eigenen Knotens hoch. Eine hohe Nähe-Zentralität bringt es mit sich, dass die Beziehungen direkter und weniger störanfällig sind.

Berechnet wird die Nähe-Zentralität eines Akteurs, indem man die Pfaddistanzen von diesem Akteur zu allen anderen ermittelt und hiervon den Kehrwert nimmt. Unverbundene Akteure – in unserem Beispiel die Clique aus 8 und 9 – können hierbei nicht berücksichtigt werden, da die Distanz zu ihnen unendlich wäre. Diese beiden werden somit aus der Berechnung ausgeschlossen. Es ergibt sich die (Berechnungs-)Tabelle 9. Sie berechnet exemplarisch nur die Werte für die Akteure 1 und 3.

Tab. 9: Nähe-Zentralität der Akteure 1 und 3 im Informationsnetzwerk

Akteur 1		Akteur 3	
Zu Akteur Nr.	Distanz	Zu Akteur Nr.	Distanz
2	1	1	2
3	2	2	1
4	3	4	1
5	4	5	2
6	3	6	1
7	3	7	1
8	entfällt, da nicht erreichbar	8	entfällt, da nicht erreichbar
9	entfällt, da nicht erreichbar	9	entfällt, da nicht erreichbar
Summe	16	Summe	8
Kehrwert C_{C1}	1 / 16 = 0,0625	Kehrwert C_{C3}	1 / 8 = 0,125
Theoretischer Minimalwert (n-1)	7-1 = 6	Theoretischer Minimalwert (n-1)	7-1 = 6
Normierte Nähe-Zentralität (n-1) · C_{C1}	6 · 0,0625 = 0,375	Normierte Nähe-Zentralität (n-1) · C_{C3}	6 · 0,125 = 0,75

Die Berechnung zeigt, dass sich die Nähe-Zentralitätswerte von 1 und 3 erheblich unterscheiden, da Akteur 3 über eine größere Anzahl von direkten Verbindungen verfügt und auch seine indirekten Verbindungen nur maximal die Distanz 2 haben. Der Akteur 1 hingegen ist am Rande des Netzwerks positioniert und hat nur eine direkte Verbindung, dafür hingegen sogar eine sehr weite Verbindung zu Akteur 5 (mit der Distanz 4). Letztlich ist daher der Zentralitätswert von 3 (C_{c3} = 0,125) doppelt so hoch wie der von Akteur 1 (C_{c1} = 0,0625).

Beide Werte kann man am Maximalwert normieren. Dieser Maximalwert beträgt 6, d.h. die Summe der Distanzen für den Fall, dass alle anderen sechs Akteure direkt erreicht werden können. Für die normierte Nähe-Zentralität werden beide C_c -Werte mit demselben Maximalwert multipliziert. Dies ändert zwar nicht nichts an ihrer Relation zueinander, diese Normierung erlaubt es jedoch, die Nähe-Zentralitäten in unterschiedlichen Netzwerken zu vergleichen.

Schließlich sei der *Kontrollgrad* (betweenness centrality B_c) erläutert – eine Kennzahl, die gerade in großen Netzwerken von besonderer Bedeutung sein kann. Der Kontrollgrad misst, ob andere Akteure vom betrachteten Akteur potenziell abhängig sind, da sie ihre Informationen über diesen Akteur austauschen. Damit wird erfasst, ob ein Akteur gleichsam wie ein Pförtner des Informationsflusses an einem schmalen Durchgang positioniert ist und diese Position ausnutzen könnte.

Eine praktische Illustration des Kontrollgrads wurde bereits oben mit dem Diagramm zum Drogennetzwerk gezeigt. Das Hauptnetzwerk dort ist deutlich in zwei Teilnetzwerke aufgeteilt, zwischen denen zwei Verbindungslinien existieren. In ihnen haben die Akteure 52 und 98 die Möglichkeit, den Informationsfluss zwischen den beiden Teilnetzwerken zu kontrollieren. Auf einen Blick ist erkennbar, dass diese beiden Akteure einen hohen Kontrollgrad aufweisen und dass der Informationsfluss durch 52 nur von links nach rechts, jener durch 98 jedoch nur von rechts nach links hindurchgeht. Beide Akteure haben zudem aufgrund ihrer zentralen Position eine hohe Nähe-Zentralität; ihre Grad-Zentralität ist hingegen sehr gering, da sie nur 3 bzw. 2 direkte Beziehungen haben.

Berechnet wird der Kontrollgrad, indem zwischen zwei Akteuren zunächst die kürzesten Wege ermittelt werden. In einem zweiten Schritt wird dann addiert, welche Anzahl dieser Wege durch den betreffenden Akteur führt. Der Kehrwert dieser Summe zeigt dann den absoluten Kontrollgrad Bc. Das in Tabelle 10 dargelegte Rechenbeispiel beschränkt sich auf die Akteure 2 und 3 unseres Beispiels.

Für diese Berechnung wurden für das Beispiel des Informationsnetzwerks alle Verbindungen als ungerichtet angenommen. Zudem wurden auch bei dieser Berechnung die beiden Akteure 8 und 9 ausgeschlossen, da der Weg zu ihnen unendlich wäre. Man erkennt an Tabelle 10 zudem, dass die Paarabhängigkeit in diesem Beispiel nur die Werte 1 oder 0 annehmen, da jeweils nur ein kürzester Weg zwischen zwei Paaren existiert. Grundsätzlich könnten auch mehrere kürzeste Wege vorliegen, von denen dann nur einer durch den betreffenden Akteur 2 oder 3 führen würde. Im Ergebnis wären dann auch Werte kleiner Null möglich (0,5, 0,3, usw.).

Tab. 10: Kontrollgrad der Akteure 2 und 3 im Informationsnetzwerk (nur Akteure 1 bis 7)

Akteur 2		Akteur 3	
Anzahl kürzester Wege von ... zu ...	Anteil dieser Wege, die durch Akteur 2 gehen (Paarabhängigkeit)	Anzahl kürzester Wege von ... zu ...	Anteil dieser Wege, die durch Akteur 3 gehen (Paarabhängigkeit)
1–3	1	1–2	0
1–4	1	1–4	1
1–5	1	1–5	1
1–6	1	1–6	1
1–7	1	1–7	1
3–2	0	2–4	1
3–4	0	2–5	1
3–5	0	2–6	1
3–6	0	2–7	1
3–7	0	4–5	0
4–5	0	4–6	0
4–6	0	4–7	1
4–7	0	5–6	0
5–6	0	5–7	1
5–7	0	6–7	1
6–7	0	–	–
Summe B_{C2}	5	Summe B_{C3}	9
Maximalwert	16	Maximalwert	15
Normierter Kontrollgrad 5 / 16	0,312	Normierter Kontrollgrad 9 / 15	0,6

Im Beispiel des Informationsnetzwerks addieren sich die Paarabhängigkeiten der Akteure 2 und 3 auf die Werte von 5 bzw. 9, woraus sich bei einem Maximalwert aller möglichen Paare von 16 bzw. 15 ein normierter Kontrollgrad von 31 % bzw. 60 % ergibt. Der Kontrollgrad von Akteur 2 ist daher nur knapp halb so hoch wie jener von Akteur 3. Damit bestätigt Akteur 3 auch in dieser Hinsicht seine Sonderstellung als Star des Informationsnetzwerks. 60 % aller Informationskanäle im Netzwerk laufen über diesen einen Akteur – ein sehr hoher Wert.

Insgesamt sind *bei der quantitativen Netzwerkanalyse mit Kennzahlen einige Punkte zu beachten.* Sie ähneln denjenigen, die auch sonst in der quantitativen Sozialforschung gelten:

- Die *Forschungspraxis konzentriert sich meist auf wenige Kennzahlen*, wie z. B. die fünf erläuterten Zentralitätsmaße. Sie sind für eine Vielzahl von Untersuchungen völlig ausreichend. Darüber hinaus könnte noch das Prestige von Akteuren ermittelt, es könnten Cliquen nach Art einer Clusteranalyse berechnet und viele andere Auswertungen vorgenommen werden. Deren Erläuterung würde jedoch den hier vorliegenden Rahmen sprengen.
- *Bei großen Datenmengen ist eine Softwareunterstützung unbedingt notwendig*, da der Rechenaufwand sehr stark ansteigt. Dies gilt z. B. und besonders für den Kontrollgrad. Analysesoftware wie UCI-Net ist daher heute Standard.
- Jedoch ist nichts umsonst: Es ist unbedingt notwendig, sich bei der Software mit den ihr *zugrundeliegenden Algorithmen vertraut zu machen*. Ein simples Anklicken von Berechnungsoptionen kann den Forscher leicht in falscher Sicherheit wiegen, und es ersetzt vor allem nicht das tiefe Verständnis der einzelnen Kennzahlen.

Beachtet man diese Aspekte, dann bietet die empirische Netzwerkforschung faszinierende Möglichkeiten der Netzwerkanalyse, und es finden sich elaborierte Methoden zur Analyse und zum Vergleich von Netzwerken.

1.2.4 Besonderheiten der Analyse egozentrierter Netzwerke

Obgleich die institutionellen Netzwerke den Schwerpunkt des vorliegenden Lehrbuchs bilden, sei ergänzend auch auf die Besonderheiten der Analyse egozentrierter Netzwerke hingewiesen. Auch egozentrierte Netzwerke sind zunächst einmal Netzwerke, d. h. sie zeigen Beziehungsstrukturen. Die analysierten Beziehungsstrukturen liegen bei egozentrierten Netzwerken allerdings nicht zwischen einer Vielzahl von Knoten, sondern sie sind konzentriert auf die Beziehungen zwischen einer Person (Ego) und anderen Personen und Institutionen (Alteri), zu denen Ego eine Beziehung hat. Egozentrierte Netzwerke werden daher vor allem im Kontext der Einzelfallhilfe in der Sozialen Arbeit eingesetzt. Aus Sicht der empirischen Netzwerkforschung sind für egozentrierte Netzwerke einige Spezifika bei der Datenerfassung, der Darstellung und der Berechnung von Kennzahlen zu beachten.

Bedenkt man die *Erfassung der Netzwerkakteure*, so treten Gemeinsamkeiten und Unterschiede zur sonstigen empirischen Netzwerkforschung zutage. Ein erster wesentlicher Unterschied ist, dass die Struktur des Netzwerks vorab im Wesentlichen vorgegeben ist und dass die einzelnen Akteure und Beziehungen nur noch in diese Struktur eingetragen werden.

In der noch leeren Netzwerkstruktur sind um Ego zentriert konzentrische Kreise abgetragen, die zusätzlich in Sektoren unterteilt sind. Alle weiteren Akteure im Netzwerk müssen eine Beziehung zu Ego haben, die sich konzentrisch und in Sektoren einordnen lässt. Die Art der Beziehung wird in mehrfacher Hinsicht veranschaulicht:

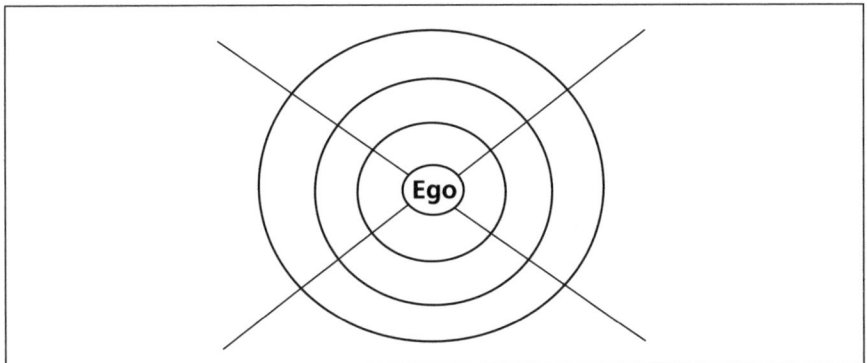

Abb. 13: Idealtypische Struktur eines egozentrierten Netzwerks (Netzwerkkarte)

- Je enger und intensiver der Kontakt zu Ego ist, desto näher an Ego wird Alter auf einem der *konzentrischen Kreise* abgetragen; enge Beziehungen nahe an Ego, lockere Beziehungen hingegen auf weiter entfernten Kreisen.
- Die einzelnen *Sektoren* unterscheiden Teilsegmente wie Familie, Nachbarn, Freunde, professionelle Helfer u. a. Sie werden jeweils in den passenden Sektoren des Netzwerks zusammengestellt.
- Negativ bewertete Beziehungen werden durch ein *Blitzsymbol oder eine besondere Farbe* markiert.
- Vereinzelt können auch *Beziehungslinien zwischen Alteri* eingetragen werden, sofern diese für Ego relevant sind.

Nach intensiver Betrachtung von Netzwerkforscher und Ego zeigt sich regelmäßig, dass im egozentrierten Netzwerk eine Vielzahl unterschiedlicher Beziehungen vorliegt. Sie sind exemplarisch in Abbildung 14 eingetragen.

Auf die Spezifika des Falles kann hier nicht eingegangen werden. Gleichwohl erkennt man unmittelbar, dass Frau K (Ego) in den verschiedenen Sektoren (Familie, Verwandtschaft, Kollegen, Interessengemeinschaft, Freunde, Profis und sonstige) eine Vielzahl von Alteri hat und dass einige von diesen Alteri (z. B. ihre Kinder und die Sozialpädagogische Familienhilfe) eine intensive Beziehung zu Frau K haben. Diese sind nah an Ego dargestellt. Andere Alteri sind hingegen peripher, wie z. B. die beiden Ex-Ehemänner, welche zudem noch farbig als problematische Beziehung markiert sind.

Für die Netzwerkanalyse deutet Abbildung 14 auch eine zweite Besonderheit der egozentrierten Netzwerke an, dass nämlich der *Prozess der Netzwerkerfassung selbst ein erster Schritt im Hilfeprozess ist.* Regelmäßig zeigt sich im Gespräch mit Frau K (Ego), dass das Netzwerk größer ist als eigentlich gedacht und dass hier daher mehr Ressourcen genutzt werden können, als eigentlich erwartet wurde. Dieser Aspekt – der therapeutische Wert der Netzwerkforschung – wurde bereits oben mit Blick auf das Schneeballverfahren als Randaspekt angesprochen; hier nun tritt dieser Aspekt in den Vordergrund. Ebenso besteht eine Ähnlichkeit zur aktivierenden Befragung in der Gemeinwesenarbeit. Hier

82 Netzwerkforschung

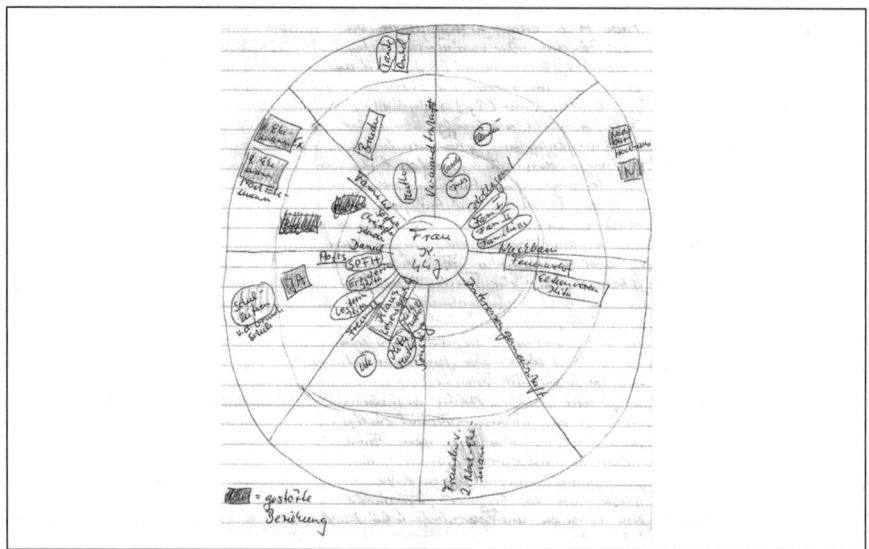

Abb. 14: Das egozentrierte Netzwerk von Frau K

wie dort wird sich Ego erst im Zuge der Netzwerkforschung seines Netzwerks bewusst. Dies gelingt umso besser, da ihm sein Netzwerk sukzessive mit der Netzwerkkarte plastisch vor Augen geführt wird.

Bei egozentrierten Netzwerken geht man methodisch davon aus, dass Ego seine Alteri zunächst nicht bewusst sind. Dies hat Folgen für die *Fragetechnik*. Allgemein fragt man auch hier ausschließlich: ‚Wer ist für Sie von besonderer Bedeutung?', daran anschließend versucht man durch eine Reihe von besonderen Fragen möglichst viele Alteri (durch Namensgeneratoren) zu erhalten und möglichst viele Informationen zu diesen Alteri (durch Merkmalsgeneratoren) zu sammeln. Klassische Namensgeneratoren wurden von McCallister/Fischer (1978) konzipiert und werden auch aktuell immer wieder diskutiert:

1. Wer kümmert sich um Ihre Wohnung, wenn Sie längere Zeit unterwegs sind?
2. Mit wem sprechen Sie über Ihre Arbeit?
3. Wer hat Ihnen in den letzten drei Monaten im Haushalt geholfen?
4. Mit wem unternehmen Sie soziale Aktivitäten?
5. Wer ist Ihr bester Freund/beste Freundin?
6. Mit wem sprechen Sie über Ihre Hobbys?
7. Mit wem sprechen Sie über persönliche Probleme?
8. Wessen Rat nehmen Sie bei wichtigen Entscheidungen an?
9. Von wem würden oder könnten Sie eine größere Geldsumme leihen?
10. Welche erwachsenen Personen leben in Ihrem Haushalt?

Eine solche Liste kann leicht erweitert und besonders akzentuiert werden. Dann können gezielt z. B. besondere Themen wie emotionale Unterstützung, Hilfe im Haushalt, bei der Jobsuche oder bei Problemen mit Behörden angesprochen werden. Die entsprechenden Generatoren sind dabei konkret formuliert. Dies zeigt etwa das Beispiel von Wolf (2009):

- *Emotionale Unterstützung*: Kennen Sie jemanden, ...
  – auf dessen Rat Sie sich verlassen können?
  – mit dem Sie persönliche Probleme besprechen können?
  – von dem Sie in jeder Hinsicht unterstützt werden?
  – der Ihnen bei Konflikten mit Familienangehörigen helfen würde?
- *Unterstützung bei der Arbeitssuche*: Kennen Sie jemanden, ...
  – der Sie einem Arbeitgeber empfehlen würde?
  – der Sie auf eine freie Arbeitsstelle hinweisen würde?
  – der Sie ermuntert, sich fortzubilden?
  – der Ihnen bei der Bewerbung um eine Stelle helfen würde?
- *Instrumentelle Unterstützung*: Kennen Sie jemanden, ...
  – der Ihnen bei Umzug und Wohnungsrenovierung helfen würde?
  – der Sie bei Problemen mit Computern unterstützen würde?
  – der Ihnen bei dem Ausfüllen von amtlichen Anträgen hilft?
  – der Ihnen 1000 € leihen würde?

Nochmals sei betont, dass diese Namensgeneratoren nicht primär der wissenschaftlich-empirischen Netzwerkforschung dienen. Sie sind vielmehr dazu gedacht, in einem Hilfegespräch möglichst viele Alteri als potenzielle Ressourcen für Ego zu entdecken. Hier ist ein *qualitativer Ansatz mit offenem Interview* selbstverständlich, da das Gespräch selbst bereits Teil des Hilfeprozesses ist. Im Gespräch wird gemeinsam das Bild des Helfernetzwerks entwickelt, und im Gespräch zeigen sich offene Leerstellen und andere Ansatzpunkte für den weiteren Hilfeprozess.

Die *Darstellung und Analyse des egozentrierten Netzwerks* folgt diesem Primat. Hier ist es gängige Praxis, dass das Netzwerkdiagramm einmal erstellt und in späteren Sitzungen immer wieder überarbeitet wird. Es begleitet somit anschaulich den Hilfeprozess, indem z. B. neue Alteri ergänzt und alte gestrichen werden. Klassischerweise erfolgt dies in den Sitzungen gemeinsam mit Stift auf Papier. Neuerdings ist durch die Nutzung von Tablet Computern auch die gemeinsame Erstellung des Netzwerks in einer Software wie z. B. *VennMaker* (und auch in UciNet) praktikabel. Je nach Klienten wird die Arbeit mit dem Tablet heute sogar sauberer, moderner, interessanter und motivierender erlebt werden als das konventionelle Vorgehen. Die Softwarevariante hat zudem den Vorteil, einfach und sicher verschiedene Versionen abspeichern und vergleichen zu können. Andererseits hat die Arbeit am Computer immer auch einen Stressfaktor, da die Software gleichsam permanent neue, klare und rational begründbare Einträge und Spezifikationen fordert, auch wenn diese Alteri z. B. in ihrem Status noch eher unklar und vage einzuschätzen sind. Bei derart sensiblen Fragen mag die Software eher stören als dass sie helfen würde. Letztlich ist die Softwarefrage nicht per se zu entscheiden. Es macht daher Sinn, sich beizeiten um diese methodischen Fragen zu kümmern und die Hilfsmittel gezielt und adäquat einzusetzen.

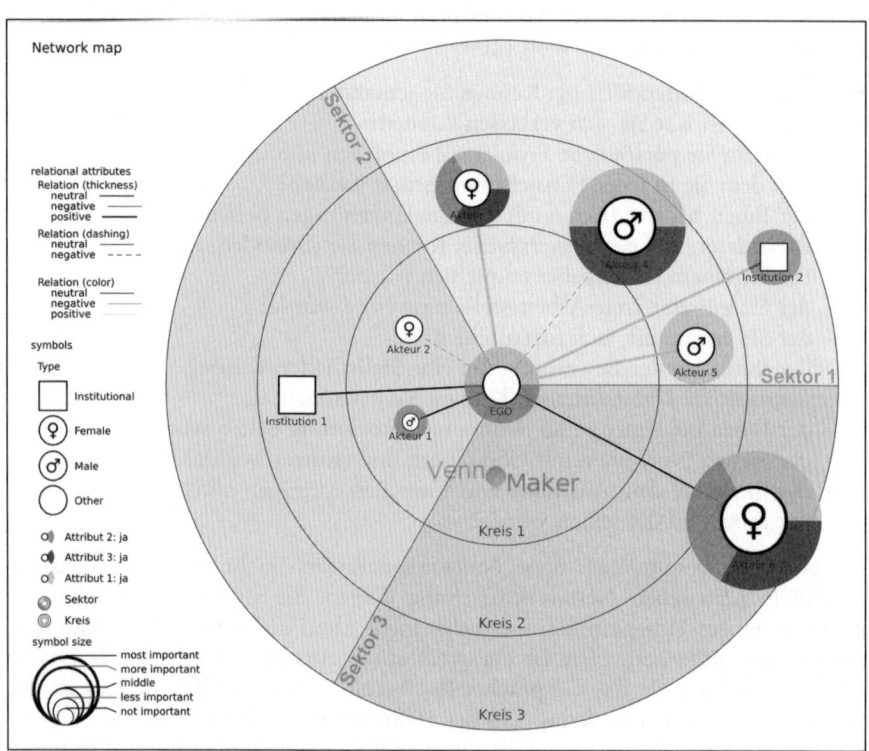

Abb. 15: Ein Beispielnetzwerk (erstellt mit VennMaker)

Abschließend sei darauf hingewiesen, dass die quantitative Auswertung egozentrierter Netzwerke den *konventionellen Regeln der empirischen Surveyforschung* folgt. Denn die Merkmale der Alteri werden in Variablen erfasst (z. B. Nähe, Sektor, Intensität und zudem Geschlecht, Alter, sozialer Status u. a.) und können entsprechend in Häufigkeitsverteilungen und Kreuztabellen sowie durch die Berechnung von Lage- und Streuungsmaßen ausgewertet werden. Hierfür wurde eine Vielzahl von Programmen entwickelt, von denen SPSS wohl das bekannteste ist. Sehr einfach können daher auch die Daten von VennMaker in SPSS (und umgekehrt) übertragen werden.

1.3 Besondere Methoden

Wenngleich Netzwerkorientierung hier als ‚Arbeitsprinzip' und nicht als Konzept oder Methode der Sozialen Arbeit verstanden wird, so sollen, das Forschungskapitel abschließend, Gemeinsamkeiten und Unterschiede zu verwandten Konzepten und Methoden der Sozialen Arbeit wie v. a. Case Management, Gemeinwesenarbeit, Sozialraumorientierung und Care Management herausgearbeitet und die daraus resultierenden Implikationen für die konkrete Arbeit in der Praxis thematisiert werden. Es handelt sich dabei um eine Betrachtung ausgewählter zentraler Aspekte und nicht um eine umfassende Zusammenschau von Methoden der Arbeit mit und in Netzwerken der Sozialen Arbeit.

1.3.1 Fokus der Vernetzung im Sozialraum

Die Vernetzung im Sozialraum kann primär mit Blick auf den Fall (Klientenbezug) oder aber fallunabhängig mit Blick auf die Infrastruktur der sozialen Dienste vor Ort erfolgen (s. Kap. 1.1.6). *Fallbezogene Vernetzung* kann dabei einerseits in traditionellen Formen wie z. B. der fallbezogenen Kooperation zwischen unterschiedlichen Berufsgruppen einer Institution, aber auch institutionsübergreifend oder andererseits in neueren Formen wie z. B. dem *Case Management* stattfinden. Dabei umfasst Case Management sowohl klientenbezogene Aktivitäten als auch die Vernetzung und Koordination von Dienstleistungen, die detaillierte fallbezogene Abstimmung zwischen den einzelnen Diensten, den Einsatz spezifischer Gemeinderessourcen und die Zusammenarbeit mit kommunalen Diensten (Bauer 2005, S. 29, s. auch Galuske 2013, S. 200ff.). Damit ist Case Management mehr als bloße Einzelfallhilfe, welche nicht zwangsläufig den Blick auf Familie und soziale Netzwerke impliziert – obwohl Case Management auf Methoden der Einzelfallhilfe und des Case Works aufbaut (Meinhold 2002, in: Bauer 2005, S. 30). Gründe für die Notwendigkeit von Case Management lokalisiert Wendt (1991, in: Galuske 2013, S. 200) vor allem in der zunehmenden Differenzierung und Spezialisierung der Dienstleistung, die eine Kooperation der Angebote notwendig macht, sowie in den zunehmend komplexer werdenden Problemlagen. Somit hat Case Management als Kernfunktion, „den Klienten-Systemen (einzelnen Menschen, Familien und deren Angehörigen, Kleingruppen, Nachbarn, Freunden usw.) in koordinierender Weise Dienstleistungen zugänglich zu machen, die von ihnen zur Lösung von Problemen und zur Verringerung von Spannungen und Stress benötigt werden" (Lowy 1988, in: Galuske 2013, S. 201). Damit ist Konzepten des Case Managements per definitionem sowohl eine netzwerkunterstützungsorientierte als auch eine sozialräumliche Perspektive inhärent (Wendt 1991, in: Bauer 2005, S. 30).

Neben der fallbezogenen Vernetzung spielen v. a. im regionalen Kontext *feldbezogene Vernetzungsansätze* eine immer bedeutendere Rolle (s. ‚fallunspezifische Arbeit' nach Hinte et al. 1999; s. Kap. 1.1.6). Insbesondere im Handlungsfeld der Kinder- und Jugendhilfe wurde die Forderung nach einer Erweiterung fallbezogener Arbeitsweisen um feldbezogene Formen prägnant formuliert und rechtlich kodifiziert (s. Kap. 1.1.6). Viele feldbezogene Vernetzungskonzepte knüpfen dabei nach Bauer (2005, S. 32) implizit oder explizit an die Konzepte der *Gemeinwesenarbeit* und der *Sozialraumorientierung* an: Ihr übergreifendes Ziel ist es, die „De-Kontextualisierung von Hilfsbedürftigkeit aufzubrechen, und die problemverursachenden Mechanismen, jenseits der einzelnen Familie oder des einzelnen Kindes, in den Aufmerksamkeitsbereich der professionellen Helfer und ihrer Interventionsangebote zurückzubringen", das heißt auch, den „fallunspezifischen Interventions- und Hilfebedarf zu ermitteln und bereitzustellen" (Merten 2002, in: Bauer 2005, S. 32).

Der *Sozialraum* (synonym: der Stadtteil) bringt viele Voraussetzungen mit sich, die eine fruchtbare Netzwerkarbeit möglich und wahrscheinlich machen. Vor Ort findet eine Vielzahl von Akteuren zusammen, die ein gemeinsames Interesse an einer guten Entwicklung des Stadtteils haben. Diese Akteure sind unterschiedlich und aufgrund ihres Basisbezugs auf einer ähnlichen Hierarchieebene. Sie bilden daher ein themenzentriertes Netzwerk wie z. B. das ‚Stadtteilnetzwerk Nordstadt', in dem sich engagierte Personen und Institutionen nicht selten schon seit Jahren zusammenfinden (s. Kap. 2.1.1.2). Mehr noch: Diese Netzwerke sind operativ offen und können flexibel und innovativ auf die wechselnden Problemlagen im Stadtteil reagieren. Häufig arbeiten sie etwa Jahresthemen aus und orientieren sich an ihnen. Zudem werden diese Sozialraumnetzwerke häufig von einem Gremium mit wechselnder Zusammensetzung koordiniert, was ebenfalls für einen offenen Austausch und gegenseitige Befruchtung sorgt. Der Erfolg der Netzwerkorientierung ist daher zu einem beachtlichen Teil mit dem Erfolg der Sozialraumorientierung in der Sozialen Arbeit verbunden.

Eine plausible Definition kennzeichnet *Sozialraumorientierung* als ein Konzept der Sozialen Arbeit, das in der Analyse den Blick auf grundlegende sozialräumliche, d. h. strukturelle Verursachung von Hilfenotwendigkeit lenkt (s. o.) und das zugleich praktische Handlungsperspektiven bietet, die konsequenterweise an den Ressourcen eines Sozialraums und der dort lebenden Menschen ansetzen. Damit wird die Sozialraumorientierung in ihrem strukturellen Fokus selbstbewusst und konträr zum Großteil der anderen Arbeitsfelder Sozialer Arbeit positioniert (Schönig 2014, S. 20).

Netzwerke spielen in der Sozialraumorientierung als Teil dieses strukturellen Fokus eine bedeutende Rolle – sie können sowohl *Problemverursacher als auch Problemlöser* sein. Denn sehr deutlich fokussiert die Sozialraumorientierung nach der obigen Definition auf die grundlegende sozialräumliche, d. h. strukturelle Verursachung und behält diese Fokussierung auch bei den Handlungsansätzen bei. Sozialraumorientierte Soziale Arbeit hat – umgekehrt betrachtet – zunächst einmal nicht primär den Einzelfall im Blick, sondern die ihn verursachenden Strukturen und strukturell ansetzende Hilfsangebote. Dabei können die Problemkonstellationen sehr unterschiedlich gelagert sein und von der baulichen Gestaltung über die sozialökonomische Stellung der Bewohnerschaft bis hin zum Mangel an Arbeitsplätzen vor Ort reichen. Ähnliches gilt für die Handlungsansätze, die ebenfalls bei der Verbesserung der baulichen Situation beginnen, die Vernetzung der örtlichen sozialen Dienste nutzen und in vielfältiger Weise an den Ressourcen des Stadtteils und der dort lebenden Bewohner ansetzen.

Weitgehend entspricht somit die Sozialraumorientierung einer ‚*Bewohnerorientierung*' (Schönig 2013, S. 19), da letztlich die Bewohner eines Stadtteils – d. h. nicht ein wie auch immer definierter Sozialraum – im Zentrum des Konzeptes stehen. Im Begriff ‚Bewohnerorientierung' treffen sich dann Aspekte des Sozialraums, die alle auf die Sorgen, Bedarfe, Interessen, Versorgung und Potenziale der Wohnbevölkerung eines Stadtteiles ausgerichtet sind. Die Bewohner eines Sozialraums sind die konstituierende Zielgruppe sozialraumorientierten Arbeitens, und sie verfügen gleichzeitig über Ressourcen, die zur Lösung ihrer sozialen Probleme beitragen können. Es gilt das altbekannte Motto: ‚Das Milieu ist der Klient' – und nutzt seine Ressourcen. Für beides sind Netzwerke von zentraler Bedeutung.

Für die Netzwerkorientierung ist das *Milieukonzept* insofern nützlich, als diese Milieus in einzelnen Sozialräumen unterschiedlich stark vertreten sind. Gegebenenfalls wird ein Stadtteil von einem Milieu völlig dominiert, oder aber eine Anzahl möglicher Milieus fehlt in diesem Stadtteil gänzlich. Meist jedoch sind in einem Stadtteil verschiedene Milieus in unterschiedlicher Bedeutung und mit unterschiedlichen Übergängen zu finden. Diese sozialräumlichen Milieus haben typische Einrichtungen der lokalen Infrastruktur (Kindergärten, Kirchen, Einzelhandel, Vereine, soziale Projekte), die sich als Knotenpunkte in ihrem Netzwerk festmachen und lokalisieren lassen. Will die sozialraumorientierte Arbeit mit den Milieus vor Ort in Beziehung treten, so ist es naheliegend, hierfür die milieutypische Infrastruktur für die Arbeit mit und in dem Netzwerk zu nutzen. Eine besondere Herausforderung ist dabei die Offenheit von Netzwerken. Sozialräumliche Milieus haben durch die vielschichtigen Beziehungen ihrer Mitglieder untereinander eine Schließungstendenz. Die Milieus mögen sich freiwillig nach dem Motto ‚Gleich und gleich gesellt sich gern' zusammengefunden haben oder aber unfreiwillig, da der Wohnungsmarkt dem Einzelnen keine Alternativen bereitstellt. In beiden Fällen tendieren die Milieus dazu, ihren sozialen Status und die von ihnen vermittelte Weltsicht zu reproduzieren. Werden nun sozialräumliche Milieus als problematisch empfunden, so ist die sozialraum- und netzwerkorientierte Soziale Arbeit unmittelbar gefordert, um verstärkenden Segregationsprozessen entgegenzuwirken.

In *Armutsgebieten* ist soziale Benachteiligung sowohl ein individuelles Problem für die einzelnen Bewohner als auch ein strukturelles Problem im Sozialraum. Wer in einem Armutsgebiet lebt, ist von der Stadtgesellschaft individuell und zugleich strukturell ausgegrenzt, er erfährt täglich ein negatives Feedback und eine Dominanz abweichenden Verhaltens. Kinder und Jugendliche, die zu Hause und in ihrem Nachbarschaftsnetzwerk niemanden kennen, der einer regelmäßigen Erwerbsarbeit nachgeht, pünktlich aufsteht, nicht im Übermaß Drogen konsumiert, keine körperliche Gewalt anwendet und aus seinem geordneten Lebenswandel soziale Vorteile bezieht, werden nur unter Schwierigkeiten für sich selbst einen geordneten Lebenswandel entwickeln können. Aufgrund der Vielschichtigkeit und Verfestigung ihrer Problemlage haben die Bewohner in den betroffenen Stadtteilen, z. B. im Unterschied zu alten Arbeitervierteln, weniger Möglichkeit und Fähigkeit zur Selbstorganisation. Sie haben insbesondere einen Mangel an schwachen Bindungen, welche sich bei Bedarf aktivieren ließen. Stattdessen sind die sozialen Netzwerke der Unterschicht durch vergleichsweise wenige Akteure, aber umso dichtere Vernetzung gekennzeichnet. Deprivation verhindert die Pflege lockerer Beziehungsnetzwerke nach außen. Die Gesellschaft erscheint als außen, fremd, oben und ihr Zentrum erscheint unerreichbar. So führt die räumliche Konzentration benachteiligter Bewohner in benachteiligten Wohngebieten zu einem kumulativen Desintegrationsprozess, bei dem Netzwerke eine bedeutende Rolle spielen und der aufgrund seiner Komplexität nur dann zu durchbrechen ist, wenn ihm über einen langen Zeitraum mit einem breiten Interventionsspektrum – auch der Netzwerkorientierung – entgegengewirkt wird.

Nachdem die Bedeutung sozialer Netzwerke für die Sozialraumorientierung deutlich wurde, sind einige Bemerkungen zum Verhältnis von Sozialraumorientierung und Gemeinwesenarbeit angebracht. Die Gemeinwesenarbeit ist im deutschen Sprachraum der Traditionsbegriff, und sie umfasst ein breites Methodenset, das vielfach in die Sozialraumorientierung übernommen wurde. Gleichwohl sind *Sozialraumorientierung und Gemeinwesenarbeit* nicht deckungsgleich, sondern haben in einigen Aspekten *Unterschiede*, welche insbesondere die Netzwerkorientierung betreffen. Die Sozialraumorientierung in ihrer heutigen Gestalt hat sich über die ursprünglichen Ansätze einer Gemeinwesenarbeit in sozialen Brennpunkten und Armutsgebieten hinaus fortentwickelt und sich mit dieser Entwicklung neue Akzente gesetzt:

Die inhaltsreiche *Schnittmenge beider Begriffe* umfasst zunächst die grundlegende Zielrichtung dieser Sozialen Arbeit. Grundsätzlich orientiert sie sich an den tatsächlichen Bedürfnissen der Menschen in einem Sozialraum, will die strukturelle Situation in diesen Sozialräumen verändern und greift hierzu wesentlich auch auf Ressourcen vor Ort zurück. So sind nicht die individuellen sozialen Probleme des Einzelfalls der prägende Maßstab von Gemeinwesenarbeit und Sozialraumorientierung, sondern dessen strukturelle Ursachen und strukturelle Handlungsmöglichkeiten. Aus diesem strukturellen Fokus folgt die besondere Bedeutung von Netzwerken für Sozialraumorientierung und Gemeinwesenarbeit. Hinter diesen strukturellen Aspekten tritt der Einzelfall konzeptionell zurück, ohne jedoch vollständig vernachlässigt zu werden. Ganz im Gegenteil wird in der Gemeinwesenarbeit wie auch in der Sozialraumorientierung bei alltäglichen Problemen im Kontext der allgemeinen Sozialberatung geholfen – hier ist insbesondere auch an die methodische Arbeit mit egozentrierten Netzwerkkarten zu denken. Da die Professionellen der Sozialen Arbeit bei Problemen z. B. mit dem Vermieter, der Arbeitsagentur, in der Familie oder durch die Einrichtung einer Kleiderkammer helfen und kompetent und verbindlich an spezialisierte Dienste vermitteln, erwerben sie jene Anerkennung in der Bevölkerung, auf deren Grundlage sie überhaupt erst strukturelle Veränderung anstoßen können. Bedeutsam ist nun aber, dass Gemeinwesenarbeit und Sozialraumorientierung dabei nicht stehenbleiben, sondern verschiedene Formen präventiver Arbeit anbieten und Gruppenprozesse organisieren. Diese richtet sich auf die lokalen Ziel- und Selbsthilfegruppen und umfasst auch die lokale Vernetzung professioneller und ehrenamtlicher Akteure.

Die darüber hinausgehenden *ausschließlichen Besonderheiten der Gemeinwesenarbeit* liegen darin, dass sie paradigmatisch von der Bewohnerperspektive ausgeht. Auch wenn Varianten wie die aggressiv-konfliktorientierte Gemeinwesenarbeit heute kaum noch praktiziert werden, so bleibt doch ihr Kerngedanke, dass Gemeinwesenarbeit gelegentlich durch öffentlichkeitswirksame Aktionen auf sich aufmerksam machen und ‚Sand in das Getriebe' der vielschichtigen Ausgrenzungsprozesse streuen muss, bis heute aktuell. Ziel bleibt immer das handelnde Gemeinwesen, also die Auslösung von Initiativen, durch die die Bevölkerung vor Ort gemeinsame Probleme erkennt, Ohnmachtserfahrungen überwindet und eigene Kräfte entwickelt. Hierdurch ist die Gemeinwesenarbeit in ihrem Wesenskern an der non-direktiven Pädagogik, an autonom konzipierten Projekten und den Bedürfnissen einzelner sozialer Gruppen orientiert und überschreitet hierbei gelegentlich sogar die Grenzen des eigenen Stadtteils. Beispiele für diese Überschreitung der Stadtteilgrenzen sind die allgemeine Sozialberatung für Menschen besonderer Problemgruppen aus anderen Stadtteilen oder eine Spenden- und Sammelaktion im Kontext freundschaftlicher internationaler Kontakte. Beides verlässt den engen Stadtteilbezug, bedeutet gerade dadurch einen enormen Gewinn an Sozialkapital und ist heute aus dem Methodenset der Gemeinwesenarbeit nicht mehr wegzudenken.

Im Gegensatz hierzu verweisen die *ausschließlichen Besonderheiten der Sozialraumorientierung* in der Sozialen Arbeit auf deren Herkunft aus der kommunalen Sozialverwaltung und sind tendenziell als ‚Öl in ihrem Getriebe' aufzufassen. Statt Autonomie und Projektbezug stehen bei der Sozialraumorientierung eher die Verbesserung und Vernetzung des professionellen Dienstleistungsangebotes vor Ort, die konzeptionelle Integration ehrenamtlicher Arbeit und letztlich die Aktivierung im Sinne staatlicher Zielerreichung im Fokus. Traditionell hat dies eine Nähe zur sozialstaatlichen Variante der Gemeinwesenarbeit. Typische Elemente einer sozialraumorientierten Sozialen Arbeit sind eine eher eng gefasste Bewohnerbeteiligung, die Sozialraumdefinition und Budgetierung durch die Sozialverwaltung, ein strategisches Sozialraummanagement und ihr methodischer Einsatz in sehr unterschiedlichen Arbeitsfeldern der Sozialen Arbeit. Sozialraumorientierung ist in diesem Sinne eher eine Methode als ein Konzept der Sozialen Arbeit.

Ein möglicher Ansatz, die obige Mengenlehre gemeinsamer und unterschiedlicher Aspekte teilweise zu erklären, könnte im *unterschiedlichen Zeithorizont von Sozialraumorientierung und Gemeinwesenarbeit* liegen. Hiermit ist gemeint, dass die Gemeinwesenarbeit tendenziell – gleichsam als ihre Referenzsituation – eine Projektorientierung hat, während die Sozialraumorientierung aufgrund ihrer Integration in die Sozialverwaltung tendenziell eher dauerhaft – als Strukturmodell der Sozialverwaltung – angelegt ist. Während auf der einen Seite häufig von ‚GWA-Projekten' die Rede ist, wird auf der anderen Seite in der Sozialraumorientierung ‚Netzwerkpflege' betrieben. Mit dieser unterschiedlichen methodischen Schwerpunktsetzung reagieren beide Konzepte auf jene Situationen, die jeweils für sie typisch sind, ohne das jeweils andere von vornherein auszuschließen. Selbstverständlich gibt es GWA-Projekte mit einer jahrzehntelangen Tätigkeit, und ebenso können Sozialraumkonzepte befristet sein. Nur ist beides vom grundsätzlichen Ansatz her eher untypisch. Es macht daher Sinn, die Gemeinsamkeiten und Unterschiede von Gemeinwesenarbeit und Sozialraumorientierung im Auge zu behalten.

Ergänzend sei abschließend auf eine zweite Traditionslinie feldorientierter, fallunabhängiger Vernetzung hingewiesen, die v. a. im Gesundheitswesen von Bedeutung ist. Im Gegensatz zu sozialraum- oder gemeinwesenorientierten Vernetzungsstrategien, die die Betroffenen beteiligen und versuchen, sich am Willen und an den Interessen der (potenziellen) Klienten zu orientieren, zielen *Konzepte des Care Managements* zuvorderst auf eine effizientere Erbringung der Versorgungsleistungen (Wendt 1997, in: Bauer 2005, S. 32). Gefahr hierbei ist, die Wahlfreiheit zwischen einzelnen Dienstleistern einzuschränken und die Rolle der Professionellen (v. a. Ärzte) weitreichend zu verändern. Denn Ärzte folgen dabei oft nur vorgegebenen Behandlungsroutinen, ohne professionell autonom zu agieren.

Grundsätzlich ist es notwendig, sich sehr *differenziert mit den Implikationen auseinanderzusetzen*, die den jeweiligen Vernetzungsstrategien unterliegen. Wenig sinnvoll ist daher, fall- und feldbezogene Vernetzung mit unterschiedlichen Wertungen zu versehen bzw. gegeneinander auszuspielen – denn beide Formen sind stark aufeinander bezogen. Wichtiger ist, ihre jeweiligen Handlungsrationalitäten in ihren Implikationen für beteiligte Institutionen und Klienten genau zu analysieren (Bauer 2005, S. 33).

1.3.2 Aktivierende Befragung

Ein besonderes Spezifikum der Netzwerkarbeit im Sozialraum ist die Aktivierung der Bewohner und dies zunächst mit dem Ziel, ihren besonderen Bedarf vor Ort zu ermitteln. Stellt man die Bewohnerorientierung in den Vordergrund und hört man hier nicht primär auf externe Experten aus Politik, Verwaltung und Wissenschaft, so ist hier ein besonderes Problem der Netzwerkorientierung angesprochen. Was ist dieser Bedarf, und wie kann man ihn ermitteln? Wie können professionelle und ehrenamtliche Akteure in einem Stadtteilnetzwerk die richtigen Themen finden, um auf die tatsächlichen Bedürfnisse zu reagieren? Wie können sie ihre eigene Betriebsblindheit und zudem noch die Ohnmachtsgefühle der Bevölkerung überwinden?

Für diese Problemstellung wurde die *aktivierende Befragung* entwickelt (Schönig 2014, S. 119–127). Ziel der aktivierenden Bewohnerbefragung ist die Aktivierung von Selbsthilfepotenzialen der Menschen in einem Stadtteil. Hierbei orientieren sich die Sozialarbeiter/Sozialpädagogen vor Ort immer an den Bedürfnissen und Ressourcen der Bewohner. Zwangsläufig heißt dies, eine auf die Bewohner abgestimmte Befragung im Stadtteil vorzunehmen, die einerseits die tatsächlichen Bedürfnisse aufdeckt und andererseits Ressourcen und Selbsthilfepotenziale aufzeigt. Beides ist für die sozialraumorientierte Netzwerkarbeit offenkundig von entscheidender Bedeutung. Analyse und Aktion sind dazu in der aktivierenden Bewohnerbefragung eng verknüpft (vgl. hier und im Folgenden ausführlich die Aufsätze in Lüttringhaus/Richers 2003, S. 11–54 sowie die prägnante Einführung von Hinte/Karas 1989, S. 41–66).

Die besondere *Bedeutung* der aktivierenden Befragung wurde zuerst und prominent von Saul D. Alinsky seit Mitte der 1940er Jahre immer wieder theoretisch betont und praktisch umgesetzt. Es ist das besondere Verdienst Alinskys (1973), mit ‚Neugier' und ‚Respekt' zwei Schlüsselwörter der aktivierenden Befragung herausgearbeitet zu haben. Dabei sollen die Befrager in einen ‚sokratischen Dialog' mit den Bewohnern eintreten. Die Bewohner stehen dabei im Mittelpunkt; sie sollen sich im Verlauf der Befragung ihrer eigenen Situation, ihrer eigenen Meinung und eigenen Widersprüchlichkeit bewusst werden. Ist dieser reinigende Prozess der Selbsterkenntnis abgeschlossen, so ist das Fundament gelegt, um selbst aktiv zu werden. Nun sind die ‚wahren' Probleme und Möglichkeiten bekannt. Nun erst lohnt eigene Initiative und Vernetzung.

In *Deutschland* wurde die Methode der aktivierenden Befragung Anfang der 1970er Jahre durch *Hepzibah und Richard Hauser (1971)* verbreitet und vielfach praktisch erprobt. Die besondere Begabung Hausers zeigt sich darin, dass er nicht nur intellektuell die theoretische Fundierung seiner Arbeit vorantrieb, sondern seine reichen Erfahrungen für die praktische Methodenentwicklung nutzte. Er unterschied erstmals die bis heute gültigen Phasen der Aktionsumfrage (1. Definition des Anliegens, 2. Voruntersuchung, 3. Hauptuntersuchung, 4. Aktion) und verbreitete die Methode in einer Unzahl von Vorträgen und Veröffentlichungen. Hauser hat durch sein Charisma die aktivierende Befragung in der Hochphase der Gemeinwesenarbeit in den 1960er und 70er Jahren entscheidend geprägt und ist klassischer Referenzpunkt aller weiteren Arbeiten.

Es passt in dieses Bild, dass auch *Alf Seippel (1976)* in seinem *Band zur ‚aktivierenden Gemeinwesenarbeit'* die wesentlichen Bausteine der Methodik Hausers übernommen hat und weiterentwickelte. Allerdings haben sich nun die Akzente verschoben. Seippel betont die gesellschaftlichen Verhältnisse, analysiert die Klassen- und Sozialstruktur Deutschlands und fordert zum Konflikt auf. Eine weitere Zustimmung und Fortentwicklung erfuhr die Methode dann durch *Wolfgang Hinte und Fritz Karas (1980)*, die weitere Details z. B. zur Interviewtechnik und zum Zeitraum ergänzten. Wesentlich ist bei ihnen, dass sie – wiederum auch ein Ausdruck des Zeitgeistes – das politisch-aggressive Element Seippels in den Hintergrund rücken und stattdessen eher auf die klassischen Ideen der Aktionsforschung im Sinne Hausers rekurrieren. Die aktivierende Befragung steht in Deutschland seitdem wieder mehr im Kontext des Selbsthilfegedankens, der Vernetzung, der Kooperation mit den sozialen Diensten vor Ort und der kommunalen Sozialpolitik.

Wissenschaftstheoretisch gesehen wenden sich die Aktionsforscher – wie auch die Netzwerkforscher – *gegen die empirische Surveyforschung*. Während jedoch die Netzwerkforscher eher auf Beziehungen statt auf isolierte Merkmale von Individuen abstellen, fokussieren die ‚Aktionsforscher' darauf, nicht eine Analyse des Ist-Zustandes zu erstellen, sondern eine Aktion auszulösen. Aktionsforschung ist nach den Worten Lewins „eine Art Tat-Forschung, eine vergleichende Erforschung der Bedingungen und Wirkungen verschiedener Formen sozialen Handelns und eine zu sozialem Handeln führende Forschung. Eine Forschung, die nichts anderes als Bücher hervorbringt, genügt nicht" (Lewin 1975, S. 280). Die aktivierende Befragung ist kein Glasperlenspiel, sondern zielt darauf ab, weiches Lernen und letztlich auch Vernetzung der Befragten zu ermöglichen. Sie ist nur dann erfolgreich, wenn von der Diagnose Handlungsimpulse ausgehen, um die Betroffenen und die Verantwortlichen zu aktivieren (Seippel 1976, S. 157). Letzteres bedeutet – dies ist ein grundlegender Unterschied zur ‚normalen' deskriptiven Sozialforschung –, dass die gewonnenen Daten nicht isoliert betrachtet, sondern als Momente eines prozesshaften Ablaufs interpretiert werden. Denn das Ziel der aktivierenden Befragung besteht eben nicht darin, theoretische Aussagen oder die Ergebnisse anderer Befragungen empirisch zu überprüfen, sondern es besteht darin, praktisch verändernd in gesellschaftliche Zusammenhänge einzugreifen.

In diesem Sinne hat die aktivierende Befragung ein *therapeutisches Element* und ist für die sozialräumlichen Netzwerke von herausragender Bedeutung. Sie ist nicht – wie etwa das klientenzentrierte Gespräch in der Psychotherapie – vom Einzelfall bestimmt, sondern sie zielt auf die Therapie einer sozialen Struktur in einem Stadtteil ab. Der therapeutische Aspekt liegt in der Hilfe zur Selbsterkenntnis. Denn hier soll der Interviewer

> *„analog zum Therapeuten oder Berater als verbaler Spiegel fungieren, um die vom Befragten zur Sprache gebrachte eigene phänomenale Welt zu reflektieren. Deshalb nutzt der Interviewer immer wieder Begriffe und Symbole des Befragten. Er nimmt sich zwar zurück, um die Begriffe und Äußerungen des Befragten nicht in eine bestimmte Richtung zu drängen, greift aber erzählungs- und verständnisgenerierend in das Gespräch ein. Das Interview wird somit als gemeinsamer rekonstruktiver Suchprozess der beiden Gesprächspartner gedeutet."* (Scholl 2003, S. 190; Hervorhebungen von W. S.)

Hier wird deutlich, dass die aktivierende Bewohnerbefragung ein integraler Bestandteil und originärer Beitrag in der Methodik sozialraum- und insbesondere netzwerkorientierter Sozialer Arbeit ist. Sie nutzt und ermittelt Erkenntnisse zur Sozialstruktur im Stadtteil, zielt jedoch in ihrem eigentlichen Kern auf den aktivierend-therapeutischen Bereich. Die *Hauptbestandteile der aktivierenden Befragung* sind (im Folgenden verkürzt nach Hinte/Karas 1989, S. 47ff.):

- Erfragung sozialstruktureller Fakten in Ergänzung oder zur Überprüfung der offiziellen Statistik (z. B. Arbeitslosigkeit, Personen im Haushalt, Aufenthaltsstatus),
- Kenntnis über Einstellungen und Meinung der Bewohner zur Situation im Stadtteil, zu lobenswerten und problematischen Aspekten (z. B. öffentlicher Raum, Einzelhandel, Verkehrsanbindung, Nachbarschaft),
- Information der Bewohner über die Gegebenheiten vor Ort (z. B. das Angebot der sozialen Dienste),
- Kenntnis über offizielle oder inoffizielle Führer, die als Schlüsselpersonen und Ansatzpunkte für Aktivierungsinitiativen angesprochen werden können (z. B. Vereinsvorsitzende, Lehrer),
- Lagebild zu den Mehrheiten und Minderheiten im Stadtteil, ihren Kräftekonstellationen und möglichen Konflikten (z. B. zwischen ethnischen oder ökonomischen Gruppen) sowie

- Ideen zur Veränderung der Situation, die unmittelbar und ungefiltert wahrgenommen und dokumentiert werden sollten.

Nochmals sei auf die *besondere Bedeutung der Haltung von Interviewern* bei der aktivierenden Befragung hingewiesen. Bereits Alinsky hatte betont und gefordert, dass Neugierde und Respekt gleichberechtigt nebeneinander zu stehen haben. Respekt bedeutet hierbei, die Bewertungen des Befragten nicht in Frage zu stellen, sondern klar herauszuarbeiten und in die Auswertung einfließen zu lassen. Deutungen und Bewertungen des Interviewers dürfen sich weder in Suggestivfragen noch in offener Ablehnung gegenüber dem Befragten äußern, da beides dem Ziel der Bewohneraktivierung zuwiderlaufen würde. Auch dürfen die Interviews nicht unter Zeitdruck geführt werden. Vielmehr wird Zeit benötigt, damit sich überhaupt ein Gespräch entwickelt und die Befragten Gelegenheiten haben, sich ihrer eigenen Meinung bewusst zu werden. Geduldiges Zuhören ist hier gefordert und muss ständiger Maßstab erfolgreich geführter Interviews im Rahmen einer aktivierenden Befragung sein. In der Praxis sind Offenheit und Respekt mitunter schwer einzuhalten, vor allem dann, wenn dem Interviewer selbst oder Dritten offene Ablehnung entgegenschlägt (Rechtsradikalismus, ethnische Konflikte, Hass auf Sozialarbeiter/Sozialpädagogen). Hier ist es entscheidend, diese Konflikte und Aversionen zunächst einmal als gegeben hinzunehmen und möglichst differenziert zu erfassen. Denn Konflikte und Aversionen sind real und Ausdruck der relevanten Strukturen, ihren Kommunikationswegen und Kommunikationsblockaden. Sie bestimmen das alltägliche Handeln der Bewohner und enthalten daher für die Sozialarbeiter/Sozialpädagogen Markierungen für ihre spätere Arbeit. Im Einzelnen gliedert sich der *Ablauf eines Interviews in folgende Phasen* (vgl. Hinte/Karas 1989, S. 58ff.)

- *Türöffner:* Vorstellung, Erläuterung des Anliegens, Hinweis auf schriftliche Ankündigung, Freundlichkeit, Höflichkeit, Respekt vor Lebenswelt.
- *Mundöffner:* Frage zur Wohndauer, Erwähnung von konkreten Beobachtungen auf dem Hinweg, Wohlbefinden und Positives im Stadtteil.
- *Problemfragen:* Allgemeine Probleme: Warum ist das so, und wie kommen Sie zu dieser Meinung? Keine Diskussion über Meinungen.
- *Information:* Vorstellung sozialer Dienste im Stadtteil, Ist Ihnen der Dienst xy bekannt? Welche Erfahrungen haben Sie mit diesem Angebot?
- *Ideenfragen:* Offene Erfragung der Ideen.
- *Aktionsfragen:* Eigene Bereitschaft zur Mitwirkung?
- *Überleitung:* Ausblick auf erste Aktionen, möglichst als Einladung zu Bewohnerversammlung.

Trotz dieses umfangreichen Fragenkatalogs wird in der Literatur empfohlen, den Fragebogen möglichst knapp zu halten und alle wesentlichen Informationen aus einem Interview auf einer Seite zusammenzufassen. Ein solcher *Fragebogen* ist in Abbildung 16 wiedergegeben.

94 Netzwerkforschung

> **Bewohner/innenbefragung in (XYZ) im (Monat, Jahr)** Name und ggf. Logo des Projekts
>
> Datum des Gesprächs: _____ , Interviewer _____
> Gesprächspartner/in: _____
> Adresse: _____
> Telefon: _____
> E-Mail: _____
>
> Was läuft gut im Stadtteil? Woran erinnern Sie sich gerne? Was hat sich verbessert?
>
> Was gefällt nicht im Stadtteil? Haben Sie negative Erlebnisse? Was hat sich verschlechtert?
>
> Haben Sie Ideen für die Zukunft? Was soll man anpacken? Was können Sie einbringen?
>
> Können Sie an der Bewohnerversammlung (Datum, Ort) teilnehmen?   Ja   nein
> Welche Menschen in (XYZ) sollten wir auf jeden Fall ansprechen? _____
>
> Einschätzung der tatsächlichen Mitwirkungsbereitschaft
> 1 = sehr hoch   2   3   4   5   6 = keine
> Sonstige Geschichten, Anmerkungen, Erlebnisse und Hinweise (bitte Rückseite verwenden!)

Abb. 16: Knapp gehaltener Fragebogen einer aktivierenden Befragung (nach Lüttringhaus/Richers 2003, S. 74)

Dieser Fragebogen entspricht der Methodik der aktivierenden Befragung, da er nur einige wenige sozialstrukturelle Angaben erfasst. In der Praxis sind die Ressourcen zur Auswertung und die Tiefe des Erkenntnisinteresses begrenzt, so dass es Sinn macht, möglichst keine überflüssigen Informationen zu sammeln. Es werden daher nur diejenigen Angaben zur Person erhoben, nach denen die Aussagen später auch gesichtet werden sollen (Alter, Geschlecht, Beruf, Mieter/Eigentümer). Den Hauptteil des Fragebogens bilden drei offene Fragen nach der positiven und negativen Bewertung sowie möglichen Aktivitäts-, sprich: Vernetzungsbereichen. Der Wortlaut der Fragestellung ist nicht festgelegt und wird dem Gesprächsverlauf überlassen. Auch findet keine standardisierte Information der Bewohner z. B. über das Angebot sozialer Dienste vor Ort statt.

Mit Blick auf die sozialraumorientierte Arbeit mit und in Netzwerken bedarf die aktivierende Befragung heute einer erneuten *Neubewertung*. Einerseits ermöglicht sie es den Akteuren im Netzwerk, Informationen über den sozialen Bedarf und die relevanten Themen vor Ort zu erhalten, und zudem liefert sie konkrete Namen von Personen, die sich in die Netzwerkarbeit einbringen könnten. Dies sind Informationen, die kaum anders als durch eine aktivierende Befragung zu erhalten sind. Andererseits wäre es unverantwortlich, durch eine aktivierende Befragung Bedürfnisse zu wecken und zu artikulieren und Aktivitäten einzufordern, für deren Unterstützung in keiner Weise Mittel verfügbar gemacht werden können. Ebenso unverantwortlich wäre es, im Zuge der Befragung die Problemlösung alleine auf die sozial Benachteiligten abzuwälzen.

Interessant ist in diesem Zusammenhang, dass bereits Hauser und vor allem Seippel (1976, S. 160) auf die Möglichkeit hingewiesen haben, *eine aktivierende Bewohnerbefragung bereits nach der Voruntersuchung abzubrechen*, wenn keine Ansatzpunkte für einen Einstieg in konkrete Aktionen gefunden werden konnten. Ohne Frage läuft grundsätzlich eine im großen Stil durchgeführte aktivierende Befragung Gefahr, geweckte Hoffnungen nicht zu erfüllen und die Apathie im Stadtteil noch zu verstärken. Eine weitere Frage ist, ob es sich die sozialraumorientierte Soziale Arbeit mit Blick auf die interessierte Öffentlichkeit heute noch leisten kann, das Projekt einer aktivierenden Befragung tatsächlich nach der Voruntersuchung abzubrechen. Ist nicht vielmehr die aktivierende Befragung in Zeiten der Projektfinanzierung zum Erfolg verdammt? Tatsächlich kommt in der Praxis der Abbruch einer Befragung schon deshalb selten vor, da die Befragungen häufig im Kontext von Stadtteilprojekten durchgeführt werden und diese sich selbst durch den Abbruch nach der Voruntersuchung in Frage stellen würden.

Nach diesen Ausführungen und der in Kapitel 1.1.6 erfolgten grundsätzlichen Auseinandersetzung mit der Bedeutung von Netzwerkorientierung für die Disziplin und Profession Soziale Arbeit werden im Folgenden weitere ausgewählte Methodenaspekte aus der konkreten Arbeit mit und in institutionellen oder fallunabhängigen Netzwerken in der Sozialen Arbeit (Fokus dieses Lehrbuches) näher beleuchtet und diskutiert. Ihre praktischen Anwendungen finden sich dann später in den Beispielen zu allgemeinen und speziellen Aspekten aus der Netzwerkpraxis.

1.3.3 Netzwerkphasen und Netzwerkkoordination

Einige methodische Aspekte und Prozesse sind für die Netzwerkpraxis zentral, weshalb sie immer wieder analysiert, bearbeitet und für die Praxis optimiert werden. Im Kern gehört dazu v. a. der Blick auf verschiedene *Phasen von Netzwerken* sowie auf *Anforderungen an die Netzwerkkoordination* (in der Netzwerkliteratur wird dabei meist von Netzwerkmanagement gesprochen).

Im Zuge des Modellprojekts „Qualitätsentwicklung für lokale Netzwerkarbeit" der Arbeiterwohlfahrt e. V. (AWO) aus dem Jahr 2004 hat das Frankfurter Institut für Sozialarbeit und Sozialpädagogik e. V. (ISS) ein allgemein verwendbares und sehr ausführliches *Erhebungsinstrument zur Analyse von Netzwerkprozessen* entwickelt. Es gliedert Netzwerkprozesse in vier Phasen und gibt damit den typischen Prozessablauf in Netzwerken wieder (s. Abb. 17).

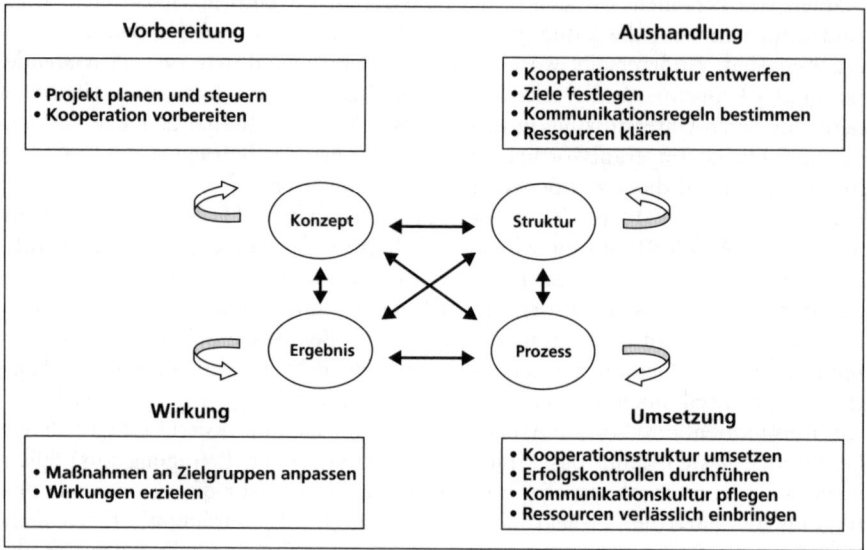

Abb. 17: Phasen von Netzwerken (AWO 2004, S. 29)

In jeder dieser Phasen sind verschiedene Qualitätskriterien für die erfolgreiche Zusammenarbeit in Netzwerken zu berücksichtigen, so dass von Konzept-, Struktur-, Prozess- und Ergebnisqualität gesprochen werden kann. Es ist ein Lebenszyklusmodell, das Netzwerke als dynamische Gebilde behandelt, die Lernprozesse ermöglichen (AWO 2004, S. 28f.). Zeigen sich konzeptionelle Schwächen im Prozess, können diese verbessert werden, indem verändernd in Struktur und Prozesse eingegriffen wird.

Im Rahmen der *Konzeptqualität* geht es um die sorgfältige interne Vorbereitung der zu beteiligenden Akteure sowie des konkreten Netzwerks (ebd., S. 37ff.): Am Anfang steht die Prüfung, ob ein Netzwerk als Form der Zusammenarbeit für das jeweilige Thema geeignet ist – dazu gehört, den zeitlichen und personellen Aufwand im Verhältnis zum angestrebten Ergebnis zu sehen und sich die Vorteile der Vernetzung (u. a. neue Projektideen, Zuwachs an Fachkompetenz und Ressourcenorientierung) vor Augen zu führen. In einem zweiten Schritt müssen die Vernetzungsbereiche der jeweiligen Akteure intern festgelegt werden, z. B. welche Fachbereiche thematisch eingebunden sind. Darüber hinaus sollte eine Vernetzung nach innen erfolgen. Um eine Klärung von Motiven und eine erste Zielfestlegung zu ermöglichen, gilt es in einem dritten Schritt, Schwerpunkte der Netzwerkarbeit festzulegen (d. h. Zielgruppe und Bedarfe der Zielgruppe wie z. B. Lebenssituation alleinerziehender Mütter zwischen 20 und 30

Jahren). Daran schließt in einem vierten Schritt eine gründliche Recherche und Dokumentation von Vorinformationen an (systematische Bestandsaufnahme, z. B. in Form eines Sozialatlas), um ein vertieftes Problemverständnis zu entwickeln. Da dies eine Grundlage für die Initiierung eines Netzwerks sein kann, sollte dieser Schritt idealerweise bereits mit den Netzwerkpartnern gemeinsam geplant werden – denn die langfristige gemeinsame Planung der Netzwerkpartner ist ein zentrales Qualitätskriterium für gelingende Netzwerkarbeit. In einem fünften Schritt sollte jeder Netzwerkakteur eine zentrale Person für die Netzwerkkoordination festlegen, d. h. für den funktionierenden Austausch zwischen interner und externer Netzwerkarbeit. Dieser Mitarbeiter, der zumeist die Rolle des Zugpferdes innehat, sollte einerseits mit fachlichem Engagement und andererseits mit den entsprechenden Qualifikationen ausgestattet sein, darüber hinaus sollte die Netzwerktätigkeit in seiner Arbeitsplatzbeschreibung Berücksichtigung finden. Er zeichnet sich durch verschiedene Kompetenzen und Erfahrungen aus, die z. T. Fortbildungsbedarf notwendig machen. Diese verschiedenen Anforderungen an die Organisationsstrukturen der einzelnen Akteure machen zudem eine Profilentwicklung der eigenen Angebote notwendig (Projektmanagement), denn je eher intern Stärken, Kernaufgaben und Ressourcen geklärt sind, desto schneller können im Netzwerk Ziele definiert und Aufgaben sowie Ressourcen unter den Netzwerkpartnern verteilt werden. In einem sechsten Schritt muss aus der gemeinsamen Informationssammlung der Akteure eine Formulierung konkreter Netzwerkziele erfolgen (z. B. in einem Workshop), die in Leit-, Mittler- und Handlungsziele übersetzt werden, um u. a. eine Ergebniskontrolle zu ermöglichen. Erfolgt dies nicht oder nur unzureichend, droht Unzufriedenheit bis hin zum Ende der Zusammenarbeit. Diese gemeinsamen Ziele, aber auch die Erwartungen und die Beziehungsstruktur der Netzwerkpartner sollten in einem siebten Schritt regelmäßig überprüft und reflektiert werden. Quer zu diesen Schritten sollte immer auch Öffentlichkeitsarbeit eingeplant werden.

Im Kontext der *Strukturqualität* sind zwischen den Netzwerkakteuren in einem Aushandlungsprozess die Bereiche Netzwerkstruktur, Zielsystem, Informations- und Kommunikationssystem sowie Ressourcen zu regeln (AWO 2004, S. 44ff.): Wesentlich für den Erfolg von Vernetzung ist, gemeinsam eine verlässliche, der Zielsetzung entsprechend langfristige und wirksame Struktur aufzubauen. Relevante Akteure sind dabei Einzelpersonen oder Vertreter von Gruppen und Institutionen, die entweder durch Engagement, Handlungskompetenz oder Wissen in Bezug zur Zielgruppe wichtig für das Thema der Vernetzung sind. Ihre Beteiligung sollte freiwillig geschehen. Es gilt auch, ungleiche strukturelle Machtverhältnisse im Netzwerk, wie z. B. zwischen öffentlichen und privaten Trägern oder Haupt- und Ehrenamt (s. Kap. 2.2.3), durch Regelungen des Umgangs und einer Kultur der Zusammenarbeit zu versachlichen, um in diesem Spannungsverhältnis erfolgreiche Vernetzung überhaupt zu ermöglichen. Eventuell ist dafür auch eine Aufspaltung der Akteure des Netzwerks nach dem Kriterium der Hierarchiekonformität zielführend (s. Kap. 2.1.6). In Bezug auf den Aufbau der Netzwerkstruktur sind Überschaubarkeit (d. h. klare schriftlich fixierte Zuständigkeiten, sachdienliche und unbürokratische Struktur, die an Inhalten ausgerichtet ist), Gleichberechtigung ohne Hierarchie und die Regelmäßigkeit der Treffen empfehlenswert. Dies bedeutet für die Arbeitsfähigkeit des Netzwerks, dass es eindeutig festgelegter und legitimierter Entscheidungszuständigkeiten, Rollenverteilungen und Verbindlichkeiten bedarf, die sich nach den jeweiligen Ressourcen und Kompetenzen richten müssen, damit nicht falsche Erwartungen drohen oder Funktionen nicht verlässlich erfüllt werden (z. B. durch Vereinbarungen, Verträge oder Geschäftsordnungen). Zentral für den Erfolg des Netzwerks ist weiterhin einerseits eine professionelle Netzwerkkoordination (zu den Anforderungen an die Netzwerkkoordination s. weiter unten) und andererseits die Festlegung von Zielen. Letztere müssen dafür gemeinsam diskutiert und anschließend mittels eines Zielsystems (Leit-, Mittler- und Handlungsziel) definiert und abgestimmt werden. Ein solches System verdeutlicht Zusammenhänge von Zielsetzungen und Handlungen, schafft somit Klarheit in der Vernetzung und transportiert Werte des Netzwerks. Im Aushandlungsprozess der Netzwerkressourcen sollte bereits ein gemeinsames Evaluationskonzept (Selbst- und/oder Fremdevaluation) entwickelt werden, um Erfolge und Entwicklungen im Netzwerk und der angestrebten Ziele gewährleisten und beurteilen zu können. Neben Netzwerkstruktur und Zielsystem ist mit Blick auf die Strukturqualität auch ein gemeinsam entwickeltes Informations- und Kommunikationssystem von besonderer Bedeutung. Darin sollten v. a. Kommunikationsregeln aufgestellt und Regelungen für Konflikte und Krisen vorgesehen, aber auch Öffentlichkeitsarbeit durchgeführt werden. Als letzten Punkt im Kontext von Struktur muss das Thema Ressourcen benannt werden: Es muss auf der einen Seite ausreichende Ressourcen für das Netzwerkwerk im Hinblick auf Personal, Finanzen und Zeit geben – wobei fehlende finanzielle Mittel möglicherweise über Fundraising, Sponsoren, Stiftungen u. ä. akquiriert werden können. Auf der anderen Seite benötigt das Netzwerk auch eine Ausstattung an Fachkompetenz und Wissen.

Die *Prozessqualität* spiegelt sich in der Umsetzung des Netzwerkvorhabens wider, wozu die Umsetzung der Kooperationsstruktur, die Durchführung von Erfolgskontrollen, die Pflege der Kommunikations- und Informationskultur sowie das verlässliche Einbringen der Ressourcen zählt. Dabei ist eine zentrale Anforderung, während der Umsetzung flexibel und adäquat auf veränderte neue Rahmenbedingungen oder neue Anforderungen zu reagieren. Eine solch dynamische Struktur trägt dazu bei, ständigen Verbesserungsprozessen gewissermaßen unterworfen zu sein, die jedoch bewusst gesteuert werden müssen. Daher heißt Koordinierung in der Umsetzungsphase, den Überblick über den gemeinsam geplanten Ablauf zu behalten, ihn zu steuern, Einzelaktivitäten der Partner zu verbinden und aufeinander abzustimmen, und auch, Transparenz über nicht eingehaltene Absprachen oder Aufgabenerledigungen zu schaffen. Als zentrales Element der Umsetzungsphase wird darüber hinaus die Durchführung von Maßnahmen zur Stärkung der Selbsthilfepotenziale sowie der Zielgruppen- und Bürgerbeteiligung genannt. Nach den ersten Umsetzungsschritten kann dann schon festgestellt werden, ob die gemeinsam gesetzten Ziele noch angemessen sind oder sich in der Praxis andere Bedarfe als wesentlicher herausstellen. Gleichzeitig gilt es zu prüfen, ob noch alle Partner das gemeinsame Ziel vor Augen haben. Daher ist es für den Lernprozess und die Qualitätssicherung der Netzwerkarbeit unerlässlich, eine Selbstanalyse im Sinne einer Stärken/Schwächen-Analyse der bisherigen Zusammenarbeit durchzuführen. Auch muss der gegenseitige Informationsaustausch regelmäßig, gleichberechtigt und gut strukturiert erfolgen – denn dies ermöglicht auch eine systematische Einführung neuer Partner in das Netzwerk. Die Steuerung dieser Aufgabe sollte dem Koordinator obliegen – auch sollte er ggf. bei Krisen und Konflikten moderieren (aber auch Moderation durch Externe, Selbstevaluation oder Supervision denkbar). Mit Blick auf die Öffentlichkeitsarbeit bietet die Umsetzungsphase die Chance, die veränderten Angebote einer erweiterten Zielgruppe bekannt zu machen. Weiterhin bringen die Partner ihre unterschiedlichen Ressourcen ein, wobei im Verlauf der Umsetzung z. B. Fortbildungsbedarfe festgestellt werden.

Bleibt zuletzt der Aspekt der *Ergebnisqualität*, unter dem der tatsächliche Erfolg des Netzwerks betrachtet wird – d. h. welche Ziele erreicht wurden und welche Effekte für die Zielgruppen, das Zielgebiet, das Netzwerk an sich und die einzelnen Netzwerkpartner eingetreten sind. Grundsätzlich sind dabei zwei Wirkungsrichtungen zu prüfen: die Wirkung auf die Zielgruppe direkt (Wurden die anvisierten Ziele erreicht?) und die Wirkung auf die Qualität der Netzwerkarbeit allgemein (Professionalisierung des Netzwerks). Dabei ist die Wirkung der Netzwerkarbeit stets komplex, und komplexe Zusammenhänge können nicht durch einen einzelnen Indikator allein bewertet werden. Auch sind weitere Wirkungen wie Reduktion von Konkurrenzdenken, Entwicklung einer gemeinsamen Identität, Fähigkeit, konsensfähige Lösungen zu finden, oder allgemein verbesserte Kommunikation zwischen den Herkunftsorganisationen schwer direkt messbar, sondern nur anhand von Aussagen der Netzwerkakteure zu erfahren. Ein weiterer Aspekt ist, die Zufriedenheit der Klienten über die Angebote und Auswirkungen des Netzwerks in Erfahrung zu bringen (z. B. via Beratungsgespräche, Rückmeldebögen oder Stadtteilinterviews) – denn dieses Feedback ist unabdingbar für lebensweltlich und sozialraumorientierte Arbeit und als ein Aspekt der Wirkung auf die Zielgruppe zu betrachten.

Stellt man dieses konkrete Modell des ISS in den allgemeinen Kontext der Netzwerkliteratur, so wird schnell deutlich, dass zwar eine *Variation der Anzahl und Benennung von Netzwerkphasen* zu finden ist, diese aber inhaltlich (fast) keinen Unterschied macht (s. exemplarisch Schubert 2008, S. 53; Quilling et al. 2013, S. 18ff.). Schlüssigerweise ähneln diese Phasen auch stark den Phasen, die aus der Arbeit mit Gruppen in der Psychologie, Pädagogik und der Sozialen Arbeit bekannt sind – darauf wird im Zuge der Beispiele zu den allgemeinen Aspekten der Netzwerkpraxis, speziell der Fokussierung der „Identität durch gemeinsame Story" (s. Kap. 2.1.1), näher eingegangen.

Mit Schubert können *fünf professionelle und v. a. methodische Aufgabenbereiche entlang der Phasen des Netzwerkmanagements* ergänzt werden, denen ein funktionales Managementverständnis zugrunde liegt (Schubert 2008, S. 55ff.):

- In der *vorbereitenden Orientierungsphase* muss sich jeder einzelne Netzwerkakteur über sich und seine Situation vergewissern, wofür methodisch insbesondere eine strategische Situationsanalyse (‚SWOT-Analyse' – Strengths,

Weaknesses, Opportunities, Threats) mit der systematischen Klärung von Stärken und Schwächen sowie der Abwägung von Chancen und Risiken geeignet ist.
- In der *Phase der Initiierung* eines Netzwerks werden Instrumente zur Diagnose des aktuellen Vernetzungsstatus (z. B. Netzwerkanalyse, s. Kap. 1.2) als auch zur Ermittlung geeigneter Kooperationspartner (z. B. Stakeholderanalyse) eingesetzt.
- Die *Phase von Netzwerkplanung und -aufbau* bedarf Handlungskompetenzen, die auf Techniken der Zielentwicklung, des Kontraktmanagements, der Organisationsplanung und des Prozess- sowie Projektmanagements beruhen.
- In der *zentralen Realisierungsphase* spielen dann Koordination, Controlling und Evaluation eine besondere Rolle.
- Parallel zur Realisierungsphase sieht Schubert die *Phase des Netzwerkmarketings*, in der Instrumente für die Fortschreibung des Netzwerkleitbilds und für die Pflege von Netzwerkidentität eingesetzt werden. Zentral sind darin aber die Kommunikationsinstrumente innerhalb und außerhalb des Netzwerks, über die die ‚Performance des Netzwerks' vermittelt wird.

Übergreifend betrachtet lassen sich dann als *Basisaufgaben des funktionalen Managements* Planung (d. h. Festlegung von Zielen, Rahmenrichtlinien, Programmen und Verfahrensweisen), Organisation (Schaffung einer überschaubaren Aufbauorganisation des Netzwerks), Personaleinsatz, Führung (Personal- und Koordinationsbezug) und Steuerung (fortlaufende, sachbezogene Überwachung, Controlling) herauskristallisieren. Für Schubert ist diese Einbettung in ein zielführendes Management neben ausreichenden zeitlichen, finanziellen und sozialen Ressourcen sowie Kompetenzen der beteiligten Promotoren fundamentale Voraussetzung für eine erfolgreiche Netzwerkkooperation. Darüber hinaus betont er, dass die undeutlichen Grenzen und die relativ schwache Formalisierung die Steuerung der Netzwerkkooperation erschweren und das Management von Vernetzungen einen modifizierten Handlungsrahmen erfordert, weil die Netzwerkkooperation stärker auf Vertrauen und Aushandlung basiert.

Im Rahmen des oben genannten Modellprojekts der AWO wurden auch die *Anforderungen an den Netzwerkkoordinator* thematisiert, d. h. die Kompetenzen, die für ein erfolgreiches Netzwerkmanagement erforderlich sind. Die professionelle Netzwerkkoordination wird im Modell des Prozessablaufes im Kontext der Strukturqualität aufgeführt.

Die benötigten Kompetenzen lassen sich in *fachliche, methodische, soziale und organisatorische Kompetenzen* bündeln (AWO 2004, S. 30): Das Knowhow in Personal- und Organisationsentwicklung, die Fähigkeit zur Beratung, aber auch Kenntnisse regionaler Strukturen und der regionalen Strukturpolitik sowie über Fördermittel und Branchen stellen zentrale fachliche Kompetenzen dar. Zu den methodischen Kompetenzen zählen moderieren, reflektieren, strukturieren, verhandeln, präsentieren, Probleme und Konflikte lösen sowie Methodenkenntnisse in der Zielgruppen- und Bürgerbeteiligung und interkulturelle Kompetenzen. Nicht zuletzt ergänzen Softskills wie Einfühlungsvermögen, kommunikative Fähigkeiten, Offenheit und Ehrlichkeit, Vertrauensbildung, Neu-

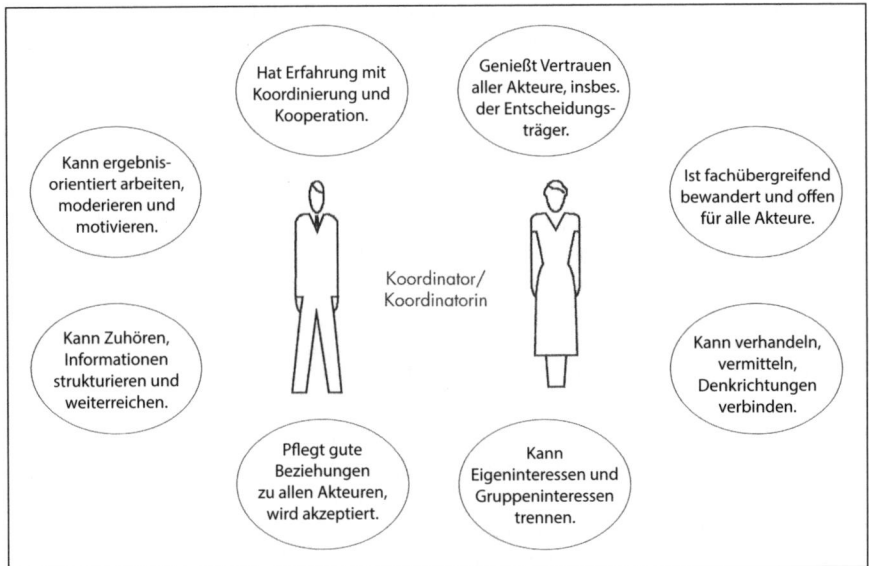

Abb. 18: Erfolgreiche Netzwerkkoordination (AWO 2004, S. 30)

tralität, Zielorientierung, Integrationsfähigkeit, Frustrationstoleranz und der Umgang mit gegenläufigen Erwartungshaltungen als soziale Kompetenzen das geforderte Profil. Organisatorische Kompetenzen wie Projektmanagement, Vermögen zur Akquise, Selbstorganisation sowie die Fähigkeit, selbstverantwortlich zu arbeiten und den Gesamtprozess koordinierend im Blick zu behalten, runden auf einer übergeordneten Ebene das Bündel an Kompetenzen ab.

Auch muss sich der Netzwerkkoordinator früh potenzielle *Krisenherde* bewusst machen, um Kontinuität herstellen zu können und langfristig ein Netzwerk erfolgreich am Leben zu erhalten. Dazu zählen v. a. Fluktuation (Wechsel der Ansprechpartner), unprofessionelle Arbeit (schlechte Dienstleistungen, nicht eingehaltene Absprachen), unterschiedliche Erwartungen, Zeitfaktor (der zeitliche Aufwand überwiegt den Nutzen der Vernetzung) (ebd., S. 31 f.).

Da die Koordinierungsperson in den seltensten Fällen voll und ganz dem Netzwerk zur Verfügung steht bzw. alle anfallenden Aufgaben und Rollen nicht alleine erfüllen bzw. bekleiden kann und sollte, müssen *verschiedene Aufgaben/ Rollen unter den Netzwerkteilnehmern bzw. extern verteilt werden*. Einerseits ermöglicht dies die Verantwortungsübernahme aller Partner und verteilt andererseits die Aufgaben gleichmäßig auf allen Schultern. Für das Funktionieren der Zusammenarbeit sind verschiedene Netzwerkrollen zu verteilen, wobei die Aufgaben gleichsam bedeutend sind und in keinem hierarchischen Verhältnis zueinander stehen (ebd., S. 31):

- *Initiieren/Leiten:* Projektidee bekannt machen, Visionen vermitteln, begeistern, Projekt an den Start bringen, Ressourcen bereitstellen, Entscheidungen vorbereiten.
- *Koordination:* Organisieren, Strukturieren, Projektrahmen gestalten, Interessen verbinden, zwischen Beteiligten vermitteln, Kontinuität wahren.
- *Moderation:* Gemeinsames Arbeiten erleichtern, Klima positiv beeinflussen, Partizipation befördern, für effizienten Ablauf sorgen.
- *Sprechen/Vertreten (Öffentlichkeitsarbeit):* Kooperationsgruppe und Vorhaben nach außen darstellen, Öffentlichkeitsarbeit verantwortlich übernehmen.
- *Fachwissen einbringen:* Fach- und Bereichskenntnisse generalisieren und transferieren, qualifizieren, beraten.
- *Beobachten/Bewerten:* Rückmeldung geben, Qualitätsstandards überprüfen, evaluieren, Mehrheitsmeinungen und scheinbare Selbstverständlichkeiten hinterfragen, reflektieren.
- *Betroffene/Kunden vertreten:* Perspektive und Interesse der Kunden bzw. Betroffenen vermitteln, Transparenz für Betroffenen-/Kundengruppen herstellen.
- *Sachaufgaben durchführen (Organisation):* Mitarbeit in verschiedenen Bereichen (z. B. Technik, Konzeptarbeit), Planung in die Praxis umsetzen.
- *Akquirieren (Finanzen/Kunden):* Potenzielle Geldgeber, Betriebe oder Sponsoren kontaktieren und begeistern.

Aufgrund seiner Zentralität und der starken Präsenz in der Literatur soll im Folgenden aus dieser Vielzahl der Aufgaben die *Rolle der Moderation* näher analysiert werden. Grundsätzlich dient die Netzwerkmoderation dazu, zu vermitteln, zu mäßigen, zu motivieren und das Finden positiver Lösungswege anzuregen. Dabei sollten sich die Netzwerkmoderatoren stets ihrer Möglichkeiten, aber auch ihrer Grenzen bewusst sein (vgl. auch Quilling et al. 2013, S. 71–89). Ihre *Möglichkeiten* liegen vor allem in der Mobilisierung von Ressourcen, welche die Akteure zur Arbeit am Thema beisteuern können – Ressourcenorientierung ist insofern der natürliche Kern der Netzwerkmoderation. Ihre *Grenzen* liegen hingegen im möglichen Anspruch an ein striktes Netzwerkmanagement. Dieses müsste Netzwerke nach Art des Managements planen, steuern und kontrollieren. Ein striktes Netzwerkmanagement läuft allerdings Gefahr, den Wesenskern des Netzwerks (d. h. seine operative Offenheit) zu missachten. Diese Möglichkeiten und Grenzen ergeben sich aus den Besonderheiten des Netzwerks als Interaktionsmodus. Letztere führen regelmäßig zu *Dilemmasituationen*, bei denen typische Fragen zur Entscheidung anstehen (Aderhold/Wetzel 2005, S. 20ff.), wie etwa:

- das *Vertrauensdilemma* („Inwieweit ist die Mitarbeit im Netzwerk zu Lasten der eigenen Organisation sinnvoll?"),
- das *Besitzdilemma* („Sollen und wollen die zentralen oder die peripheren Akteure mehr oder weniger eingebunden werden?"),
- das *Konfliktdilemma* („Sollen Konflikte offensiv bearbeitet werden?") und
- das *Subventionsdilemma* („In welchem Umfang nehmen wir Subventionen in Anspruch?").

Diese vier Dilemmata stehen in der *Netzwerkkoordination* regelmäßig auf der Tagesordnung, ohne dass sie allerdings vorab und konsistent entschieden werden könnten. Stattdessen sind diese Dilemmata und die mit ihnen verbundenen Konflikte letztlich in Netzwerken nicht abschließend zu lösen. Die Netzwerkkoordination kann daher nur versuchen, je nach konkreter Situation die Dilemmata in der einen oder in der anderen Richtung aufzulösen. Mal mag es angebracht sein, dass sich die Akteure bei einzelnen Projekten mehr im Netzwerk einbringen und damit auch verstärkt Ressourcen ihrer eigenen Institution in Anspruch nehmen, ein anderes Mal mögen Akteure eher vom Netzwerk profitieren, ohne selbst viel beizusteuern. Ebenso oszillieren die Entscheidungen bei Fragen nach Art des Besitz-, Konflikt- und des Subventionsdilemmas.

Folglich obliegt der Netzwerkkoordination grundsätzlich auch immer eine Balancierung der in Netzwerken in besonderer Weise ausgeprägten Spannungsverhältnisse – Sydow bezeichnet diese Tatsache im Kontext von interorganisationalen Netzwerken der freien Wirtschaft als „*Management von Spannungsverhältnissen*" (Sydow 2010, S. 400; s. a. Abb. 19).

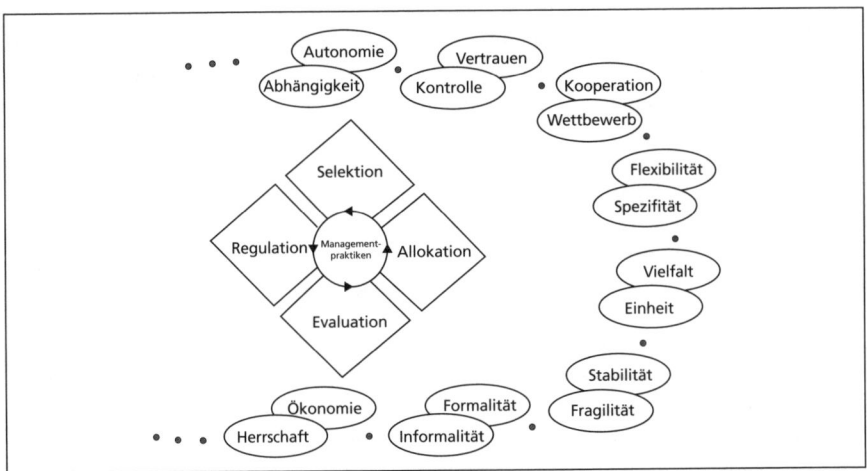

Abb. 19: Netzwerkmanagement als Management von Spannungsverhältnissen (Sydow 2010, S. 404)

Die *Netzwerkmoderation* hat daher die *Aufgabe*, die Netzwerkkoordination in der Bewältigung der oben genannten vier Dilemmata zu unterstützen. Sie wird hierbei nur kurzfristig eine Extremposition empfehlen. Langfristig hingegen sind die Dilemmata nicht durch Extrempositionen zu bewältigen, sondern nur durch „die Oszillation zwischen den Dilemmahörnern" (Aderhold/Wetzel 2005, S. 21). Objektiv gegebene Dilemmata lassen sich durch eine Position des ‚Basta' schlechterdings nicht bewältigen. Akzeptiert man hingegen ihre Existenz als gegeben, so rückt die Netzwerkmoderation in einen besonderen Status, nämlich den eines funktionalen Netzwerkbestandteiles. Als solcher ist die Netzwerkmoderation eben kein nur vorübergehendes Krisenphänomen im Netzwerk, sondern vielmehr eine permanent notwendige Aufgabe. Sie wird in allen Netzwerken auch tatsächlich wahrgenommen – oftmals explizit und gelegentlich auch implizit und alltäglich, ohne dass dies den Netzwerkakteuren bewusst wäre. Moderationsprozesse sind somit in Netzwerken ubiquitär, und sie existieren unabhängig davon, wie bewusst sie geschehen.

Blickt man hiervon ausgehend auf *Methoden zur Konfliktmoderation und Ressourcenmobilisierung im Netzwerk,* so findet sich auch dazu eine breite Literatur, die an dieser Stelle jedoch nicht vollständig referiert werden kann. Stattdessen wird das Augenmerk auf spezielle Aspekte für *institutionell geprägte Netzwerke* (d. h. künstliche Netzwerke, s. Kap. 1.1.4) gelenkt, da dieser Netzwerktyp den Schwerpunkt der Ausführungen des Lehrbuches bildet. Er unterscheidet sich vom Netzwerktyp der egozentrierten Netzwerke (d. h. natürliche Netzwerke, s. Kap. 1.1.4) dadurch, dass die in ihm vorhandenen Konflikte tendenziell unterschiedlich gelagert sind: In egozentrierten Netzwerken sind Konflikte stärker subjektiv und von gegenseitigem Misstrauen geprägt, was häufig eine Vorgeschichte in biografischen Verletzungen hat und auf persönliche Bedürfnisse der Akteure verweist. In institutionell geprägten Netzwerken hingegen sind Konflikte stärker durch objektiv divergierende Interessen geprägt, was häufig auf materielle und fachliche Konflikte zwischen den beteiligten Institutionen zurückgeführt werden kann. Dies bedeutet, dass die Akteure in egozentrierten Netzwerken demnach tendenziell einem persönlich geprägten Habitus folgen, während Akteure in institutionell geprägten Netzwerken ihren Habitus aus ihrer institutionellen Delegation ableiten. Selbstverständlich sind in beiden Netzwerktypen realiter Mischformen zu finden. Darüber hinaus existieren innerhalb der beiden Netzwerktypen wiederum speziell ausgerichtete Netzwerke (wie z. B. regional ausgerichtete institutionelle Netzwerke), die ihrerseits jeweils spezifischen Konfliktlagen unterliegen (s. z. B. Bauer 2005, S. 19 f.).

In institutionell geprägten Netzwerken liegen die Konflikte also stärker objektiv, d. h. als Interessenkonflikte zwischen den Akteuren vor. Im Zuge der zunehmenden Ökonomisierung auch in der Sozialwirtschaft hat insbesondere die Konkurrenz zwischen sozialen Einrichtungen zugenommen, und gleichzeitig besteht die Erwartung, dass alle miteinander im Netzwerk kooperieren. Diese Gleichzeitigkeit von Konkurrenz und Kooperation wird in der Literatur mit dem Kunstwort der Koopkurrenz beschrieben (Schönig 2015) (s. Kap. 2.1.3). Ein Großteil der Moderationsaufgaben in institutionell geprägten Netzwerken geht daher mehr oder weniger von vorhandenen Koopkurrenzproblemen aus. *Koopkurrenzprobleme* können dabei sehr unterschiedliche Gestalt annehmen: Sie können dazu führen, dass sich fachlich eng beieinander liegende Akteure bekriegen, ebenso kommt es vor, dass einige ‚befreundete' Einrichtungen eine Fraktion des Netzwerks bilden und damit den offenen Diskurs unterlaufen. Oftmals werden auch Interessenkonflikte durch kompliziert abgesteckte Claims zumindest für einen gewissen Zeitraum beruhigt. In jedem Fall jedoch ist es für die Akteure, die aus konkurrierenden Institutionen in ein Netzwerk delegiert werden, ein heikles Unterfangen, ihrer doppelten Loyalität – der eigenen Institution und dem Netzwerk sowie sogar anderen Netzwerken gegenüber – gerecht zu werden (s.

Kap. 2.1.2). Nicht selten sind solche Konflikte letztlich nicht lösbar, und die Akteure verlassen dann das Netzwerk (Netzwerke sind Dramen, s. Kap. 2.1.1).

Hieraus ergeben sich schließlich *zwei Handlungsansätze der Netzwerkmoderation* in institutionell geprägten Netzwerken: Zum einen hat sie die Aufgabe, auf den Mehrwert und die Reziprozität des Mitwirkens aus Sicht der einzelnen Akteure zu achten, da sonst das Netzwerk aus ökonomischen Gründen scheitert. Zum anderen ist hier der Aspekt der Netzwerkkultur von besonderer Bedeutung. Die Relevanz der Netzwerkkultur folgt schon aus dem Thema eines institutionell geprägten Netzwerks: Das Thema (z. B. ‚Jugendhilfe in der Nordstadt') ist vergleichsweise abstrakt, zumindest ist es nicht so konkret wie das Thema eines egozentrierten Netzwerks einer konkreten Person. Angesichts seines abstrakten Themas ist die *Kooperationskultur* im institutionell geprägten Netzwerk von besonderer Bedeutung. Sie ist die erste zentrale Aufgabe der Netzwerkmoderation. Die Moderation soll mit der Netzwerkkultur einen „eigenen Geist" (Teller/Longmuß 2007, S. 100) entwickeln. Hierzu ist die persönliche Begegnung der Akteure ebenso unabdingbar wie Spielregeln der Kommunikation. Hinzu treten insbesondere auch die Würdigung von Erfolgen und identitätsstiftende Maßnahmen wie die Entwicklung eines Logos und eines Internetauftrittes. Haben die Akteure aus frühen Erfolgen eine konstruktive Zusammenarbeit gelernt und hierbei gegenseitiges Vertrauen aufgebaut, so ist eine Gemeinschaft entstanden, die das weitere Arbeiten wesentlich erleichtert (Identität durch gemeinsame Story, s. Kap. 2.1.1). Vor allem bei der Konfliktbewältigung kann die Kooperationskultur das Netzwerk über weite Strecken, wenn auch nicht unbegrenzt, tragen.

Aspekte der Netzwerkkultur sind somit ein konstruktiver, transparenter und authentischer Umgang miteinander, die Übernahme von Verantwortung, die Bereitschaft zum Lernen und ganz generell die Identifikation mit dem Netzwerk. Jeder dieser Punkte ist für die Akteure nicht leicht umzusetzen, da sie ja gleichzeitig die möglicherweise divergierenden Interessen ihrer Institutionen vertreten sollen. Es ist daher von Vorteil, wenn die *Moderation* einerseits klare Kommunikationsregeln aufstellt und den Prozess begleitet, andererseits aber auch als Motivator und Anwalt des Netzwerks an sich auftritt. Beide Elemente – die *rationale Prozessgestaltung und die emotionale Motivationsarbeit* – sind komplementär und können einander nur begrenzt kompensieren: Ohne eine vernünftige Prozessgestaltung wird das Netzwerk immer wieder unter Blockaden leiden, welche zu Frustration führen und die Netzwerkkultur ruinieren; ohne eine motivierende Moderation schaukeln sich kleine Krisen leicht auf, indem die Akteure die Kommunikationsregeln kurzerhand übergehen. Eine gute Moderation versteht es, beiden Aspekten gerecht zu werden. Dennoch sind auch bei einer gut ausgebauten Kooperationskultur *Konflikte* unvermeidlich. Grundsätzlich sind in Netzwerken – da es sich ja um eine operativ offene Struktur handelt – alle Aspekte konflikträchtig, insbesondere sind objektive Interessenkonflikte, Vorgehenskonflikte zu Verfahrensfragen und persönliche Konflikte zu unterscheiden, die in institutionell geprägten Netzwerken zudem nicht selten kombiniert als Konflikte auf mehreren Ebenen auftreten (Teller/Longmuß 2007, S. 166ff.). Da in institutionell geprägten Netzwerken gleichzeitig jedoch eine Norm des professionell–

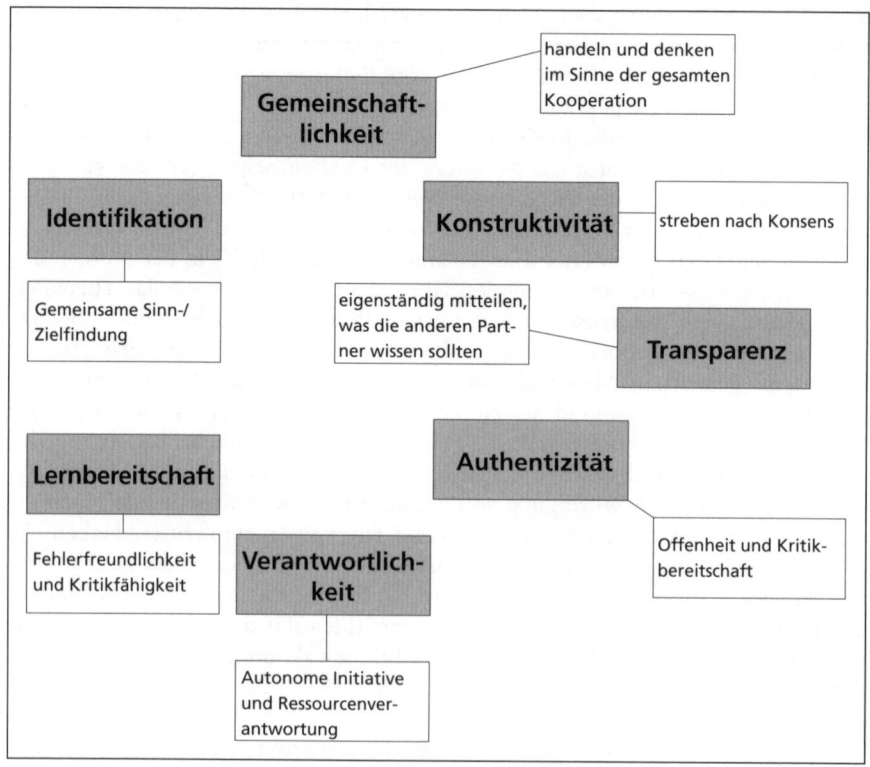

Abb. 20: Aspekte der Netzwerkkultur (nach Teller/Longmuß 2007, S. 98)

freundlichen Miteinanders vorherrscht, sind die entsprechenden Konfliktlagen für die Moderation recht anspruchsvoll und in der Regel auch anspruchsvoller als jene in egozentrierten Netzwerken.

Aufgabe der Netzwerkmoderation ist daher in jedem Fall, mögliche Konflikte zwischen den Akteuren so früh wie möglich zu erkennen und zu bewerten. Hierbei hilft zum einen die Kenntnis verbaler und nonverbaler *Gesprächsführung*. Zum anderen können *Checklisten und Fragebögen* dazu genutzt werden, Probleme in Standardsituationen zu identifizieren.

In offenen Settings können zudem die bekannten *Moderationsmethoden* wie Metaplan, Partnerinterviews, die fortgesetzte Ursachenfrage und das World-Cafe eingesetzt werden, um den Problemen und ihren Ursachen auf den Grund zu gehen (ebd., S. 122–126). Letztlich werden sich diese Ursachen immer auf *Konflikte im Netzwerk* zurückführen lassen, da die einzelnen Netzwerkakteure in unterschiedlichem Ausmaß die Probleme verursachen oder von den Problemen in unterschiedlichem Ausmaß betroffen sind. Dieser unterschiedliche Problembezug der einzelnen Akteure ist dann der Kern der Konflikte im Netzwerk. Die mit den Problemen bei den Standardsituationen angesprochenen Konflikte liegen auf der Hand: Sie beziehen sich auf Konkurrenz/Interessenkonflikte zwi-

Tab. 11: Kontrollfragen zu Standardsituationen eines Netzwerks (Teller/Longmuß 2007, S. 198f.)

	Im Netzwerk besteht zu viel Konkurrenz ☐ ja ☐ nein
	Falls ‚ja', wer sind die ‚Treiber' der Kunkurrenzsituation, und welche Maßnahmen wollen Sie hierfür ergreifen?
	Im Netzwerk gibt es einen Problemstau ☐ ja ☐ nein
	Falls ‚ja', was sind die Ursachen hierfür, und welche Maßnahmen wollen Sie ergreifen?
	Es fehlt eine klare Entwicklungsperspektive ☐ ja ☐ nein
	Falls ‚ja', was sind die Ursachen, und welche Maßnahmen wollen Sie diesbezüglich ergreifen?
	keiner kümmert sich ☐ ja ☐ nein
	Falls ‚ja', was sind die Ursachen (Überlastung, Blockaden, keine Zuständigkeiten, keine Motivation?), und welche Maßnahmen wollen Sie hierfür ergreifen?
	die Ziele stimmen nicht mehr ☐ ja ☐ nein
	Falls ‚ja', worin zeigt sich das, und welche Maßnahmen wollen Sie ergreifen?
	die Partner sind nicht ‚stark' genug ☐ ja ☐ nein
	Falls ‚ja', worin zeigt sich das, und welche Maßnahmen wollen Sie ergreifen?
	die Erfolge stellen sich nicht schnell genug ein ☐ ja ☐ nein
	Falls ‚ja', was sind mögliche Ursachen, und welche Maßnahmen wollen Sie ergreifen?
	Entscheidungen dauern zu lange ☐ ja ☐ nein
	Falls ‚ja', woran liegt das, welche Verkürzungen der Entscheidungsprozesse sind denkbar, und welche Maßnahmen wollen Sie ergreifen?

schen einem oder mehreren Akteuren, sie thematisieren einen Problemstau, mangelnde Entwicklungsperspektiven, Passivität, eine Schwäche der Akteure, unklare Ziele und andere Aspekte, die jeweils als Symptome für grundlegendere Konflikte angesehen werden können. Vor allem ist die Nichtbearbeitung von zentralen Problemen ein so starkes Krisensignal, dass das betreffende Netzwerk in eine Existenzkrise geraten kann oder schon geraten ist.

Es ist daher unbedingt notwendig, die *Krisensymptome möglichst früh zu erkennen und am besten im laufenden Prozess zu bearbeiten*. Eine offene Diskussion von Konflikten im Plenum ist allerdings bei institutionell geprägten Netzwerken wenig erfolgreich, da für die Akteure ein Gesichtsverlust droht. Konflikte haben insofern durchaus Vorrang. Nur sollte diese Aussprache nicht automatisch Gegenstand einer Plenumsdiskussion sein; sie droht sonst entweder zu ersticken oder zu eskalieren. Unbedingt vorzuziehen sind hingegen informelle Gespräche mit einzelnen Akteuren – seien es die unmittelbar am Konflikt beteiligten oder andere Akteure, mit denen analoge Gespräche geführt werden. Zur Lösung von Netzwerkkonflikten sind aber auch alternative und eher unkonventionelle Konfliktbewältigungsansätze wie z. B. die Themenzentrierte Interaktion denkbar (s. Kap. 2.2.1).

Quilling et al. (2013, S. 17) weisen darauf hin, dass neben der Netzwerkkoordinationsstelle, die ihrer Ansicht nach ein absolutes Minimalkonzept v. a. für kleine Netzwerke darstellt und in der die Autonomie der Partner weitestgehend erhalten bleibt, *weitere (Steuerungs-)Modelle* je nach Größe und Konstitution des spezifischen Netzwerks denkbar sind. Zum einen nennen sie die ‚*Clearingstelle*', die im Netzwerk eine herausgehobene, aber neutrale Stellung mit eigenem Auftrag (z. B. als Schieds- und Entscheidungsstelle) hat. Vorteile der Clearingstelle liegen in ihren Handlungsoptionen ähnlich einer Geschäftsstelle, Nachteile sind im Kontext der aus der Entscheidungshoheit resultierenden Machtasymmetrie zu erwarten. Zum anderen führen sie den ‚*Runden Tisch*' an, der einen gleichberechtigten und demokratischen Arbeits- und Diskussionsprozess innerhalb kleiner, übersichtlicher Netzwerke ermöglicht. In dieser offenen Struktur sind alle Organisationen gleichgestellt und tragen gemeinsam Verantwortung. Auch lassen sich neue Akteure vergleichsweise leicht integrieren. Dieses Steuerungsmodell verursacht aber im Gegenzug einen hohen Zeitaufwand und fordert allen Beteiligten eine hohe Disziplin ab – v. a. wenn es zu endlosen, unfruchtbaren Diskussionen kommt. Über grundsätzliche Aspekte, Herangehensweisen sowie Erfolgsfaktoren in Bezug auf Runde Tische referiert auch die Stiftung Mitarbeit (2010) in einer exklusiven Publikation.

📖 Gut zu wissen – gut zu merken

Die folgenden Wiederholungsfragen betreffen ausgewählte Aspekte der Netzwerkforschung und fordern zur eigenen Stellungnahme auf. Die Fragen sind den einzelnen Gliederungspunkten zugeordnet.

Theoretische Grundlagen
- Was sind die zentralen Merkmale eines Netzwerks? Nennen Sie historische und aktuelle Beispiele sozialer Netzwerke und skizzieren Sie deren Bedeutung

für die Soziale Arbeit. Teilen Sie die Auffassung, dass die Netzwerkperspektive ein notwendiges neues Paradigma darstellt (Kap. 1.1.1)?
- Was spricht dafür, die Konkurrenz (und nicht die Kooperation!) als grundlegenden Interaktionsmodus des Menschen aufzufassen? Was kennzeichnet allgemein eine Kooperation, und inwiefern sind Kooperationen – und damit Netzwerke – generell fragil? Erläutern Sie eines der skizzierten spieltheoretischen Modelle, und hinterfragen Sie es mit Blick auf seine Praxisrelevanz und ggf. eigene Erfahrungen (1.1.2).
- Nach welchen Merkmalen können Netzwerk und System unterschieden werden? Wo liegen die Stärken/Schwächen eines Systems und wo diejenigen eines Netzwerks? Erläutern Sie allgemein und an Beispielen, wann in der Sozialen Arbeit Systeme und wann hingegen Netzwerke die bessere Organisationsform sind (1.1.3).
- Skizzieren Sie die dreiteilige Netzwerktypologie nach Straus, und nehmen Sie ergänzend eine weitere Differenzierung tertiärer Netzwerke nach Bauer oder Schubert vor. Welche Netzwerktypen und Themen zeigen sich bei der gleichzeitigen Beachtung der Dimensionen operative Offenheit/Geschlossenheit sowie Nähe/Distanz? Wo sind Ihnen praktisch unterschiedliche Netzwerktypen begegnet, und inwiefern haben diese Netzwerke Probleme gelöst (1.1.4)?
- Erläutern Sie, inwiefern Netzwerke gut zum Konzept des aktivierenden Sozialstaats passen. Wo sehen Sie jedoch Probleme bei der Vernetzung mit der Sozialverwaltung (,Schatten der Hierarchie') und mit der Politik (,Schatten der Wahltermine')? Haben Sie bereits praktische Erfahrungen mit Konflikten zwischen Netzwerkkooperation und hierarchischem Steuerungsanspruch gemacht (1.1.5)?
- Was bedeutet es, wenn von der Netzwerkorientierung als ,Arbeitsprinzip der Sozialen Arbeit' gesprochen wird? Nennen Sie Beispiele, an denen deutlich wird, dass das Prinzip Netzwerkorientierung Disziplin und Profession der Sozialen Arbeit durchdringt. Welche der Handlungskompetenzen Sozialer Arbeit nach v. Spiegel sind bei der Netzwerkorientierung gefordert? Wie bewerten Sie praktisch die rechtlichen Rahmenbedingungen der Netzwerkorientierung, wie sie insbesondere im Sozialgesetzbuch vorgegeben sind (1.1.6)?

Empirische Netzwerkanalyse
- Warum ist eine einzelne Person in der Regel überfordert, ein gesamtes Netzwerk zu überblicken, und was folgt daraus für die empirische Netzwerkforschung? Erläutern Sie den Begriff der Dyade anhand eines Beispiels, und diskutieren Sie Vor- und Nachteile der nominalistischen und der realistischen Methode der Netzwerkabgrenzung. Wann bietet sich im Kontext der Sozialen Arbeit die eine, und wann bietet sich die andere Methode an (Kap. 1.2.1)?
- Wie werden Beziehungen in einer Liste, und wie werden sie in einer Matrix dargestellt? Inwiefern sind in einer Matrix symmetrische Beziehungen leicht zu erkennen, und wie können dort unterschiedliche Beziehungsintensitäten vermerkt werden? Erläutern Sie anhand eines einfachen Beispiels die grafische Darstellung von Netzwerken in der Standardversion sowie als Kreis und nach

Hauptkomponenten. Welche der Darstellungsformen ist Ihrer Ansicht nach in der Sozialen Arbeit in welchen Bezügen besonders nützlich (1.2.2)?
- Welche Kennzahlen beschreiben ein Gesamtnetzwerk, und welche die Position einzelner Knoten/Akteure im Netzwerk? Berechnen Sie an einem selbstgewählten Beispiel Dichte, Reziprozität, Grad-Zentralität, Nähe-Zentralität und Kontrollgrad. Wie interpretieren Sie ihre Ergebnisse? Wann können in der Sozialen Arbeit Kennzahlen des Gesamtnetzwerks und wann Kennzahlen für einzelne Personen sinnvoll berechnet werden? Haben Sie hier Beispiele vor Augen (1.2.3)?
- Wie ist eine egozentrierte Netzwerkkarte strukturiert? Erläutern Sie die Bedeutung und den Prozess der Netzwerkerfassung im Dialog zwischen Netzwerkforscher und Ego. Diskutieren Sie die Frage, ob die Netzwerkerfassung eher mit Stift und Papier oder mit Computerunterstützung geschehen soll. In welchen Handlungsfeldern der Sozialen Arbeit spielen egozentrierte Netzwerke eine wichtige Rolle (1.2.4)?

Besondere Methoden
- Welchen Bezug hat die Sozialraumorientierung zur Netzwerkorientierung, und inwiefern werden im Sozialraum Bewohnergruppen als Milieus vernetzt? Grenzen Sie Sozialraumorientierung von Gemeinwesenarbeit ab, und diskutieren Sie die Vor- und Nachteile der traditionellen Gemeinwesenarbeit gegenüber der neueren Sozialraumorientierung (Kap. 1.3.1).
- Skizzieren Sie die besondere Bedeutung und Methodik der aktivierenden Befragung. Halten Sie in Zeiten eines zunehmenden Rückzugs ins Private die aktivierende Befragung noch für zeitgemäß (1.3.2)?
- Netzwerke sind sich verändernde Strukturen und folgen als solche einem typischen Phasenverlauf. Erläutern Sie die Phasen und korrespondierende Handlungsansätze, mit denen die Qualität der Netzwerkarbeit erhalten und gesteigert werden kann. Welche Kompetenzen sind dazu von der Netzwerkkoordination gefordert, und welche Rollenverteilung ist empfehlenswert? Sind Sie der Ansicht, dass Netzwerkkulturen beeinflusst und für die praktische Netzwerkorientierung genutzt werden können (1.3.3)?

Weiterführende Literatur

Bauer, Petra; Otto, Ulrich (Hrsg.) (2005): Mit Netzwerken professionell zusammenarbeiten, Band II: Institutionelle Netzwerke in Steuerungs- und Kooperationsperspektive. Tübingen: DGVt.

Jansen, Dorothea (2006): Einführung in die Netzwerkanalyse. Grundlagen, Methoden, Anwendungen. 3. Aufl. Wiesbaden: VS.

Schubert, Herbert (2008): Netzwerkkooperation – Organisation und Koordination von professionellen Vernetzungen. In: Schubert, Herbert (Hrsg.): Netzwerkmanagement. Koordination von professionellen Vernetzungen – Grundlagen und Praxisbeispiele. Wiesbaden: Verlag für Sozialwissenschaften, S. 7–105.

Stegbauer, Christian; Häußling, Roger (Hrsg.) (2010): Handbuch Netzwerkforschung. Wiesbaden: VS.

2 BEISPIELE AUS DER NETZWERKPRAXIS

„Wir sind alle überzeugte Netzwerktäter." *(Krücken/Meier 2003, S. 71)*

Was Sie in diesem Kapitel lernen können

Im nun folgenden Praxisteil illustrieren konkrete Fallbeispiele zentrale allgemeine (Kap. 2.1) und spezielle Aspekte (Kap. 2.2) aus der Netzwerkpraxis. Diese werden für den Leser jeweils mit Blick auf ihre allgemeine Bedeutung eingeführt, sodann skizziert und abschließend bewertet. So kann der Leser zunächst für virulente Themen der Netzwerkorientierung sensibilisiert werden, um sich in einem zweiten Schritt mit unterschiedlichen professionellen Handlungsoptionen auseinanderzusetzen und deren Konsequenzen zu analysieren. Auch hier werden abschließend Wiederholungsfragen bereitgestellt.

Es sei erwähnt, dass sich die einzelnen Fallbeispiele dabei in der Regel nicht auf reale Fälle beziehen, sondern sie vereinfacht und pointiert sind, um jeweils einen Aspekt herausstellen zu können. Eine Ähnlichkeit mit realen Fällen wäre daher rein zufällig.

2.1 Allgemeine Aspekte der Netzwerkpraxis

2.1.1 Identität durch gemeinsame Story: Netzwerke sind Dramen

Gerade weil Netzwerke operativ offen sind und nicht durch feste Regeln zusammengehalten und gesteuert werden, brauchen sie umso mehr das Verbindende einer gemeinsamen Geschichte – einer identitätsbildenden Story. Gruppen entwickeln diese Story im Verlauf ihrer Gruppenphasen, wie sie von Wilfred Bion, Bruce Tuckman und anderen beschrieben worden sind. In der Sozialen Arbeit hat vor allem der Beitrag von Bernstein/Lowy (1969) Beachtung gefunden und ist Grundlage des folgenden Schemas (vgl. aktuell z. B. auch Schmidt-Grunert 2009). Nach diesem Gruppenmodell durchlaufen Gruppen – also auch soziale Netzwerke – in aller Regel fünf Gruppenphasen: Orientierung, Konflikt, Konsolidierung, Durchführung und Auflösung. Jede dieser Phasen trägt mit ihren Ereignissen zur gemeinsamen Story eines Netzwerks bei, wenngleich auch zwei Phasen besonders geeignet sind, zu einer positiven, identitätsbildenden Story beizutragen.

1. *Orientierung:* Diese Phase ist besonders identitätsbildend, da hier gleichsam der Gründungsmythos eines Netzwerks entsteht und formuliert wird. Wer waren die Initiatoren? Was war ihr Anliegen, und welches Problem existierte damals? Wie hat die Außenwelt zunächst auf das Netzwerk reagiert? Gab es Gegengründungen?

2. *Konflikt:* Nach der Gründung haben oftmals Konflikte dazu geführt, dass früh einige Gründungsmitglieder das Netzwerk wieder verlassen haben. Wer sind diese Personen/Institutionen, und warum sind sie gegangen? Wer ist geblieben und hat das Netzwerk weiter geprägt? Was ist bei dem Konflikt geklärt worden, und was offengeblieben?
3. *Konsolidierung:* Diese Phase ist eher ruhig und konfliktfrei und trägt daher wenig zur Story bei.
4. *Durchführung:* Junge Netzwerke haben diese Phase evtl. noch nicht erreicht und können daher nichts berichten. Ältere Netzwerke haben hingegen in ihr Erfolgserlebnisse, welche die Identität besonders prägen. Was wurde erreicht und warum? Wer hat was geleistet? Wie hat die Umwelt reagiert? Haben sich kleinere Anekdoten überliefert?
5. *Auflösung:* In der Auflösungsphase wird häufig erwähnt, dass das Netzwerk nicht mehr das alte Netzwerk ist, dass Initiatoren gegangen sind und dass sich der Kontext verändert hat. Was konkret hat sich geändert? Welche Schlüsselpersonen haben das Netzwerk verlassen? Warum trägt die alte Story nicht mehr?

Befragt man nun die Akteure in einem Netzwerk, so werden sie gerne, viel und gelegentlich auch im Übermaß Geschichten und Anekdoten zur Story des Netzwerks erzählen. Das ist verständlich, denn hier geht es um Fragen des institutionellen Sinns, des Erfolgs und des Scheiterns. Erfolgreiche, langlebige Netzwerke haben eine starke Story. Die Akteure verbinden die gemeinsam durchlebten Krisen („Da standen wir kurz vor dem Abgrund"), es gibt feststehende Redewendungen („Nur für Insider!"), und man beruft sich auf dieselben Schlüsselszenen („So war das damals, heute klingt das unglaublich …").

Erfolgreiche Netzwerke sind zudem in der Lage, sich einem veränderten Kontext anzupassen und ihre Geschichte vor dem Hintergrund neuer Rahmenbedingungen neu zu interpretieren. Im Sinne einer mündlichen Überlieferung (methodisch: oral history) kann der Gründungsmythos entwickelt und uminterpretiert werden. Dann allerdings besteht die Gefahr, dass der Mythos nicht mehr einheitlich aufgefasst und damit letztlich geschwächt wird. Daher kann die schriftliche Fixierung der Story (nach Art der written history), wie sie gelegentlich auch in Netzwerken vorkommt, einerseits dazu dienen, die Identität des Netzwerks zu festigen, andererseits kann sie aber auch dessen weitere Entwicklung einengen und hemmen. Es wundert daher nicht, dass Netzwerke in ihrer offenen Anlage – im Gegensatz zu Systemen – meist nicht dazu neigen, ihre Geschichte schriftlich zu fixieren.

Abbildung 21 illustriert, welche Netzwerkphase welchen Beitrag zur Story eines Netzwerks liefern kann. Vor allem sind hier zwei Phasen zu nennen: erstens die frühe Phase von Orientierung und Konflikt (Gründungsmythos) und dann die Phase der Durchführung (gemeinsame Erfolgsgeschichte). Umgekehrt tragen die Phasen der Konsolidierung und der Auflösung weniger zur Story bei, zumindest sind sie eher Phasen der Reflexion als des Dramas. Da jedoch letztlich die Dramen in Erinnerung bleiben, so sind der Gründungsmythos und die Erfolgsgeschichte prägend für die Story eines Netzwerks.

Allgemeine Aspekte der Netzwerkpraxis 113

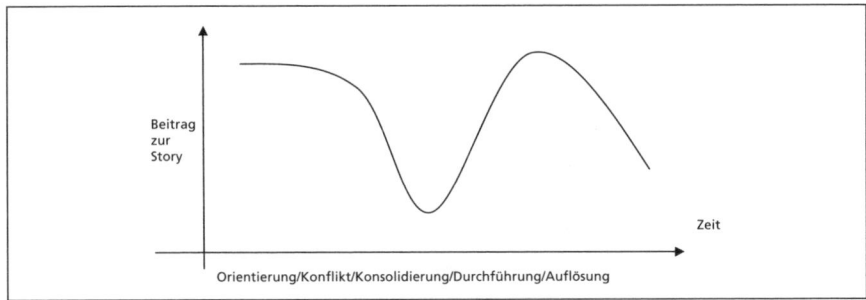

Abb. 21: Netzwerkphasen und ihr Beitrag zur Identitätsbildung

Fallbeispiel: Das ‚Netzwerk Wohnungslosenhilfe'

In einer Großstadt hat seit jeher die Wohnungslosenhilfe einen hohen Stellenwert, zum einen als Ausdruck eines christlich geprägten Sozialethos und zum anderen aufgrund einer bürgerlich-liberalen Grundhaltung, nach welcher Wohnungslosigkeit ohne Zweifel ein Feld notwendiger sozialpolitischer Unterstützung ist. Beides führte dazu, dass eine Vielzahl von Handlungskonzepten für Wohnungslose umgesetzt wurde.

Auf dieser Grundlage hat die Stadt in den 1980er Jahren eine gewisse Attraktivität für Menschen in Wohnungslosigkeit entwickelt, wodurch im öffentlichen Raum die Szene deutlich sichtbar wurde. Die weiteren Folgen – zunehmender Drogenkonsum, Bettelei, Schlafplätze im öffentlichen Raum – wurden zunächst nur kritisch vermerkt. Mit der Wirtschaftskrise in der Mitte der 1990er Jahre sowie den ‚neoliberalen' wirtschafts- und sozialpolitischen Reformen schlug jedoch die Stimmung in der Stadt gleichsam um und wendete sich gegen die Wohnungslosen und das Hilfesystem. Mit Blick auf das neue Selbstverständnis der Stadt als Tourismusziel und Standort moderner Dienstleistungen wurden nun Wohnungslose und die Drogenszene aus der Innenstadt verdrängt, und die Szene verstreute sich an den Stadtrand, wo sie kaum noch zu erreichen war.

Hier beginnt die Story des ‚Arbeitskreises Wohnungslosenhilfe', einem Netzwerk engagierter Einrichtungen niedrigschwelliger, sozialraumorientierter Arbeit mit wohnungslosen Frauen und Männern. Wichtig ist ihre Identität als Reaktion auf eine restriktivere Politik der Stadt, d. h. als eine Art Gegenmacht in Opposition zum Hilfesystem, aber auch als Teil des Hilfesystems. Das Netzwerk umfasst nur einen Teil der lokalen Einrichtungen der Wohnungslosenhilfe, dabei jedoch die engagierten und mutigen Akteure, die sich zum einen untereinander absprechen und zum anderen auch immer wieder durch öffentliche Aktionen auf sich aufmerksam machen. Beides formt die Identität des Arbeitskreises, wenn man etwa auf neue Richtlinien und Projekte aus der Sozialverwaltung abgestimmt und oftmals auch ablehnend reagiert oder sich direkt mit Plakataktionen und Demonstrationen vor dem Rathaus an die Öffentlichkeit wendet.

Im Laufe der Jahre hat nun die Stadt einen moderateren Kurs eingeschlagen, und zudem sind einige der Gründungsakteure wieder aus dem Netzwerk ausgeschieden. Insgesamt ist damit die Story des ‚Arbeitskreises Wohnungslosenhilfe' deutlich verblasst. Er existiert nach wie vor, ist jedoch heute weniger konfrontativ und arbeitet als Netzwerk pragmatisch und solidarisch an aktuellen Themen. Hierdurch hat sich das Netzwerk dem veränderten Kontext angepasst und ist auf dem Wege, ein weiteres Kapitel seiner Geschichte zu schreiben.

Fallbeispiel: Vernetzte Seniorenvertretungen

Eine Landesregierung regt Anfang der 2000er Jahre die Gründung von Seniorennetzwerken an, um hierdurch vor Ort besser auf die Herausforderungen des demografischen Wandels vorbereitet zu sein. Auf diese Anregung hin wird in einem Landkreis fünf Jahre später ein Netzwerk gegründet, in dem einzelne Kommunen sowie die Wohlfahrtsverbände vertreten sind. Der Landrat unterstützt lokale Gründungen von Seniorennetzwerken auch mit finanziellen Mitteln, so dass sich eine Vielzahl engagierter Bürger einbringt. Sie wirken in den Netzwerken vor Ort sowie im Gesamtnetzwerk auf Kreisebene mit. Aufgrund des breiten Engagements hat das Landesministerium das Seniorennetzwerk im Jahr 2010 als vorbildlich ausgezeichnet, seither jedoch sind Krisensymptome unverkennbar.

Das Seniorennetzwerk ist zum einen durch die enge Anbindung an Politik und Wohlfahrtsverbände eingeengt, was engagierten Senioren ein freies Arbeiten unmöglich macht. Zum anderen sind die lokalen Netzwerke untereinander zerstritten und können sich kaum auf gemeinsame Themen einigen, da die lokale Situation zu unterschiedlich ist. Mehr noch: Die Engagement-Elite ehrenamtlicher Führungskräfte, Akademiker und Kommunalpolitiker ist nicht repräsentativ und in der Bevölkerung letztlich isoliert.

Ein Grund für diese Krise mag in der schwachen Story des Netzwerks liegen – es erstickt an einer übermäßigen Konsensorientierung und ist ein zahnloser Tiger. Weder wurde das Netzwerk gegen Widerstände gegründet, noch formuliert es kontroverse Forderungen oder bearbeitet offenkundige Missstände, da man eine Skandalisierung scheut. Die Story des Netzwerks ist eine Geschichte politischer Vernunft und bar jeder Dramatik, Solidarität und frühen Krise, welche zusammen dem Netzwerk eine Identität hätte geben können.

Geradezu zwangsläufig brechen nun die Konflikte zeitverzögert auf und können nicht mit Blick auf die Kraft der Story gelöst werden. Stattdessen schwelen die Konflikte im Hintergrund, lähmen die alltägliche Arbeit und machen sie für neue eintretende Ehrenamtler uninteressant und mühsam. Es entsteht mithin ein Rekrutierungsproblem, das deutlich spürbar ist, da ja die ehrenamtlichen Senioren gesundheitsbedingt nur einige Jahre mitwirken können. Letztlich führt dies im Laufe der Jahre zu einer immer stärkeren Dominanz der Professionellen aus Politik und Wohlfahrtsverbänden. Eine neue, interessante Story wird so nicht entstehen und das Netzwerk weiter kraftlos vor sich hin agieren. Eine Festschrift zum zehnten Jahrestag der Gründung – mit Grußworten des Landrats, des Liga-Sprechers und der Ministerin – ist bereits in Vorbereitung.

Die vorstehenden Illustrationen und Beispiele mögen belegen, dass Netzwerke Dramen sind, und eben jene Dramatik, der erlebte Missstand, das Risiko, die Möglichkeit des Scheiterns und der offene Konflikt schreiben jene Geschichte, durch die dem Netzwerk eine integrative Kraft zuwächst. Das Netzwerk Wohnungslosenhilfe hat seine Story durch den Konflikt mit der Außenwelt gebildet und gefestigt.

Netzwerke, die ‚von oben' initiiert und getragen werden, sollten sich daher ihres Identitätsproblems bewusst sein. Das Netzwerk der Seniorenvertretungen sollte an seiner Story arbeiten, tendenziell größer denken, selbst ‚nach oben' eine Abgrenzung suchen und damit aus der Konsenskultur ausbrechen. Geschieht das nicht, so könnten subtile Konflikte das Netzwerk bald lähmen.

2.1.2 Konkurrenz bei Gründung von Netzwerken: Loyalität und Reziprozität

Der Erfolg der Netzwerkorientierung in der Sozialen Arbeit (und darüber hinaus) hat in den letzten Jahren zu einer Vielzahl von Netzwerkgründungen geführt. Auf den unterschiedlichen Ebenen und in unterschiedlichen Handlungsfeldern existieren heute institutionelle Netzwerke unterschiedlicher Art, so dass – salopp formuliert – an Vernetzung an sich kein Mangel herrscht. Zwar gibt es immer noch unbearbeitete Themen und unzureichend vernetzte Strukturen, jedoch sind oftmals auch Doppelungen und konkurrierende Netzwerke zu beobachten.

Netzwerke stehen zunehmend im Wettbewerb zueinander, so dass die individuellen und institutionellen Akteure Gefahr laufen, sich in den Optionen der Netzwerkgesellschaft zu verstricken und dort mehr Ressourcen zu verlieren als zu gewinnen. Das Gros der Akteure ist heute zumindest in eine Matrixstruktur eingebunden, d. h. erstens horizontal in einem Netzwerk gleichberechtigter Institutionen, z. B. der Wohnungslosenhilfe, und darüber hinaus vertikal, d. h. in einem Netzwerk zusammen mit Vertretern der Sozialverwaltung bis hin zur Landes- und Bundesebene. Darüber hinaus existieren weitere fachübergreifende Vernetzungen in den einzelnen Sozialräumen in Gestalt von Stadtteilnetzwerken.

Jene etablierten Netzwerke sind teilweise über Jahrzehnte gewachsen und existierten als ‚Arbeitskreis' oder ‚Initiativgruppe' bereits in den 1960er Jahren, d. h. lange bevor derartige Strukturen als Netzwerk bezeichnet wurden. Entsprechend hoch ist das Selbstbewusstsein, und deutlich spürbar ist die Abwehrreaktion gegenüber neuen Netzwerkinitiativen. So werden die neuen Initiativen von den etablierten Netzwerken mindestens als Konkurrenz wahrgenommen, nicht selten auch als Provokation, da man in den etablierten Netzwerken der Ansicht ist, die neu vorgetragenen Themen bereits selbst hinreichend zu bearbeiten. Mit zunehmendem Vernetzungsgrad steigt somit die Gefahr, dass neue Netzwerke an den etablierten Strukturen scheitern. Angesichts komplexer Loyalitätsstrukturen müssen die neuen Netzwerke in besonderem Maße ihren Zusatznutzen belegen und damit das Reziprozitätskriterium erfüllen, d. h. die wechselseitigen Vorteile begründen können.

Letztlich sehen sich alle Akteure den Anforderungen einer komplexen Netzwerkloyalität gegenüber: Sie ist einerseits komplex, da die Entscheidungen bei einer Vielzahl von Unbekannten getroffen werden müssen, und es handelt sich zudem um ein Loyalitätsproblem, da in der ein oder anderen Weise persönliche Bindungen berührt werden. Gerade im sozialräumlichen kommunalen und lokalen Kontext sind – so klein ist die Welt – oftmals dieselben Akteure in unterschiedliche Netzwerke eingebunden, unterliegen insofern divergierenden Loyalitäten und haben wahrscheinlich auch persönliche Erfahrungen miteinander gemacht. Wird ein neues Netzwerk ins Leben gerufen, so sind die Akteure also keineswegs blauäugig und unbedarft.

Tab. 12: Matrix von Netzwerken sozialer Dienste in einer Stadt (Schönig/Primus 2009)

Handlungs-felder	Sozialräume							
	1	2	3 Programmgebiet 'soziale Stadt'	4	5	6	7 Programmgebiet 'soziale Stadt'	8
Kinder-/Jugendhilfe	1	2	3	4	5	6	7	8
	Nordstadt				Südstadt			
	Gesamtstadt							
Wohnungslosenhilfe	Nordstadt				Südstadt			
	Gesamtstadt							
Beruf und Bildung	Nordstadt				Südstadt			
Straffälligenhilfe	Gesamtstadt							
Interkulturalität	1	2	3	4	5	6	7	8
Gesamtstadt								

Tabelle 12 zeigt die unterschiedliche Vernetzungsstruktur einzelner Handlungsfelder in einer Stadt mit acht Sozialräumen. In diesem Beispiel sind die Kinder- und Jugendhilfe und die interkulturelle Arbeit in jedem Sozialraum eigenständig vernetzt und hier besonders intensiv in den beiden Programmgebieten der ‚sozialen Stadt'. Zusätzlich verfügt die Kinder- und Jugendhilfe noch über je eine Netzwerkstruktur in der Nord- und in der Südstadt sowie auf der gesamtstädtischen Ebene, während die interkulturelle Arbeit zusätzlich nur gesamtstädtisch vernetzt ist. Für Wohnungslosenhilfe und die Straffälligenhilfe wird in diesem Beispiel angenommen, dass die Vernetzung im Sozialraum weniger intensiv ist, was sich daran zeigt, dass nur eine Nord-Süd- und/oder gesamtstädtische Vernetzung stattfindet, während Beruf und Bildung nur je in der Nord- und in der Südstadt vernetzt sind. Ergänzt wird diese Matrixstruktur durch Facharbeitskreise der Verwaltung, Ausschüsse des Rates der Stadt, Arbeitskreise der politischen Parteien, Arbeitskreise der Wohlfahrtsverbände, lokale Agenda-Gruppen und überregionale Vernetzungen unterschiedlicher Intention.

In dieser Komplexität stößt das Netzwerkkonzept an eine Praktikabilitätsgrenze und scheitert an seinem eigenen Erfolg. Denn Netzwerke – und hier insbesondere die sozialräumlichen Netzwerke – werden gerade deshalb als leistungsfähig angesehen und eingerichtet, da sie fachlich und räumlich spezialisierte Akteure zusammenbringen (Problem der Matrixorganisation des Hilfesystems) (Schubert 2008, S. 20f.). Wenn nun aber diese Netzwerke ihrerseits nun auch noch eine Matrixstruktur bilden, so ist die Komplexität zu groß. Die Netzwerke können kaum noch Brücken zwischen den operativen Inseln schlagen, sondern benötigen ihrerseits Brücken, um ihre gegenseitigen Handlungsblockaden aufzulösen.

> **Fallbeispiel: ‚Präventionsnetzwerk Nordstadt' leidet unter Konkurrenz**
>
> In einer industriell geprägten Großstadt abseits der Ballungszentren, die seit vielen Jahren stark unter dem Strukturwandel leidet, konzentrieren sich die sozialen Probleme in ihrer Nordstadt. Sie verfügt daher schon seit vielen Jahren über eine gut ausgebaute Infrastruktur sozialer Einrichtungen mit entsprechend komplexer Vernetzung eingespielter Akteure. Bereits vor Jahren wurde die Nordstadt in das Förderprogramm der ‚Sozialen Stadt' aufgenommen, was die Vernetzung der Akteure vor Ort weiter stärkte.
>
> Nun hat sich akut aufgrund zunehmender Gewalttaten in der Nordstadt deren Image in der Öffentlichkeit nochmals deutlich verschlechtert, so dass die Kommunalpolitik alarmiert ist und ein neues ‚Nordstadt-Netzwerk Gewaltprävention' ins Leben ruft. Hierfür konnten Sondermittel eines überregionalen Trägers eingeworben werden, so dass das neue Netzwerk auch überregional beachtet wird.
>
> Den Akteuren vor Ort, z. B. aus den Bereichen Jugendhilfe, Schule, Ordnungsamt, Stadtteilmanagement und Polizei, bleibt somit nichts anderes übrig, als auch dem neuen Netzwerk beizutreten. Sie wirken formal mit, auch wenn sie intern der Ansicht sind, das Thema Gewaltprävention bereits hinreichend in den etablierten Netzwerken zu bearbeiten. So entwickelt sich die Arbeit im zusätzlichen Netzwerk mit den alten Akteuren recht schleppend. Zudem scheitert schon früh der Plan, weitere Akteure für die Mitarbeit zu gewinnen und hier besonders solche, die weder der öffentlichen Hand noch den sozialen Diensten angehören. Vertreter der örtlichen Wirtschaft wie auch die größeren Vereine und Pfarrgemeinden scheuen das Thema ‚Gewalt in der Nordstadt' und sehen sich zudem in alter Loyalität gegenüber den etablierten Netzwerkstrukturen. In einer Befragung geben selbst die im Nordstadt-Netzwerk aktiven Personen durchschnittlich an, nur sechs Stunden im Monat in die neue Netzwerkarbeit zu investieren. Zudem ist die Kommunikation der Akteure außerhalb des ‚Netzwerks Gewaltprävention', d. h. innerhalb der etablieren Netzwerke weitaus intensiver, so dass für die Akteure kein deutlicher Zusatznutzen der weiteren Netzwerkarbeit erkennbar ist.

> In den folgenden Jahren bessert sich zwar die Lage bezüglich der Gewalttaten in der Nordstadt nicht. Gleichwohl stellt das neue Netzwerk nach Ende des Förderzeitraums seine Arbeit ein, ohne dass viel Aufhebens davon gemacht wird.

Das Fallbeispiel zeigt, dass in der Nordstadt das Netzwerkkonzept an der ohnehin existierenden Komplexität der Vernetzungsstruktur scheitert und die einzelnen Akteure in Loyalitätskonflikte bringt. Personen, die in dem einen Netzwerk mächtige positive Stakeholder sind (d. h. Akteure mit einem starken eigenen Interesse am Erfolg des Netzwerks), können gerade aufgrund ihrer Vorvernetzung in einem anderen Netzwerk zu negativen Stakeholdern und einer kompetitiven Bedrohung werden. Beim Aufbau eines Netzwerks ist daher bei einer Stakeholderanalyse diesen Vorvernetzungen besondere Aufmerksamkeit zu schenken (Schubert 2008, S. 64–71, 87ff.).

Konkret geht es um die beiden Fragen, wer ein Interesse (stake) an dem neuen Netzwerk hat und ob dieses Interesse positiv oder negativ gerichtet ist. Hieraus lässt sich leicht eine Matrix mit Standardstrategien erstellen: Man bezieht diejenigen ein, die ein stark positives Interesse am Netzwerk haben, und versucht diejenigen außen vor zu lassen, die ein stark negatives Interesse haben. Letztere werden schlimmstenfalls im Netzwerk Obstruktion betreiben. Akteure mit einem geringen positiven oder negativen Interesse sind typischerweise an der Peripherie angesiedelt und müssen je nach Einzelfall bearbeitet werden.

Tab. 13: Stakeholder-Matrix eines Netzwerks (nach Schubert/Spiekermann 2009, S. 50)

		Interesse des Stakeholders am neuen Netzwerk	
		gering	hoch
Einfluss des Stakeholders auf das neue Netzwerk	gering	Bezugsakteure stehen dem Netzwerk indifferent gegenüber, fördern nicht und schaden nicht → Neue Entwicklungen im Blick behalten, die das Netzwerk betreffen können	Befreundete Interessen befürworten das Netzwerk, bringen sich jedoch nicht aktiv ein → Als Freunde wertschätzen und in die eigene Kommunikation nach außen einbauen
	hoch	Wichtige Opponenten und Konkurrenten arbeiten gegen das Netzwerk → Kontakt aufnehmen, werben und im Konfliktfall ignorieren	Wichtige Förderer und Akteure arbeiten für das Netzwerk → Kern des Netzwerks

Es liegt auf der Hand, dass gerade bei der Neugründung eines Netzwerks – gleichsam in der Art einer Marktforschung – die unterstützenden und konkurrierenden Interessen sondiert werden sollten. Das obige Schema bietet dazu eine vereinfachte Klassifikation, die immerhin eine erste Übersicht und Diskussion erleichtert.

In der Stakeholderanalyse mag durchaus eine besondere Kompetenz der Sozialen Arbeit liegen, soweit sie Interessen und Potenziale der einzelnen Gruppen im Blick hat und interpretieren kann. Wichtig ist dabei, nicht nur den freundlichen Äußerungen zu vertrauen, sondern nach den realen, nicht selten auch materiellen Interessen und nach Ereignissen in der Vorgeschichte zu suchen. Wer könnte also von der Neugründung eines Netzwerks profitieren, und wem würde es schaden? Wer steht dem neuen Netzwerk gleichgültig gegenüber? Wo gibt es alte Verletzungen und Rivalitäten? Jene Fragen verweisen auf Aspekte des Verstehens individueller Verhaltensweisen nach Art der Lebensweltorientierung, wie sie in der Sozialen Arbeit gängige Praxis ist. In letzter Konsequenz ist dann zu überlegen, ob die Neugründung eines Netzwerks wirklich Sinn macht oder ob sie mehr Widerstände hervorruft als sie Ressourcen mobilisieren kann. Nur eine sehr nüchterne Analyse im Vorfeld wird diese Fragen klären können und gegebenenfalls allen Netzwerkakteuren eine kraftzehrende Enttäuschung ersparen.

Ist das Netzwerk gegründet, so bedeutet die hohe Komplexität eine enorme Erschwernis für die Organisation von Netzwerken, da sich mögliche Probleme und Kooperationsblockaden nicht einfach identifizieren und lösen lassen, sondern bei den einzelnen Akteuren, insbesondere den institutionellen Akteuren, sehr unterschiedliche Gründe haben können. Zudem werden diese Probleme selten offen angesprochen. An die Stelle des klaren Interessenkonfliktes tritt das schlechte Bauchgefühl, und an die Stelle eines klaren Ausstiegs tritt eine subtile Obstruktion.

Angesichts der zunehmend ausdifferenzierten Netzwerkstrukturen ist es für die Akteure eine jeweils individuelle Entscheidung, ob sie sich fallweise vernetzen oder fallweise auch andere Wege gehen (vgl. auch Bauer 2005, S. 38). Wird den Akteuren – wie im Beispiel beschrieben und in der Praxis oftmals zu beobachten – diese Entscheidung faktisch genommen und werden sie in ein neues, zusätzliches Netzwerk hineingezwungen, so ist dies letztlich keine erfolgversprechende Strategie. Sie ist noch weniger erfolgreich, wenn das Thema des neuen Netzwerks – hier das Gewaltthema – letztlich von einem Teil der Zwangsmitglieder im Kern nicht als relevant oder gar vorrangig angesehen wird. In der Folge bleibt dann nur die Fassade des Netzwerks bestehen, dessen inhaltliche Arbeit aber recht beschränkt ist. Deutlich ist dieses Problem in den beiden Netzwerkdiagrammen der Abbildung 22 zu erkennen: Das erste Diagramm (oben) zeigt die Kommunikation innerhalb eines neuen Netzwerks, das zweite Diagramm (unten) hingegen die Kommunikation derselben Akteure außerhalb des neuen Netzwerks, d. h. in den bereits etablierten Strukturen.

Aus den Diagrammen ist zunächst zu erkennen, dass die von den Akteuren angegebenen Kommunikationsbeziehungen nur teilweise symmetrisch sind. Auf die Frage: ‚Von wem erhalten Sie wichtige Informationen für Ihre Arbeit' (oberes Diagramm) werden 182 Verbindungen im Netzwerk genannt. Hierbei gibt es eine Reihe symmetrischer Nennungen (fett gedruckte Linien = Reziprozität), jedoch sind meistens die Verbindungen einseitig (dünn gedruckter Linien = keine Reziprozität). So ist das neue Netzwerk nicht sehr dicht, und mangels Reziprozität sind die Netzwerkbeziehungen im neuen Netzwerk oftmals prekär. Es herrscht eine Art von Konsumentenhaltung der passiven Mitglieder gegenüber dem aktiven Kern.

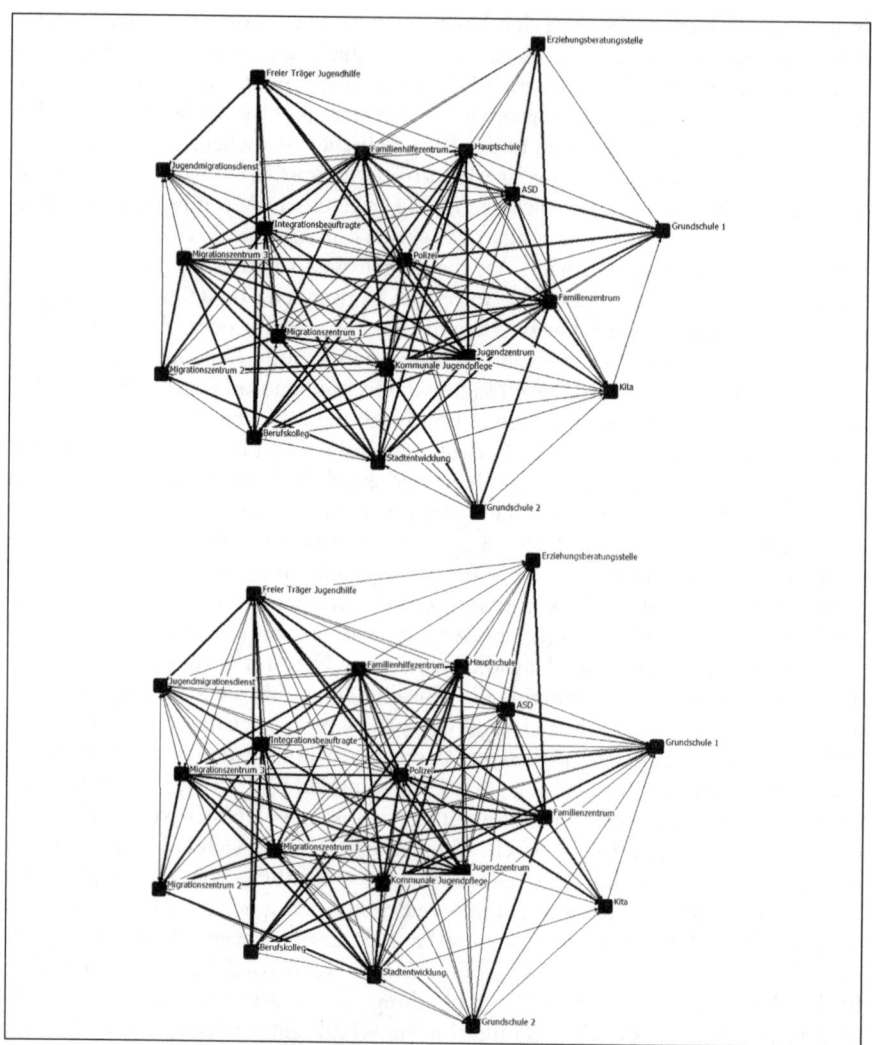

Abb. 22: Kommunikation innerhalb (oben) und außerhalb (unten) des Nordstadt-Netzwerks (Schönig/Primus 2009)

Deutlicher wird das Problem, wenn man nach der Kommunikation außerhalb des Nordstadt-Netzwerks, d. h. innerhalb der etablierten Netzwerke fragt. Ein erstes Hauptergebnis ist hier, dass schon vor Gründung des Netzwerks intensive bilaterale Vernetzungsbeziehungen bestanden und diese nach der neuen Netzwerkgründung im Wesentlichen unverändert fortgeführt werden. Hier liegen 201 Verbindungen außerhalb des neuen Netzwerks vor. Zudem fällt auf, dass außerhalb des Netzwerks der Symmetriegrad und damit die Reziprozität der Kommunikationsbeziehungen größer ist. So fällt diese Bilanz ernüchternd aus:

Das Nordstadt-Netzwerk hat in der entscheidenden Frage einer Intensivierung der Vernetzungsbeziehungen keinen Effekt gehabt, neue Partner haben sich offensichtlich nicht zusammengetan. Zudem ist die Kommunikation außerhalb des Netzwerks für alle Beteiligten – gemessen an der Reziprozität dieser Beziehungen – wohl auch verlässlicher. Da der Zentralitätsgrad die soziale Aktivität der Akteure misst, lassen die Berechnungen den Schluss zu, dass die soziale Aktivität innerhalb des Nordstadt-Netzwerks geringer und ungleicher verteilt ist, während umgekehrt die Vernetzung außerhalb, d. h. in den etablierten und eingespielten Netzwerken intensiver und homogener vonstatten geht. Auch die Antworten auf weitere Fragen (,Gibt es konkurrierende Aktivitäten?') weisen deutlich auf die Existenz konkurrierender Netzwerke und den Nutzen der oben skizzierten Stakeholder-Analyse hin. Diese komplexe Loyalität zu diesen konkurrierenden Netzwerken sollte unbedingt beachtet werden, bevor von oben herab ein weiteres Netzwerk ins Leben gerufen wird.

Das folgende Fallbeispiel skizziert drei alternative Gründungsszenarien von Netzwerken, welche unterschiedlich gut mit den Interessen von Stakeholdern umgehen. Sie nehmen daher einen typischen Verlauf.

Fallbeispiel: Gründungsstrategien erfüllen selbst ihre Prophezeiung

In einer Stadt werden gleichzeitig drei Netzwerke gegründet. Jedes der drei Netzwerke hat unterschiedliche Vorzeichen, eine unterschiedliche Gründungsstrategie und unterschiedliche Problemfelder, an denen es sich abarbeitet.

1. *Das ,Netzwerk frühe Hilfen' folgt dem Schema der verwaltungsorientierten Hierarchie.* Es wird nach einem Ratsbeschluss unter Leitung des Jugendamtes gegründet. Sein Ziel ist die bessere Effektivität und Effizienz der Hilfen, weshalb das Netzwerk hierarchisch, arbeitsteilig und letztlich nach Art eines Systems konzipiert ist. Daher wurden auch von Beginn an ein Plan zur Mobilisierung von Ressourcen sowie ein Evaluationskonzept integriert.

    Konstruktionsproblem dieses Netzwerks ist das Dilemma aus Managementanspruch der Verwaltung und der Offenheit der Netzwerkidee. Die Sozialverwaltung fremdelt beständig mit dem Anspruch operativer Offenheit des Netzwerks und sieht in dem Innovationsdrang der Akteure und ihren ständigen Themendiskussionen eine Bedrohung. Wahrscheinlich ist, dass das Netzwerk pathologisch lernt, sich also nach einer größeren Krise gänzlich in Richtung System entwickelt oder sich von den systemischen Elementen befreit.

2. *Im Netzwerk ,Naturkost in der Südstadt' herrscht themenselige Anarchie.* Sehr unterschiedliche Akteure haben sich aus Leidenschaft für die Naturkost an der Netzwerkgründung beteiligt, es herrscht echter Idealismus, der mit einer Fülle an Grundsatzdiskussionen einhergeht. Das Netzwerk quillt über mit innovativen Ideen, radikalen Konzepten und ist ein Biotop der Kreativität. Von der Schulmensa bis zum Urban Gardening wird alles thematisiert.

    Konstruktionsproblem des Netzwerks ist der enorme Arbeitseinsatz der Idealisten, der bald zu heftigen Konflikten im Netzwerk führen wird. Engagement und Trittbrettfahrermentalität treffen aufeinander. Aus der Krise ergibt sich ein

> Konsolidierungs- und Klärungsprozess, in dem nun die Ziele des Netzwerks klarer definiert werden.
> 3. *Das Netzwerk ‚Tafeln in Hessen' ist pragmatisch erfolgreich.* Hier steht am Anfang des Netzwerks eine bestehende Infrastruktur aus lokalen Tafelinitiativen, welche sich pragmatisch zusammenschließen. Der eigene Anspruch ist beschränkt, und die Leitung wechselt regelmäßig. Die Leitung wird darauf achten müssen, dass diese gelungene Netzwerkstruktur nicht aufgegeben wird.

Im Fallbeispiel führen die unterschiedlichen Gründungsstrategien zu typischen Verläufen. Jeder der drei Gründungsstrategien ist der professionellen Sozialen Arbeit eher fremd: Sie ist weder hierarchisch noch anarchisch oder pragmatisch, sondern vielmehr kooperativ, konzeptionell und an Leitbildern orientiert. Insofern ist zu vermuten, dass bei diesen Gründungsstrategien die Soziale Arbeit eher eine Randstellung einnehmen wird.

Umso mehr kann es eine interessante Aufgabe der Sozialen Arbeit sein, Elemente von Hierarchie, Anarchie und Pragmatismus in ihre eigenen Konzepte zu integrieren oder zumindest bei der Netzwerkgründung zu bedenken. So stellt sich z. B. die Frage, ob bei der Gründung eines Netzwerks früher Hilfen schon von Beginn an absehbar war, dass es sich zu einem System entwickeln würde. Wenn dies so ist, dann sollte die Soziale Arbeit nicht verzweifelt auf einer Netzwerkstruktur bestehen, sondern besser die Kooperation im System organisieren helfen. Umgekehrt kann – muss aber nicht – Anarchie kreativ sein und frischen Wind in angestaubte Konzepte bringen. Eine solche Story indes wird rationales Denken in systemischer Arbeitsteilung immer als Fremdkörper empfinden. Auch hier kann sich die Soziale Arbeit erfolgreich positionieren. Ähnliches ließe sich auch für positive Aspekte des Pragmatismus formulieren, die geeignet sind, ideologische Denkblockaden aufzubrechen.

Bei allen drei Gründungsstrategien werden früher oder später dialektisch die Konstruktionsprobleme in den Vordergrund treten, welche aus der einseitigen Konstruktion der drei Netzwerke resultieren. Ist das Netzwerk eher eng und systemisch konstruiert, so wird es einen umgekehrten Drang zur Öffnung geben, ist es anarchisch konstruiert, so wird der umgekehrte Drang in Richtung einer Strukturierung und Konzentration gehen. Selbst bei dem plausibel-pragmatisch strukturierten Netzwerk der Tafeln ist es notwendig, die weitere Entwicklung und mögliche Störfaktoren sorgfältig zu beachten.

2.1.3 Das Drama der Netzwerkphasen: Zwischen Kooperation und Konkurrenz

Bereits oben wurde erläutert, dass Netzwerke Dramen sind und – von der Orientierung bis zur Auflösung – typische Phasen durchlaufen. Dabei zeigte sich, dass in allen diesen Phasen Konflikte von Bedeutung sind, sei es, dass konkurrierende Stakeholder in der Gründungsphase gegen das Netzwerk arbeiten, oder sei es, dass wesentliche Informationen auch später am Netzwerk vorbei geleitet werden und es nachhaltig schwächen. In diesen und anderen Fällen stehen speziell Kooperation und Konkurrenz miteinander im Widerspruch; zwischen ihnen besteht ein ambivalentes Verhältnis, das die praktische Netzwerkorientierung auch in der Sozialen Arbeit zutiefst prägt.

Oftmals ist dabei ein Netzwerk sogar im wörtlichen Sinne ein Drama, d. h. ein erregendes, trauriges Geschehen, das einen absehbaren Verlauf nimmt. An dessen Ende sind Erfolg und Misserfolg Endpunkt einer Folge von Ereignissen und dramatisch, weil sie sich letztlich absehbar ereignen. Nicht selten ist zudem auch gar kein Endpunkt absehbar, sondern Konkurrenz und Kooperation stehen in einem dialektischen Prozess zueinander, in dem mal der eine und mal der andere Akzent dominiert. Gerade aufgrund der häufigen Absehbarkeit von Konflikten in Netzwerken haben die Netzwerke somit ihre eigene Dramaturgie. Der erfahrene Praktiker hat daher in der Beobachtung von Netzwerkdramen nicht selten ein Déjà-vu. Getrieben werden diese Dramen von Widersprüchen der Ideen und auch der materiellen Interessen der Netzwerkakteure, die sich immer nur vorübergehend ausgleichen und befrieden lassen und nach einer Phase des Friedens bald auch wieder in Konflikte münden werden.

Ganz besonders deutlich werden diese Dramen in der Frage von Konkurrenz und Kooperation in der Sozialwirtschaft. Treten Konkurrenz und Kooperation gleichzeitig auf und stehen sie in einer engen Beziehung zueinander, so spricht man von Koopkurrenz – einem Setting, das für die Sozialwirtschaft eine besondere Dynamik und Dramatik entfaltet (vgl. ausführlich Schönig 2015). Die Akteure vor Ort werden immer wieder gefordert sein, das eine gegen das andere auszutarieren.

Beginnend mit der verstärkten Einführung von Konkurrenzelementen in die Sozialwirtschaft in der zweiten Hälfte der 1990er Jahre in Deutschland, ereignen sich in den Netzwerken immer wieder Phasen einer verstärkten Konfrontation und Konkurrenzorientierung sowie Phasen einer verstärkten Konsens- und Kooperationsorientierung. Diese Phasen werden entweder von externen Impulsen ausgelöst (z. B. die Neuregelung der staatlichen Auftragsvergabe) oder aber von einzelnen Netzwerkakteuren, welche ihren Handlungsmodus ändern und ‚auf Konkurrenz' oder ‚auf Kooperation' gehen. In jedem Fall erfordern diese Störungen eine entsprechende Reaktion der anderen Akteure, und so nimmt das Drama seinen Lauf. Abbildung 23 zeigt hierzu ein einfaches Ablaufschema.

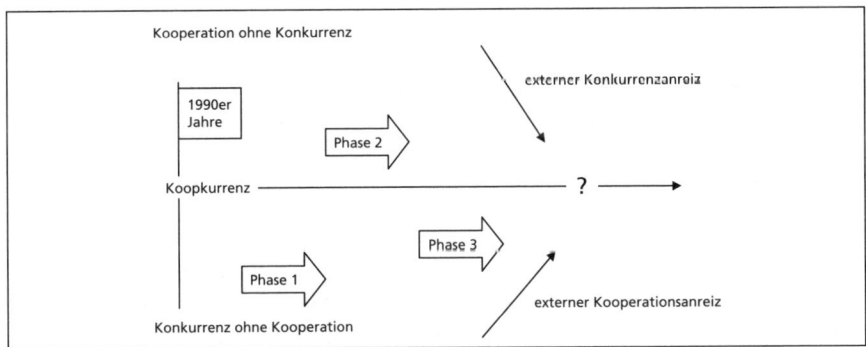

Abb. 23: Dialektik der Phasen von Kooperation und Konkurrenz (nach Schönig 2015, S. 270)

An die ursprünglich durch eine Kooperation ohne Konkurrenz geprägte Netzwerkstruktur schließen sich somit folgende Phasen an:

- In *Phase 1* (erste Konkurrenzorientierung) entschließen sich einzelne soziale Dienste, den Wettbewerb aufzunehmen. Hiermit sind Konflikte innerhalb der Sozialwirtschaft verbunden, und es kommt zu ersten Abstimmungsproblemen und Blockaden.
- In der anschließenden *Phase 2* (Kooperation unter Wettbewerbsbedingungen) wird zwischen den sozialen Diensten erneut kooperiert, um den Anforderungen des Wettbewerbs besser gewachsen zu sein. Diese Kooperation ist nun jedoch bereits durch zentrale Elemente der ‚Koopkurrenz' gekennzeichnet. Kooperiert wird in einzelnen Handlungsfeldern und bei einzelnen Projekten. Dies beinhaltet auch fortgesetzte institutionalisierte Formen der Kooperation wie Arbeitskreise, die nun durch andere Kooperationsformen wie Anbietergemeinschaften ergänzt werden.
- In *Phase 3* (Konkurrenz aus Ernüchterung) kommt es dann zu einem häufig konflikthaften Auseinanderbrechen der Kooperationsformen aus Phase 2, was durch gestiegenen Stress z. B. infolge von Ausschreibungen in Kombination mit Budgetkürzungen verursacht wird. In der Folge wenden sich die Akteure wieder verstärkt und aus Ernüchterung der Konkurrenz zu. Jene neue Konkurrenzorientierung schließt jedoch auch die positiven Erfahrungswerte der vorhergehenden Kooperation ein, ist daher weniger absolut und liegt daher auch näher an der ‚Koopkurrenz'.
- In den *weiteren Phasen* besteht nun – folgt man Abbildung 23 – eine grundsätzliche Tendenz, sich durch Lerneffekte in Richtung auf einen Mittelweg hin zu entwickeln und somit gleichermaßen die oben skizzierte Koopkurrenz zu praktizieren. Allerdings wird diese Tendenz beständig durch externe Einflüsse überlagert. Durch diese externen Einflüsse kann es immer wieder zu einer Verstärkung oder auch Abmilderung von Kooperation und Konkurrenz kommen.

Fallbeispiel: Das Auf und Ab des Konsortiums

Die lokalen Anbieter von Leistungen der Beschäftigungsförderung sehen sich Anfang der 2000er Jahre als Folge der Hartz-Reformen vor die Herausforderung einer zunehmenden Konkurrenzorientierung gestellt. Nun ist die staatliche Beschäftigungsförderung im Jobcenter konzentriert, und dieses vergibt Aufträge primär an den günstigsten Anbieter. Unter diesem Druck zerbrechen die alte Kooperationskultur, die korporatistische Tradition und die Nähe zu den politischen Parteien. Allerdings arbeiten die lokalen Anbieter weiterhin in einem Arbeitskreis ‚Beschäftigungsförderung' formal zusammen.

Nach einigen Jahren des Unterbietungswettbewerbs und der Marktkonsolidierung sind die verbleibenden Anbieter sowohl weniger als auch leistungsfähiger und selbstbewusster geworden, so dass sie gegenüber dem Jobcenter eine deutlich verbesserte Position haben. Diese bessere Position wird dazu genutzt, im Netzwerk wieder enger zusammenzuarbeiten, gemeinsam Angebote einzureichen und dabei auch den Preiswettbewerb auszuhebeln. Dieses Anbieternetzwerk – ‚Konsortium' genannt – ist für einige Jahre eine Erfolgsstory und wird auch seitens des Jobcenters anerkannt.

Nach einiger Zeit jedoch wird eines der Konsortiumsmitglieder gleichsam übergriffig, indem es mit einem neuen Konzept in einem Handlungsfeld den anderen Mitgliedern zusätzliche Konkurrenz macht. Er übernimmt ein international bewährtes Konzept, überträgt es auf die lokale Situation und ist damit bei einer Ausschreibung erfolgreich. Hierauf eskaliert ein Streit im Konsortium, das anschließend auseinanderbricht und erst nach einigen Jahren wiederbelebt wird.

Das Fallbeispiel illustriert eine besondere Form von Netzwerkphasen, die jeweils durch Kooperation oder Konkurrenz geprägt sind. Zwischen beiden herrscht ein dialektisches Verhältnis, das also immer Widersprüche erzeugt. Andere Netzwerke haben ihre Dialektik z. B. im Wechsel der dominierenden Weltanschauung (rechts/links), im Wechsel des dominierenden Handlungskonzepts (fall-/feldorientiert) oder im Wechsel einer Konflikt- mit einer Konsensstrategie gegenüber höheren Hierarchieebenen. Für die Praxis ist es daher sinnvoll, akute Konflikte in einem Netzwerk auch durch eine historisch-dialektische Perspektive zu sehen und somit einzuordnen. Gelingt es, jene Konflikte auf große Themen und letztlich unentscheidbare Fragen zurückzuführen, so ist schon damit ein wichtiger Schritt in der Netzwerkmoderation getan. Dies kann die Situation beruhigen und Lösungsperspektiven eröffnen.

Ein derartiger Lösungsansatz wird auch im zweiten Fallbeispiel verfolgt. Hier hat ein Netzwerk im Verlauf der Jahre den Kontakt zu den Ehrenamtlern schleifen lassen und bemüht sich nun, diesen wiederzugewinnen.

Fallbeispiel: Die Ehrenamtler werden wiederentdeckt

In einem städtischen Netzwerk der Wohnungslosenhilfe hat sich im Laufe der Jahre eine zunehmende Professionalisierung zu Lasten des ehrenamtlichen Engagements zugetragen. Rückzüge von Ehrenamtlern erschienen zunächst als Einzelfälle, erst später wurde deutlich, dass ihnen ein strukturelles Problem zugrunde liegt.

Die Netzwerkkoordination beauftragt daraufhin einen Moderator, der mit verschiedenen Methoden die professionellen Akteure bittet, die Perspektive der Ehrenamtler einzunehmen. Es werden also verschiedene Gruppenspiele absolviert: Das Weiterreichen von Bällen in unterschiedliche Richtungen veranschaulicht die Komplexität der Rollenerwartungen. Hiermit sollen die Netzwerkakteure miteinander in Kontakt kommen und verstehen, in welchen Situationen der andere ist und wie man mit ihm kooperieren kann. Anschließend werden per Metaplan die vermuteten Wünsche der Ehrenamtler notiert, und schließlich werden zum Abschluss der Veranstaltung in kleinen Gruppen Erfolgsfaktoren für die Wiedergewinnung der Ehrenamtler erarbeitet. Jede dieser Methoden zielt darauf ab, später im Arbeitsalltag die Kooperation der Netzwerkakteure zu erleichtern.

> Aufgrund des positiven Verlaufs der moderierten Veranstaltung kürt das Netzwerk die Akquisition von Ehrenamtlern zum kommenden Jahresthema, wodurch dann auch tatsächlich wieder mehr Engagement zu beobachten ist. Bald jedoch wird es den Professionellen wieder zu viel, sie sehen sich in Konkurrenz zu den Ehrenamtlern und drängen sie erneut aus der Arbeit hinaus. Aufgrund der wiedererstarkten Konkurrenz kommt es erneut zu Rückzügen von Ehrenamtlern, was wie beim letzten Mal die Netzwerkkoordination auf den Plan ruft. Es wird also eine Krisensitzung einberufen, das Ergebnis ist der Wunsch nach mehr Kooperation, und so beginnt der Prozess von vorn.

Auch in diesem Beispiel ist dialektische Entwicklung zwischen Konkurrenz und Kooperation im Netzwerk zu erkennen, welche hier durch einen Moderationsprozess wieder gezielt in Gang gesetzt wird. Gut wäre es dabei, wenn das Netzwerk langfristig zu einem stabilen Verhältnis von Professionellen und Ehrenamtlern kommen könnte, um die Wellenbewegungen zumindest abzuschwächen. Es ist jedoch fraglich, ob es im schwierigen Verhältnis von Professionellen zu Ehrenamtlern möglich ist, die Wellenbewegungen aus Konkurrenz und Kooperation gänzlich zu verhindern.

2.1.4 Kreativität und Innovationskraft: Die Stärken des Netzwerks stärken

Ohne Zweifel liegt eine zentrale Stärke der Netzwerkarbeit in der Fähigkeit zur Innovation, und diese wiederum beruht auf ihrer operativen und strukturellen Offenheit. Sei es, dass neue Probleme angegangen oder überhaupt erst einmal definiert werden sollen, sei es, dass neue Ressourcen zu erschließen sind, oder sei es, dass mit internationalen Kooperationspartnern gar nicht anders als in einem Netzwerk kooperiert werden kann – in jenen Fällen bietet das Netzwerk eine geeignete Interaktionsstruktur. Mit einem Minimum an formaler Hierarchie und Steuerung kann es jene Grenzen überwinden, innerhalb derer zuvor keine Problemlösung möglich war. Netzwerke werden dann innovativ sein, wenn sie als Team arbeiten und ihre überschaubare Größe die Identifikation und Wertschätzung individueller Beiträge ermöglicht.

Nun ist hier nicht der Raum, die breite Literatur zu Kreativität und Innovation zu erörtern. Auch so liegt auf der Hand, dass Kreativität ein sehr persönliches Engagement voraussetzt, dass sie aus Spannungszuständen hervorgeht und dass der Prozess selbst Assoziationen, Perspektivwechsel und Grenzüberschreitungen erfordert. Nicht zuletzt sind Kreativität und Innovation riskant, mit Verletzungen verbunden, sehr sensibel und können daher leicht zum Erliegen kommen. Starrheit, Angst, Perfektionismus, Konformitätsdruck und platter Leistungsdruck ersticken Kreativität im Keim.

Da persönliches Engagement nur in einem überschaubaren Netzwerk richtig eingeordnet und goutiert werden kann, ist dessen Überschaubarkeit eine erste Voraussetzung für den kreativen Erfolg. Zudem ist ein moderater Erfolgsdruck – weder Stress noch Schlendrian – ebenso kreativitätsfördernd wie der Freiraum zur Grenzüberschreitung.

Überschaubare Netzwerkgröße, offener Verhaltensmodus und moderate Bindungen der Akteure untereinander – diese drei Komponenten der Kreativität verweisen nicht zuletzt auf Granovetters Diktum der ‚Stärke schwacher Bindungen', wenn man die Jobsuche und ähnliche Probleme als kreative Prozesse auffassen will. Sind die Bindungen zu stark, wird die Kreativität erstickt, sind sie zu schwach, so existiert keine Grundlage für einen Austausch sensibler Informationen.

In der Sozialen Arbeit werden Netzwerke erfolgreich dort eingesetzt, wo komplexe Probleme kreativ gelöst werden sollen. Die Komplexität kann dabei auf der Fallebene liegen – z. B. Familien oder einzelne Personen mit Multiproblemlagen – oder darin bestehen, dass neue Prozesse und Handlungsfelder auf institutioneller Ebene angegangen werden – z. B. bei der Vernetzung von Akteuren in einem Sozialraum. Jene Netzwerke beruhen auf einer Freiwilligkeit der Teilnahme, sie werden aufgrund des Themas und ihrer Entstehung von einer starken Story getragen, und sie werden dadurch stabilisiert, dass die einzelnen Akteure einen unmittelbaren Nutzen aus dem Netzwerk ziehen. Ohne diese Reziprozität werden sie nicht bereit sein, selbst Beiträge zu Kreativität und Innovation zu leisten.

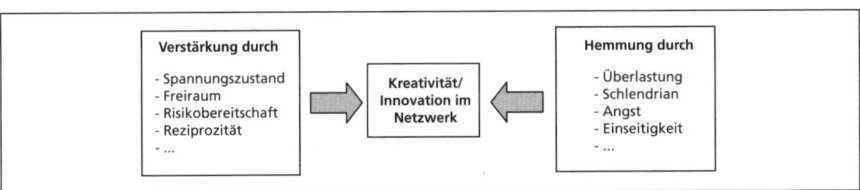

Abb. 24: Verstärkung und Hemmung der Kreativität im Netzwerk

Fallbeispiel: Netzwerk Konzeptentwicklung Jobcoaching

Die aktuell deutlich verminderte Zahl von Bewerbern für eine Lehrstelle ist zunächst einmal eine gute Nachricht, da sie auch Bewerbern mit schlechteren Schulabschlüssen und persönlichen Problemen, die vor Jahren noch abgewiesen worden wären, nun einen Einstieg in die Ausbildung ermöglicht. Problematisch ist dies insofern, da sich nun bei dieser Gruppe von Jugendlichen während der Ausbildung vermehrt Probleme zeigen, auf welche die Anleiter/Meister in den Betrieben nicht eingestellt sind und für die es auch in den Industrie- und Handwerkskammern keine Fachleute gibt. Die Betriebe suchen Fachkräfte, wollen daher die Jugendlichen grundsätzlich zum Abschluss bringen und später als Fachkräfte einstellen, sehen sich jedoch mit den anstehenden Problemen alleingelassen. Auch die Bundesagentur für Arbeit ist für diese Fälle nicht zuständig, da die Jugendlichen in Ausbildung und nicht arbeitslos sind.

Das beschriebene soziale Problem erfordert ein innovatives Handlungskonzept, für dessen Entwicklung – z. B. auf gemeinsame Initiative des Wirtschafts- und Sozialausschusses einer Stadt – ein Netzwerk von Akteuren aus Wohlfahrtsverbänden, Betrieben, Kammern und Bundesagentur gebildet wird. Den Organisatoren gelingt es, den Akteuren hinreichend Spielraum für die Entwicklung eines neuen Handlungskonzeptes zu sichern, und sie achten bei der Zusammensetzung des Teams darauf, dass die Personen auf der gleichen Hierarchieebene tätig sind. Man findet bald den Arbeitstitel ‚Jobcoaching' und entwickelt ein Logo für das Handlungskonzept, was beides die identitätsstiftende Story des Netzwerks verstärkt. Da alle beteiligten Institutionen an einem Erfolg des Konzepts interessiert sind und nicht als Blockierer dastehen wollen, herrscht ein breiter Gedankenaustausch, auf dessen Grundlage das Konzept ausgearbeitet wird.

In der Erprobungsphase trägt die Story und Identität des Netzwerks dazu bei, dass erste Schwierigkeiten nicht zum Abbruch und zur Konflikteskalation führen. Vielmehr ist man in der Stadt durchaus stolz, zu einem relevanten Problem eine Innovation mit ‚Modellcharakter' vorweisen zu können, die auch auf übergeordneter Ebene (Ministerien, Städtetag, Bundesagentur) beachtet wird. Zugleich wird das ‚Netzwerk Konzeptentwicklung Jobcoaching' nach überstandener Erprobungsphase aufgelöst und das Handlungskonzept nun in den Regelbetrieb überführt. Gelegentliche spätere Treffen eines neugegründeten Beirats haben eher symbolische als operative Funktion.

Fallbeispiel: Sektionsgründung im Verein ‚Soziale Arbeit'

Der Verein ‚Soziale Arbeit', in dem sich Vertreter der Disziplin und Profession Sozialer Arbeit zusammengeschlossen haben, richtet auf Antrag mehrerer Mitglieder eine neue Sektion ‚Netzwerkorientierung' ein. Interessenten aus dem Kreis der Mitglieder können dieser Sektion formlos beitreten und werden in einen E-Mail-Verteiler aufgenommen.

Die Idee zum neuen Sektionsnetzwerk entsteht beim gemeinsamen Glas Wein der Gründungsmitglieder abends auf der letzten Sektionstagung. Danach muss intensiv Überzeugungsarbeit gegenüber skeptischen Vorstandsmitgliedern geleistet werden, da jene eine neue Sektionsgründung für unnötig halten und dafür plädieren, das Netzwerkthema als ‚Querschnittsthema' in den etablierten Sektionen zu verhandeln. Letztlich kann nach langen Diskussionen ein Vorstandsbeschluss zur Neugründung der Sektion erwirkt werden. Das gesamte Drama – die konspirativen Treffen der Gründungsmitglieder sowie die Überwindung der anfänglichen Widerstände – beschreiben einen starken Gründungsmythos und eine integrierende Story.

Im Netzwerk selbst werden über einen längeren Zeitraum thematisch verstreute Impulsbeiträge diskutiert, was von den jeweils teilnehmenden Mitgliedern als fruchtbar und anregend aufgefasst wird. Die Teilnahme an den einzelnen Diskussionen ist freiwillig, so dass nur die fachlich Interessierten ihre Beiträge leisten. Erst nach ein paar Jahren entsteht das Bedürfnis, einen gemeinsamen Sammelband herauszubringen. Bei dessen Konzeption – es wird hierzu eigens ein Workshop veranstaltet – zeigt sich, dass tatsächlich eine gemeinsame Position der Netzwerkakteure zu einigen Fragen entstanden ist. Durch die durchgehende Bezugnahme auf diese Position gewinnt der Sammelband an Profil und wird in der

> Fachwelt auch außerhalb der Sozialen Arbeit wahrgenommen. Der Sammelband wird ein weiteres integrierendes Element der Story.
> In der folgenden Zeit kann die Sektion ihren Charakter als Innovationsnetzwerk erhalten, da neue Themen angegangen und diese unkonventionell bearbeitet werden. Das Innovative und Unkonventionelle wird gleichsam zum Markenkern des neuen Netzwerks, welches dadurch stabilisiert wird.

Die beiden Fallbeispiele illustrieren bewusst den möglichen Erfolg von Innovationsnetzwerken. Sie legen den Akzent eben nicht auf das Scheitern und die Erstarrung von Netzwerken, die entweder nie oder nicht mehr zu Innovationen in der Lage sind. Phlegmatische Innovationsallianzen, von Rivalitäten zerriebene Innovationscluster und ideenlose Denkfabriken finden sich an jeder Ecke der modernen Gesellschaft. Sie sind immaterielle Investitionsruinen, die allerdings – im Gegensatz zu ihren materiellen Pendants – von der Öffentlichkeit kaum wahrgenommen werden. Nicht selten geben scheiternde Innovationsnetzwerke gute Geschichten für kritischen Journalismus ab, oftmals werden sie auch von Wissenschaftlern gebrandmarkt, die jede Art von Innovationsförderung grundsätzlich ablehnen.

Statt einer solchen Skandalisierung des Scheiterns lohnt jedoch ein Blick auf die Erfolgsfaktoren innovativer Netzwerke. Einiges an deren Erfolg lässt sich kopieren, anderes jedoch ist situativ und zufällig. Der Grund hierfür ist einfach: Innovation und Kreativität entziehen sich ihrem Wesen nach der Berechenbarkeit und werden daher auch nicht durch noch so kluge Netzwerkkoordination zwangsläufig hervorgebracht. Es bleiben eine Ungewissheit und ein Risiko.

2.1.5 Im Schatten der Hierarchie: Die dunkle Seite der Macht

Da Netzwerke ihrem Wesen nach operativ offen sind, muss eine Hierarchie im Netzwerk als problematisch erscheinen. Hierarchien erschweren das offene Wort, sie reduzieren die individuellen Handlungsoptionen und vermindern die Fähigkeit zur Innovation. Netzwerke lassen dem einzelnen Akteur weite Handlungsspielräume sowohl hinsichtlich der Art als auch des Umfangs seines individuellen Engagements – beides wird sich in einem hierarchischen Netzwerk kaum aufrechterhalten lassen. Zumindest ist also Vorsicht geboten, wenn Netzwerke hierarchisch geprägt sind (vgl. hier und im Folgenden Schönig 2014, S. 155–170; Schönig/Franken 2015). Hierarchien sind eine standardisierte, jedoch vordergründige Form der Konfliktlösung, und sie tragen gleichzeitig das Risiko in sich, komplexere und tiefergelegene Konflikte zu erzeugen, zu verfestigen oder zu verstärken.

Definiert man einen Konflikt als erlebte Unvereinbarkeit aufeinander bezogenen Verhaltens (Glasl 2011), so wird deutlich, inwiefern sich die Handlungsspielräume durch einen Konflikt verengen. Wird der Konflikt nicht gelöst, so kommt es zu einer Eskalation, die wiederum zwei Formen annehmen kann: einerseits die Form der offenen Konfrontation ('heißer Krieg'), in welcher die

Konfliktparteien das Ziel verfolgen, Dominanz herzustellen, und andererseits die Form des gegenseitigen Rückzugs (‚kalter Konflikt') in Blockade und Stagnation. In beiden Formen entfernt man sich zunehmend von der Kooperation und damit ausgerechnet von jenem Interaktionsmodus, der für Netzwerke unverzichtbar ist.

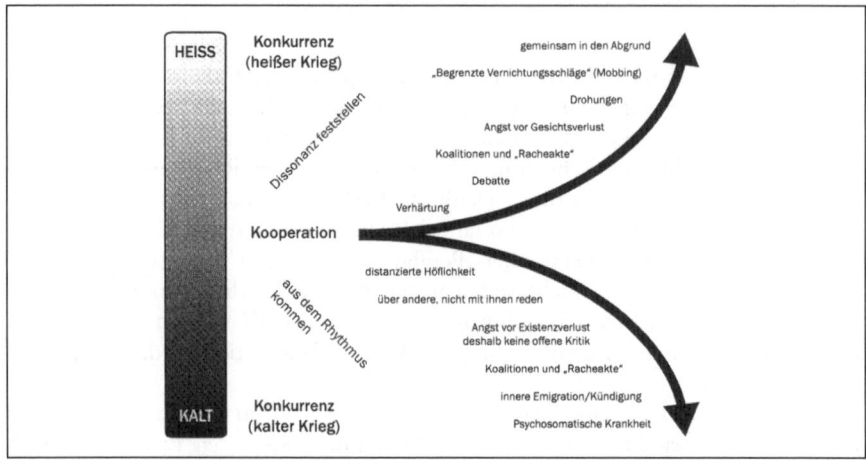

Abb. 25: Heißer Krieg und kalter Krieg (nach Pöhlsen-Wagner 2013, S. 552)

Existiert eine Hierarchie im Netzwerk, so besteht die Tendenz, dass sich Konflikte in der einen oder anderen Richtung entwickeln und verstärken und dass in beiden Fällen der kooperative, operativ offene Kern des Netzwerks verlassen wird. Dies muss nicht zwangsläufig geschehen und kann zudem durch – vorzugsweise extern – moderierte Netzwerktreffen abgefedert werden. Jedoch zeigt die Erfahrung, dass sich die hierarchischen Strukturen am Ende als prägend herausstellen und dass sie nur ausnahmsweise geheilt werden können. Die mächtigen Akteure müssen dazu ihre vorrangige Stellung faktisch und symbolisch (z. B. durch einen rotierenden Vorsitz in einer Koordinationsgruppe) in den Hintergrund treten lassen und in besonderem Maße kooperatives Verhalten an den Tag legen. Nur dann ist es möglich, dass Mischformen von Netzwerk und hierarchischem System erfolgreich arbeiten können (vgl. hierzu die Ausführungen zu Netzwerk, System und Hierarchie in Kapitel 1.1.3 und 1.1.5).

Hier nun ist ein deutliches Dilemma für die Netzwerkpraxis zu bemerken: Einerseits sind Netzwerke ein Erfolgsmodell staatlicher Sozialpolitik, mit dem private Initiativen aufgegriffen und staatlich gefördert werden. Jedoch hat diese staatliche Förderung ihren Preis, da sie mit einem Verlust an Autonomie und dem Eindringen von Hierarchien einhergeht. Die sozialpolitische Förderung von Netzwerken stellt eben keine subsidiäre Assistenz von Selbsthilfeinitiativen dar (Schneider 1983, S. 27–37), sondern sie fordert eine Unterordnung und Eingliederung der bestehenden und neu zu gründenden Netzwerke. Man könnte hier –

in Anlehnung an Habermas' (1981) bekannte Analyse – von einer Kolonialisierung von Netzwerken durch Politik und Verwaltung sprechen. Letztlich wird sich durch die staatliche Förderung die gesamte Gestalt eines jeden Netzwerks verändern.

Jenen Gestaltwandel hat Draheim (1952, S. 210–229) – mit Blick auf die genossenschaftliche Selbsthilfe – als „Offizialisierung" bezeichnet. Offizialisierung tritt demnach auf, wenn sich „der Staat als Auftraggeber" nicht darauf beschränkt, Initiator und Förderer autonomer Selbsthilfe zu sein, sondern die Hilfestruktur fest in die staatliche Politik einbaut. Mit der sozialpolitischen Offizialisierung sozialer, insbesondere auch sozialräumlicher Netzwerke verlieren diese an Autonomie, geraten in immer größere Distanz zu sozialen Bewegungen und werden intern von Hierarchien geprägt. Offizialisierte Netzwerke in der Sozialen Arbeit können so – gemessen an ihren ursprünglichen Zielen – leicht scheitern. Es droht die Gefahr entweder der Stagnation oder der Eskalation.

Fallbeispiel: Das ‚Bildungsnetzwerk Regensfurt' ist eine leere Hülle

In Regensfurt, das sich selbst als Bildungsmetropole definiert, ist es geradezu ein Muss, sich auf eine europaweite Ausschreibung von Bildungslandschaften zu bewerben. Nach erfolgreicher Bewilligung der Fördergelder wird mit großem Pomp – einschließlich eines Auftritts der Oberbürgermeisterin und eines Vertreters der Landesregierung in einer Pressekonferenz – ein kommunales Netzwerk ins Leben gerufen.

Das Netzwerk soll zum einen nach innen die Kommunikation der Akteure verbessern und zum anderen nach außen das Marketing der Stadt als Bildungsmetropole stärken. Keinesfalls darf das Netzwerk scheitern. Konsequenterweise übernehmen im Auftrag der Oberbürgermeisterin die drei Dezernenten für Bildung, Soziales und Wirtschaft die Organisation des Netzwerks. Sie laden die ‚relevanten Akteure' (und nur diese) in einen Raum des Rathauses ein, legen die Tagesordnung fest, übernehmen den Vorsitz in den Sitzungen, verfassen das Protokoll und organisieren die Evaluation. Die Treffen finden einmal jährlich statt und werden öffentlich abgehalten.

Mit diesem Vorgehen ist der Netzwerkgedanke zur Farce verkommen. Die Hierarchie ist derart offensichtlich und dominant, dass die Teilnehmer zwar weiter zu den jährlichen Treffen erscheinen und sich auch zu Arbeitsgruppen melden. Jedoch wird hier wie dort nicht gearbeitet, sondern repräsentiert, und es wird versucht, die eigene Institution möglichst gut zu positionieren. Vor allem ist ein offenes Wort unmöglich und eine produktive Kooperation unwahrscheinlich. Das Netzwerk verkommt zu einer leeren Hülle, es stagniert, was die Teilnehmer hinter vorgehaltener Hand auch bestätigen, jedoch niemals offen kommunizieren werden.

Fallbeispiel: Nach Okkupation zerfällt das ‚Netzwerk Freiwilligenarbeit'

Eine Kommune hat seit jeher eine starke Tradition des bürgerschaftlichen Engagements. Beispiele sind das Engagement in einer Vielzahl von Sportvereinen, den

Kirchengemeinden, der offenen Jugendarbeit, den Tafeln und einer Anzahl von Bürgervereinen und Bürgerinitiativen. Zudem haben einige Unternehmen der örtlichen Wirtschaft Projekte zur Unterstützung des bürgerschaftlichen Engagements ihrer Beschäftigten gestartet. Viele dieser Strukturen sind bis zu hundert Jahre alt und/oder werden von sehr wichtigen Personen der Stadtgesellschaft getragen. Sie alle haben – vermittelt über ihre Vertreter – ein beachtliches Selbstbewusstsein aufgebaut. Hinzu kommt eine unterstützende Infrastruktur des bürgerschaftlichen Engagements durch die Wohlfahrtsverbände, die kommunale Förderung einer Freiwilligenagentur sowie der wissenschaftlichen Begleitung durch den Fachbereich Sozialwesen der örtlichen Hochschule.

Die Akteure aus dem Themenfeld ‚bürgerschaftliches Engagement' sind zunächst nur locker und informell vernetzt. Hierdurch ist ein gelegentlicher Auftritt in der Öffentlichkeit möglich, insgesamt jedoch ist jede Initiative auf ihre Arbeit konzentriert und hat das Ganze – z. B. die Forderung nach einer Ehrenamtskarte – kaum im Blick.

Zur Stärkung des bürgerschaftlichen Engagements (und auch, um das Thema politisch zu besetzen) richtet nun der Bürgermeister eine Stabsstelle zur Förderung des bürgerschaftlichen Engagements ein und offizialisiert damit das ursprünglich lockere Netzwerk. Zunächst funktioniert dies recht gut, da der Vorsitz in der Koordinationsgruppe rotiert und sich die Stadtverwaltung auf eine Unterstützung durch Bereitstellung einer Infrastruktur (Mitarbeiter, Räumlichkeiten, Öffentlichkeitsarbeit) beschränkt. Wiederum mit Unterstützung des Bürgermeisters nimmt dann eines der örtlichen Unternehmen eine zentrale Stellung ein, indem es mit der Freiwilligenagentur und einzelnen Initiativen eng kooperiert und diese finanziell unterstützt. Die neue Subgruppe vertritt ein anderes Modell des bürgerschaftlichen Engagements, das deutlich alternativ zu den sozialen Diensten der Wohlfahrtsverbände konzipiert ist.

Hieraus entwickelt sich eine politische Grundsatzdiskussion. An der Frage des gesellschaftspolitischen Leitbildes des Engagements – substitutiv oder komplementär: eine Frage, die zuvor nie kontrovers diskutiert wurde – eskaliert nun der Konflikt, und das Netzwerk bricht auseinander. Der Bürgermeister vermeidet es, eine eigene Position zu beziehen, und löst das Netzwerk schlicht auf.

In den Fallbeispielen werden zum einen ein ‚kalter Krieg' (Stagnation) und zum anderen ein ‚heißer Krieg' (Eskalation) skizziert. Beide Entwicklungen sind im Kern auf die Hierarchieproblematik in offizialisierten Netzwerken zurückzuführen, welche eine offene und produktive Bearbeitung von Konflikten in der Regel verhindert. Insbesondere ist es unwahrscheinlich, dass solche Netzwerke innovative Problemlösungen entwickeln und sich immer wieder die Frage stellen, was eigentlich heute das relevante Thema des Netzwerks ist und welche Akteure hierzu mitarbeiten müssten. Hierarchien stehen der notwendigen operativen Offenheit von Netzwerken entgegen. Die Teilnahme an einem von der Stadt geleiteten Sozialraumnetzwerk oder einem internen Arbeitskreis eines Wohlfahrtsverbandes ist für die Akteure eben nicht mehr freiwillig, sondern sie unterliegt entweder einem offenen Zwang oder zumindest einem verdeckten Druck. Dieser wirkt sich unmittelbar auf die Teilnahme wie auch auf das Engagement im Netzwerk aus.

Dieser Druck zur Teilnahme und Mitarbeit in offizialisierten Netzwerken wird auch als „Schatten der Hierarchie" (Scharpf 1991) oder die „Rute im Fenster" (Scharpf 2000) bezeichnet. Durch Zwangselemente und Hierarchien kann die Netzwerkidee pervertieren, da die Handlungsoptionen der Akteure sehr eingeengt werden. Als Folge der Offizialisierung kann mithin sehr leicht die Kooperation im Netzwerk in einen kalten Krieg oder aber einen heißen Krieg münden.

Derartige Funktionsprobleme und Handlungsblockaden offizialisierter Netzwerke in der Sozialen Arbeit sind Praktikern wohlbekannt, sie werden jedoch in der – staatlich geförderten – Projektevaluation erstaunlich selten thematisiert. Maximal wird von anfänglichen Friktionen gesprochen, obwohl doch jeder Praktiker Beispiele für beide Fallverläufe benennen kann. Die fachlich-praktischen und die politisch-wissenschaftlichen Narrative divergieren hier auffällig, was wiederum die Vermutung stützt, dass auch in der Forschung der Schatten der politischen Hierarchie wirksam ist.

2.1.6 Konventionelle Konfliktbewältigung: Hierarchiekonformität

Welche Optionen stehen einem Netzwerk zur Verfügung, wenn eine Blockade oder eine Eskalation droht? Was kann unternommen werden, wenn Vertreter aus verschiedenen Hierarchiestufen von dem Konflikt betroffen sind?

Grundsätzlich existieren nach Hirshman (1970) drei individuelle Reaktionsmuster im (Netzwerk-)Konflikt: „Exit" (Ausstieg, Auflösung), „Voice" (Widerspruch, Konsolidierung) oder „Loyality" (Loyalität, Unterstützung). Jene drei Handlungsoptionen beschreiben klare, produktive und gleichsam gesunde Alternativen. Oftmals jedoch ist – gerade in hierarchischen, offizialisierten Netzwerken (vgl. Kap. 2.1.5) – ein Ausstieg praktisch nicht möglich, ein Widerspruch wird durch Hierarchieunterschiede erschwert, und an eine Loyalität ist im Konfliktfall nicht zu denken. Alle drei produktiven Reaktionsmuster fallen also aus. So droht geradezu zwangsläufig eine für das Netzwerk unproduktive Blockade oder Eskalation (vgl. heißer oder kalter Krieg, Kap. 2.1.5).

Letztlich ist diese problematische Situation dem Umstand geschuldet, dass im Netzwerk eine Ungleichheit der Interessen und Hierarchien entstanden ist, welche die operative Offenheit des Netzwerks konterkariert. Operative Offenheit setzt voraus, dass die Akteure in einem Netzwerk – zumindest in ihren wesentlichen Merkmalen – gleich sind. Hingegen lebt ein arbeitsteiliges System stark von der Unterschiedlichkeit der Akteure, was auch Unterschiede in Bezug auf die Stellung in der Hierarchie einschließt.

Tritt nun in einem Netzwerk – oftmals im Konfliktfall und/oder mit Blick auf unterschiedlich große Entscheidungskompetenzen – die Unterschiedlichkeit der Akteure deutlich zu Tage, so ist die Aufspaltung des Netzwerks nach dem Kriterium der „Hierarchiekonformität" (Mennemann 2014) eine mögliche Lösung. Dann bilden die einzelnen Hierarchieebenen jeweils eigene Netzwerke ‚auf Augenhöhe'. So ist ein Interessenausgleich im Netzwerk zwischen diesen Akteuren einer „eigentlichen Arbeitsrunde" (ebd.) möglich, allerdings um den Preis, dass nicht mehr alle Akteure im selben Netzwerk gleichberechtigt agieren können.

Der Begriff der ‚Hierarchiekonformität' erfährt hier eine pragmatische Wertschätzung. Hierarchiekonformes Handeln ist hier lebensklug und nicht im negativen Sinne opportunistisch zu verstehen, d. h. es geht hier nicht um eine Untertanenmentalität. Stattdessen versucht die Hierarchiekonformität dem Netzwerk durch operative Gruppenbildung Raum für offene Prozesse zu schaffen. Dies ist für die realen Netzwerke die Regel, charakterisiert also das (institutionelle) Netzwerk als Realtypus.

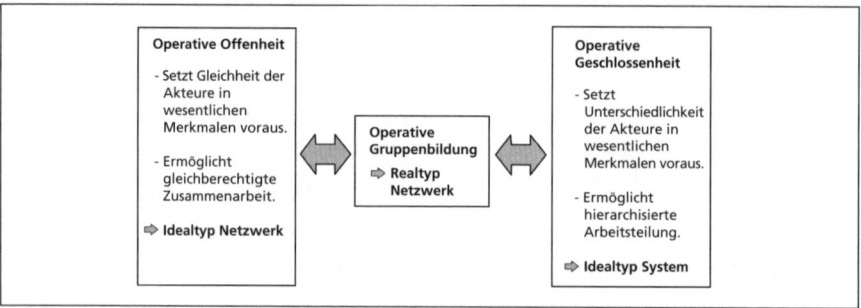

Abb. 26: Operative Gruppenbildung

Fallbeispiel: Das ‚Netzwerk Altenhilfe' überlebt durch Gruppenbildung

In einem Landkreis ist angesichts des demografischen Wandels die Altenhilfe zu einem zentralen Thema geworden, so dass die Sozialdezernentin aktiv wird und ein ‚Netzwerk Altenhilfe' ins Leben ruft. Hierzu werden die Akteure breit eingeladen, z. B. Geschäftsführer und Stationsleitungen von Pflegeeinrichtungen, Mitglieder des Sozialausschusses, freiberufliche gesetzliche Betreuer, Seniorenvertreter, Mitarbeiter und Leiter von Bürgerhäusern und andere mehr.

Zunächst lässt sich die Arbeit vielversprechend an, es werden gemeinsame Jahresthemen formuliert und entsprechende Veranstaltungen inhaltlich und organisatorisch vorbereitet. Für alle Mitwirkenden ist daher das ‚Netzwerk Altenhilfe' zunächst ein Erfolg. In diesem Sinne wird auch das neue Jahresthema angegangen, welches sich mit der Attraktivität des Pflegeberufs in der Altenpflege befasst und das vor allem der verstärkten Rekrutierung von Fachkräften dienen soll.

Bereits bei der Vorbereitung und mehr noch bei der Durchführung der Veranstaltungen kommt es jedoch zum offenen Konflikt über die Frage, wie genau der Fachkräftebedarf thematisiert werden soll und welcher Netzwerkakteur daher den größten Vorteil aus der Mitarbeit erwarten kann. Der Konflikt eskaliert vor allem zwischen den Einrichtungs- und den Stationsleitungen, zwischen den institutionell gebundenen und den freiberuflichen Akteuren sowie ebenfalls zwischen dem Sozialdezernat und den Mitgliedern des Sozialausschusses. Da nun auf einmal eine konfrontative Stimmung herrscht, überträgt sich diese auch auf andere Beziehun-

> gen im Netzwerk, es wird die außerplanmäßige Abwahl der Sprecherin beantragt, was in der Öffentlichkeit für einigen Wirbel sorgt.
> Die Lage beruhigt sich erst wieder, nachdem die Sozialdezernentin eine Strukturreform des Netzwerks im Sinne von Hierarchiekonformität und operativer Gruppenbildung vorgenommen hat. In den entsprechenden Arbeitsgruppen (Politik, Geschäftsführer, Stationsleitungen und Freiberufler) wird nun innerhalb der Fachgruppen und Hierarchiestufen diskutiert. Dies erleichtert allen Akteuren das offene Wort, und es ermöglicht ihnen, gelegentlich auch gegen die Positionen der eigenen Leitungsebene Vorschläge zu erarbeiten.
> Umso wichtiger ist es nun, dass die Sozialdezernentin ihre Moderatorenrolle mit Bedacht ausübt und die unterschiedlichen Aspekte zur Geltung bringt. Für das Thema der Fachkräftegewinnung heißt dies, dass sich die einzelnen Einrichtungen an ein reduziertes Rahmenkonzept halten und gleichzeitig in eigenem Namen Personalakquise betreiben.

Das Fallbeispiel illustriert die gelegentliche Notwendigkeit von Strukturreformen in Netzwerken, damit in diesen weiterhin ein offener Austausch möglich ist. Unterbleiben diese Reformen, so drohen entweder eine Blockadesituation (kalter Krieg: Das Netzwerk bleibt zumindest formal bestehen) oder eine Eskalation eines Konfliktes (heißer Krieg: Das Netzwerk wird auch formal aufgelöst).

Es ist daher ebenso notwendig wie auch schwierig, in einem Netzwerk „Strukturklarheit" herzustellen, d. h. die alten Probleme nicht zu negieren, sondern die neuen Strukturen transparent zu machen und sie als „Anerkennung von Andersartigkeit" (beide Mennemann 2014) zu kommunizieren. In diesem Sinne sichert Hierarchiekonformität oftmals das langfristige Überleben eines institutionellen Netzwerks. Dies bedeutet auch, die Einrichtung von Projektgruppen innerhalb des Netzwerks erstens zu befürworten und zweitens diesen Projektgruppen eine klare Struktur zu geben. Es muss im Einzelnen deutlich werden, wer in welchem Auftrag und mit welcher Kompetenz in der Projektgruppe mitarbeitet, so dass auf dieser Grundlage auch eine operative Schließung der Projektgruppe möglich ist (Miller 2005, S. 115; Weber 2005, S. 148–170).

Letztlich ist die Grenzziehung zwischen Netzwerk und Projektgruppe sowie zwischen den Projektgruppen untereinander in der Praxis alles andere als einfach. Grenzen und Sinn von Netzwerk und Projektgruppe können in mehreren Schritten formuliert werden (Schönig 2014, S. 168f.):

- Anfänglich muss der *Gegenstand* festgelegt werden. Was sind die Ziele des Netzwerks und der Projektgruppe?
- Wer ist *Netzwerkmitglied*, und wer wird *Mitglied einer Projektgruppe*? Wer ist bereits im Sozialraum mit diesem Thema befasst? Wessen Mitgliedschaft ist in der Projektgruppe zweckmäßig?
- Wie sind *Arbeitsteilung und Rollen* im Netzwerk und in der Projektgruppe? Die Akteure müssen sich über ihre individuelle Unterschiedlichkeit, ihre fachliche Kompetenz und ihr originäres Handlungsfeld verständigen. Dieser Schritt ähnelt der Konsolidierungsphase in der sozialen Gruppenarbeit (s. Kap. 2.1.1).

- Wo liegt der *individuelle Nutzen*? Dieser kann auch schlicht darin liegen, dass die Kommune ein Engagement in der Netzwerkstruktur fordert oder dass man selbst einen Zugewinn an professioneller Kompetenz erhält. Der individuelle Nutzen aus der Kooperation muss für jeden Netzwerker und jedes Gruppenmitglied offensichtlich sein. Vor allem durch frühe Erfolge zum Nutzen aller werden die Bindungen stärker, enger und belastbarer. Erst diese engen Bindungen können zeitweilig Ungleichgewichte in der individuellen Reziprozität einzelner Träger überbrücken. Halten die Ungleichgewichte jedoch an und ist der individuelle Nutzen nicht mehr erkennbar, so wird die Kooperationskultur zerbrechen.

Daraus wird deutlich, dass der Erfolg oder Misserfolg eines Netzwerks wesentlich in seiner Struktur angelegt ist. Eine fehlerhafte Struktur kann nur zum geringen Teil durch individuelles Engagement, positive Grundeinstellung, Fantasie und Leidenschaft einzelner Personen kompensiert werden. Engagierte ‚Gesinnungstäter' mögen für eine beschränkte Zeit auch ein sinnloses Netzwerk am Leben erhalten, letztlich werden sie aber keinen Erfolg haben und nur noch an Fassaden polieren.

Sozialarbeiter/Sozialpädagogen laufen aufgrund ihrer kooperativen Grundeinstellung Gefahr, von der praktischen Netzwerkarbeit frustriert zu werden. Frustration bei den koordinierenden Sozialarbeitern/Sozialpädagogen könnte dann deren Burnout zur Folge haben. Dessen Vorzeichen sind eine zu starke persönliche Verantwortungsübernahme durch den Sozialarbeiter/Sozialpädagogen, sein zu planungsorientiert-rationales Vorgehen und seine überspannte Attitüde des „Durchblickers" (Hinte 1991/2001a, S. 132). Sehr groß ist die Gefahr des Scheiterns, wenn die Arbeit anderer Professionen durch Sozialarbeiter/Sozialpädagogen koordiniert werden soll.

> **Fallbeispiel: Koordinationsgruppe bewahrt Stadtteilmanager vor Burnout**
>
> Ein fachlich und hierarchieübergreifendes Stadtteilnetzwerk in einem seit langen Jahren von den verschiedensten Institutionen beackerten Armutsgebiet soll nun von einem (auf einem befristet aus Projektmitteln beschäftigten) ‚Stadtteilmanager' ‚gemanaged' werden. Dies löst bei den einflussreichen Akteuren vor Ort Heiterkeit aus. Sie sind ihrem Selbstverständnis nach oftmals selbst Manager und wenden zudem fachlich ein, dass sich Sozialräume grundsätzlich nicht managen oder gar steuern lassen.
>
> Immerhin ist man professionell und ernsthaft bemüht, den neuen Stadtteilmanager auf die besondere Situation vor Ort hinzuweisen und schon früh anzudeuten, dass ein allzu forsches Vorgehen vermutlich der guten Sache schaden würde. Man bietet die Gründung einer Koordinationsgruppe an, in welcher der Sozialarbeiter mit einflussreichen Akteuren das Stadtteilnetzwerk nach innen koordinieren und nach außen vertreten kann.
>
> Auch der Sozialarbeiter als Stadtteilmanager ist professionell und lebensklug genug, auf dieses Angebot einzugehen und nicht die Attitüde des ‚Durchblickers' einzunehmen. Auf dieser Grundlage gelingt es allen, dem Stadtteilnetzwerk neue

> Impulse zu geben. Für den Stadtteilmanager bleibt es dabei eine permanente Aufgabe, vor den Weisungsansprüchen der anderen auf der Hut zu sein und sich nicht in die Rolle eines Referenten und Mitarbeiters abdrängen zu lassen.

Im Fallbeispiel wird spürbar, dass professionelle Sozialarbeiter/Sozialpädagogen ihre persönlichen und hierarchiebezogenen Grenzen kennen und annehmen müssen. Fallen aufgrund der Struktur des Netzwerks formale Zuständigkeit und Statuszuweisung auseinander, so ist eine fruchtbare Kooperation nachhaltig unmöglich.

Die Schaffung eines offenen, innovativen Netzwerks ist alles andere als trivial. Sie kann nur gelingen, wenn man sich der Aufgabe mit einem hohen Maß an Realitätssinn stellt. Netzwerke sind immer Orte der Macht, ihrer Inszenierung und Ausübung (Miller 2005, S. 119; Schubert 2005, S. 92). Macht spielt für die Netzwerkakteure eine zentrale Rolle. Wird die Kraft der Macht und des Faktischen dauerhaft ignoriert, so werden gerade die Mächtigen das Netzwerk verlassen und/oder es entscheidend schwächen. Umgekehrt werden die Mächtigen bleiben, wenn auch sie von der Netzwerkarbeit profitieren und ihre Macht behalten. Die Mächtigen in einem Netzwerk müssen daher besonders umsorgt werden, ohne jedoch die weniger mächtigen Personen vor den Kopf zu stoßen. Dieses Umsorgen kann auch in symbolischen Handlungen bestehen, wenn etwa die Mächtigen kein Ergebnisprotokoll führen müssen, nicht in ihrer Redezeit beschränkt oder beim verspäteten Erscheinen nicht getadelt werden. Eine tragfähige Kooperation ist nur dann möglich, wenn Hierarchien, Ängste und Nutzen gleichermaßen berücksichtigt werden und wenn Zeit für Kommunikation investiert wird (Engelen 2006, S. 93f.).

2.1.7 Ego illustriert sein Netzwerk

In der praktischen Arbeit und auch vielfach in der Netzwerkforschung stellt sich die Frage nach der Position einer einzelnen Person in ihrem Netzwerk. Hierzu wird in der Regel auf die egozentrierte Netzwerkkarte zurückgegriffen, die vielfach bewährt ist und im Folgenden in zwei Beispielen illustriert wird. Für ihre Verwendung sprechen zwei praktische Vorteile:

- Häufig ist den Adressaten Sozialer Arbeit nicht klar, wie ihr persönliches Netzwerk aufgebaut ist und von wem sie möglicherweise Unterstützung erhalten können. Hier hilft die Erstellung der Netzwerkkarte, einen *breiten Überblick über die vorhandenen Ressourcen* zu schaffen. Gleichzeitig wird dabei aber auch deutlich, wer eine problematische, die Entwicklung hemmende, Rolle spielt.
- Zudem ist die grafische Darstellung in einer Netzwerkkarte gut geeignet, Szenarien durchzuspielen und letztlich *Handlungsstrategien zu entwickeln*. Hier geht es um die Frage, wer konkret wie eingebunden werden kann und von wem man sich umgekehrt besser abgrenzt.

> **Fallbeispiel: Egozentrierte Netzwerke zur Studienplatzwahl Sozialer Arbeit**
>
> Das erste Beispiel ist ein egozentriertes Netzwerk als Ergebnis einer studentischen Gruppenarbeit zur Frage: „Wer hat Sie bei der Studienwahl der Sozialen Arbeit beraten, und wen kannten Sie schon vor Studienbeginn an der Hochschule?". Die Frage zielt auf Ressourcen bei der Studienplatzwahl ab, die gut als Ressourcen im egozentrierten Netzwerk illustriert werden können.
>
> Man erkennt an den Grafiken der Abbildung 27 auf einen Blick zunächst, wie unterschiedlich die Netzwerkdarstellungen sind. Es zeigen sich Unterschiede hinsichtlich
>
> - der *Anzahl* der Alteri,
> - der *Nähe* der Alteri zu Ego,
> - der *Darstellung* von Beziehungsqualitäten,
> - der Anzahl *zusätzlicher Sektoren* und schließlich
> - der *Sauberkeit* der Ausführung.
>
> Im Wesentlichen gibt es für die Unterschiede zwei Ursachen: Erstens haben die befragten Studierenden in unterschiedlichem Maße Interesse an der Darstellung gehabt und haben sich daher unterschiedlich viel Mühe gegeben. Gründe hierfür mögen das Selbstbild, die biografische Relevanz des Themas und schlicht zeichnerische Fähigkeiten der einzelnen Studierenden sein. Schon diese sehr ‚subjektiven' Gründe bringen mehr oder weniger detailreiche und unterschiedlich plastische Netzwerkkarten hervor. Diese Unterschiede sollten nicht unterschätzt werden, wenn z. B. Netzwerkkarten von Frauen und Männern bei freiwilliger oder unfreiwilliger Teilnahme sowie erfolgreichem oder nicht erfolgreichem Verlauf vorliegen. Hier könnte man vermuten, dass Frauen mit mehr Engagement und Sorgfalt als Männer ein detailliertes egozentriertes Netzwerk skizzieren. Zudem ist denkbar, dass dies in einem freiwilligen Setting informativer ausfällt als in einem unfreiwilligen Setting und dass bei einem erfolgreichen Fallverlauf weniger Alteri genannt werden als bei einem nicht erfolgreichen Verlauf. Die (Un-)Zufriedenheit mit der Studienwahlentscheidung könnte im Nachhinein dazu führen, dass der Entscheidungsprozess unterschiedlich rekonstruiert wird.
>
> Zweitens sind die Netzwerke auch realiter als Fälle an sich unterschiedlich strukturiert. Demnach existieren tatsächlich unterschiedlich viele Alteri in unterschiedlicher Nähe zu Ego. Darüber hinaus waren mehr oder weniger Akteure dem privaten oder institutionellen Bereich zuzuordnen, und schließlich existiert ein unterschiedlicher Anteil an Befürwortern und Skeptikern. Dieses breite Spektrum ‚objektiver' Gründe könnte leicht durch weitere Aspekte ergänzt werden.
>
> Bedeutsam ist in jedem Fall, die enorme Varianz egozentrierter Netzwerkdiagramme wahrzunehmen und zu antizipieren. Sie kann auf die subjektive Bereitschaft zur Visualisierung und auf objektive Faktoren des Falls zurückzuführen sei. Insofern ist vor allem bei der Interpretation nur eines egozentrierten Netzwerks Vorsicht geboten, da von vornherein nicht zu sagen ist, wie stark das Bild subjektiv und objektiv verzerrt ist.

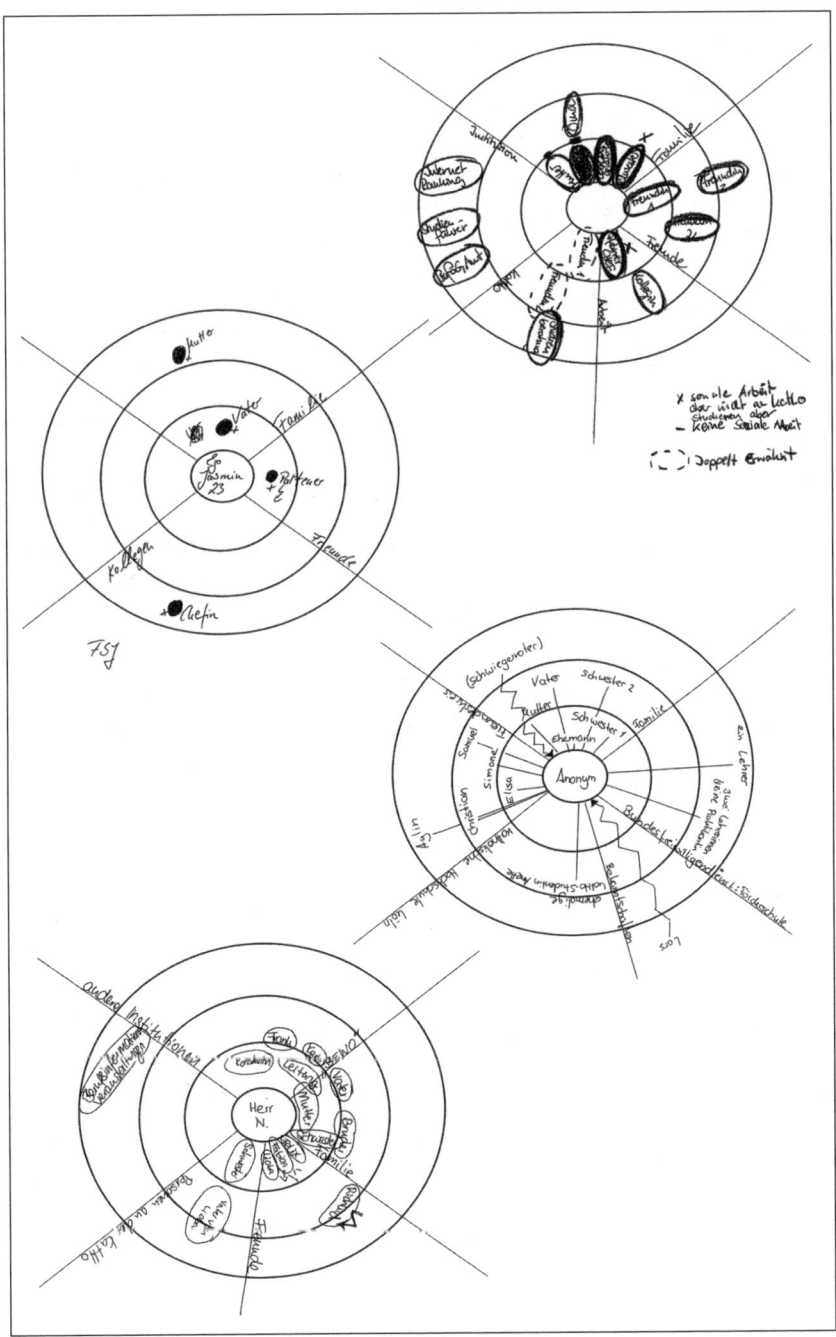

Abb. 27: Egozentrierte Netzwerke zur Studienplatzwahl Sozialer Arbeit (nach anonymen Angaben von Studierenden)

Fallbeispiel: Netzwerke der Peergroup delinquenter Jugendlicher

Das zweite Beispiel zeigt nun die Varianz von Netzwerkdarstellungen, die Ego primär als Mitglied einer Gruppe auffassen. Thema der Untersuchung war die Frage, ob es einen Zusammenhang zwischen Jugenddelinquenz und Gruppenzugehörigkeit gibt und welche Gruppenkonstellationen hier eine Rolle spielen könnten. Grundsätzlich ist dieser Zusammenhang sehr plausibel und empirisch gut abgesichert: In der Adoleszenz hat die Peergroup einen entscheidenden Einfluss auf die Persönlichkeitsentwicklung und kann somit auch das Delinquenzrisiko beeinflussen. Ein relevanter Teil der Peergroups praktiziert abweichendes Verhalten wie etwa Drogenkonsum, Ladendiebstahl oder Gewaltdelikte. Jugendliche, die einer solchen Peergroup angehören, verhalten sich deutlich häufiger abweichend – und umgekehrt.

Nun kann jener starke Zusammenhang zwischen Peergroup und Ego nicht gut durch ein egozentriertes Netzwerk dargestellt werden, da ja vielmehr die Gruppenstruktur der Peergroup (das Netzwerk im klassischen Sinne) und nicht Ego im Mittelpunkt steht. Es wurden daher in Einzelgesprächen ausführlich delinquente Jugendliche, die eine Straftat zusammen mit Mittätern verübt hatten, nach ihrer Einbindung in die Peergroup befragt und mit den Jugendlichen zusammen ein Bild der Netzwerkstruktur gezeichnet.

Die Fotos der Flip-Charts in Abbildung 28, die zusammen mit den Jugendlichen erstellt wurden, sind zunächst einmal formal gleich. Hier haben die Jugendlichen nicht selbst gezeichnet, da dies vermutlich eine Überforderung gewesen wäre. Vielmehr wurden die Einträge nach Angaben der Jugendlichen im Gespräch vorgenommen.

Aufgrund der formalen Gleichheit fallen die inhaltlichen Unterschiede stärker ins Auge. Vermerkt sind die Gruppengröße, Rangordnungen, Rollen und ein Netzwerk (als Soziogramm bezeichnet). Es zeigt sich zum einen, dass diese Gruppen entweder eine polarisierte oder gar keine Rangordnung aufweisen und dass es in drei Gruppen keinen Chef gibt. Damit sind die Gruppen – durchaus überraschend – aus Sicht der Jugendlichen eher als komplexe Netzwerke und weniger als hierarchische Systeme aufzufassen.

Verblüffend sind zudem die Netzwerkgrafen, welche in allen vier Fällen völlig unterschiedlich sind. Deren Form musste mit den Jugendlichen im Gespräch erarbeitet werden, da sie eine erhebliche Abstraktionsleistung darstellen. Die so ermittelte Form zeigt teils eine konventionelle Netzwerkstruktur, teils jedoch auch komplexere Beziehungen und eine zentrierte Struktur. Gerade Pascals Gruppe, die sehr einem klassischen Netzwerk ähnelt, wird von einem Chef geleitet, während Davids Gruppe sich um eine Person zentriert, die jedoch nicht der Chef ist.

Allgemeine Aspekte der Netzwerkpraxis 141

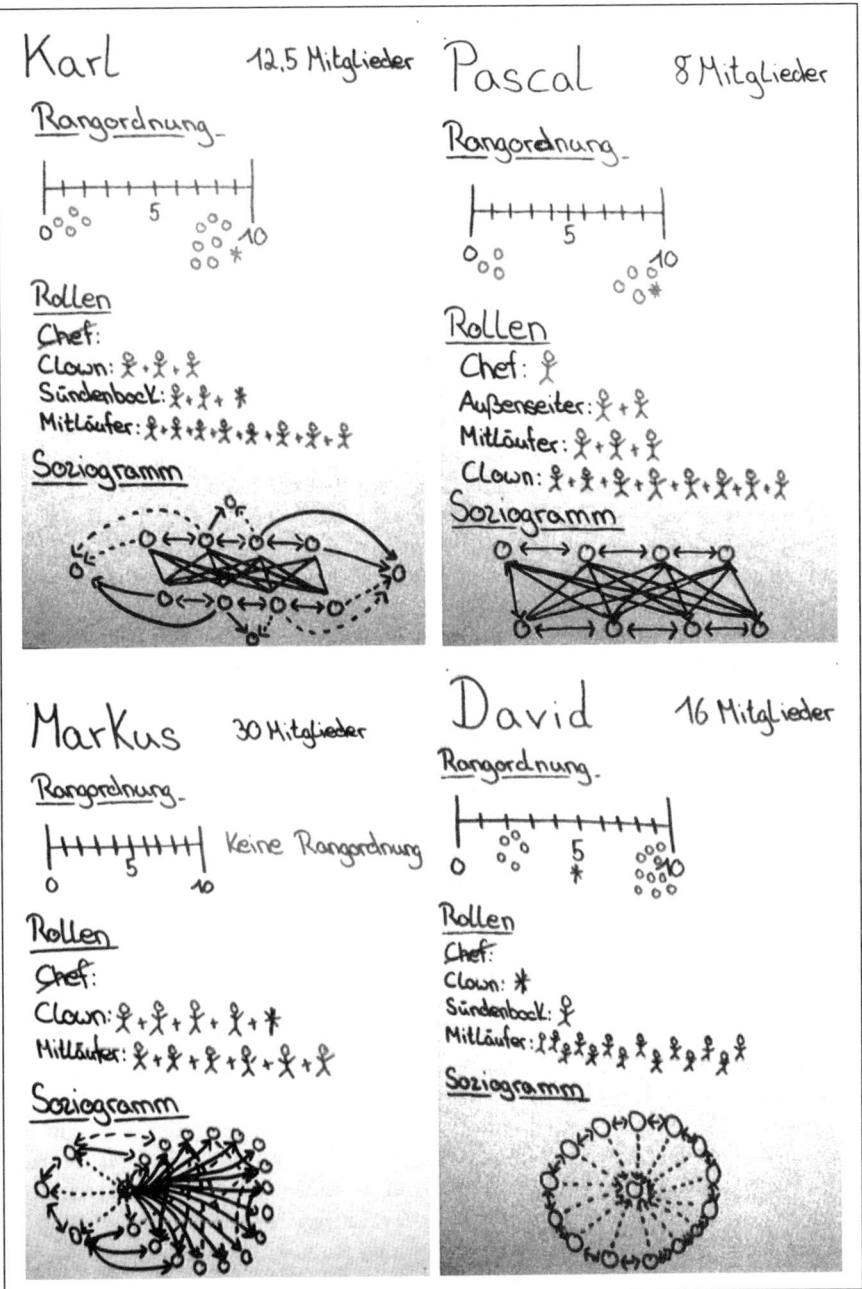

Abb. 28: Netzwerke der Peergroup delinquenter Jugendlicher

2.2 Spezielle Aspekte der Netzwerkpraxis

2.2.1 Unkonventionelle Balance: Themenzentrierte Interaktion

Mit Blick auf die Probleme und Grenzen konventioneller Ansätze der Konfliktbewältigung macht es Sinn, nach unkonventionellen Ansätzen der Konfliktlösung zu suchen. Hierzu ist es notwendig, sich den tieferliegenden inhaltlichen Fragen zu stellen. Blockaden und Eskalationen in der Netzwerkarbeit sind oftmals auf eben jene inhaltlichen Kontroversen zurückzuführen. Diese inhaltlichen Fragen werden in den meisten Netzwerken entweder gar nicht mehr thematisiert oder aber in unregelmäßigen Abständen z. B. in Form extern moderierter Workshops. Nicht selten haben diese Workshops keinerlei Effekt auf die weitere Arbeit des Netzwerks.

Hier bietet die Themenzentrierte Interaktion (TZI) ein grundlegendes Konzept der inhaltlichen Arbeit im Netzwerk, indem sie die Netzwerkarbeit selbst als einen permanenten Lernprozess begreift. Blockaden und Eskalationen sind somit keine Störungen des Netzwerkbetriebes, sondern sie verweisen auf offene inhaltliche Fragen, die es primär zu bearbeiten gilt. Auch die TZI kann zwar kein Patentrezept sein, immerhin kann sie jedoch der Arbeit im Netzwerk wichtige Impulse vermitteln (vgl. auch Schönig 2013, 2015a). Letztlich sind Netzwerke nichts anderes als Strukturen themenzentrierter Aktion. Die TZI (Cohn 1992) zeichnet sich dadurch aus, dass sie „eines der meistangewandten Gruppenverfahren im Bereich der humanistischen Psychologie und Pädagogik" (Löhmer/Standthardt 2006, S. 9) ist. Sie entwickelt aus einer humanistischen Grundhaltung heraus „scheinbare Selbstverständlichkeiten im menschlichen Miteinander und zeigt einen Weg auf, wie diese wertschätzenden Umgangsweisen eingeübt werden können" (ebd.). Die TZI-prägende Wertschätzung ermöglicht einen Entwicklungsprozess, der als lebendiges Lernen in Gruppen beschrieben wird und dessen Ziel die Herstellung einer Balance zwischen Person, Gruppe und Thema ist.

Abbildung 29 zeigt das weithin bekannte Strukturmodell der themenzentrierten Interaktion, „das runde Dreieck – der Schlüssel für das lebendige Lernen" (Langmaak/Braune-Krickau 2010, S. 78). Es ist ein gleichseitiges Dreieck aus den drei Faktoren Ich (Person), Wir (Gruppe) und Thema (Es). Dieses gleichseitige Dreieck wird von einem Kreis, dem vierten Faktor, der die für alle gemeinsam geltende Umwelt (Globe) symbolisiert, umschlossen und gerundet.

Ziel der TZI ist die Herstellung einer langfristigen Balance der Elemente im Strukturmodell. Die Probleme in Gruppenprozessen sind in der TZI als ‚Störungen' von entscheidender Bedeutung. Störungen haben Vorrang. Sie werden daher nicht unterdrückt, sondern methodisch aufgegriffen, da unbearbeitete Störungen den Gruppenprozess vollständig blockieren können.

„Wird jedoch versucht, eine Störung schnell abzuhandeln oder gar zu vertuschen, beeinträchtigt dies den gemeinsamen Lernprozess der Gruppe nachhaltig. Die Störung schwelt im Verborgenen weiter und bindet zunehmend die Energie der Gruppenmitglieder. Auf lange Sicht führt dies zum Stillstand le-

bendiger Gruppenarbeit. Nach außen mag noch die Illusion einer Arbeits- oder Lerngruppe aufrechterhalten sein, tatsächlich haben sich die Gruppenmitglieder ausgeklinkt, sie sind innerlich nicht mehr bei der Sache, lernen nichts mehr und sehen nur noch das Ende der Veranstaltung herbei." (Löhmer/Standthardt 2006, S. 50)

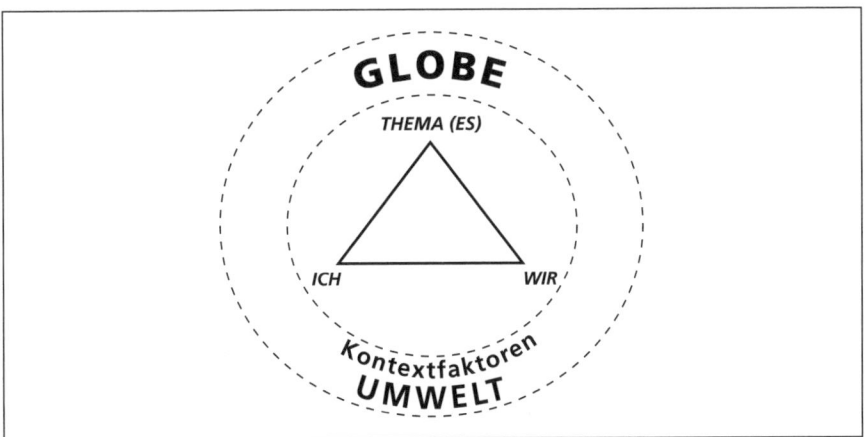

Abb. 29: Das Strukturmodell der TZI (nach Waltner 2014, o. S.)

Fallbeispiel: Das ‚Netzwerk Gesundheitsförderung' findet seine Balance

Ein ‚Netzwerk Gesundheitsförderung', das aus sehr unterschiedlichen institutionellen Akteuren besteht, bearbeitet in einer Stadt seit vielen Jahren die bekannten Aspekte (Drogen, Sexualität, Ernährung u. a.) und Settings (privater Haushalt, Arbeitsplatz, Schule u. a.) der Gesundheitsförderung. Dabei wird gern auf Kampagnen und Material übergeordneter Einrichtungen wie einer Bundeszentrale, einem Ministerium sowie aus verschiedenen Verbänden zurückgegriffen. Man versteht sich als Teil eines sehr großen, bundesweiten Netzwerks der Gesundheitsförderung, in dem man selbst eher passiv, aber lokal durchaus erfolgreich mitarbeitet. Allerdings sind in letzter Zeit zunehmend Irritationen und sogar Störungen aufgetreten, indem einige Akteure den Netzwerktreffen fernblieben und sich nicht mehr aktiv in die Kampagnen eingebracht haben. Insgesamt jedoch wurde die Netzwerkarbeit wie gewohnt fortgesetzt und kritischen Nachfragen nicht nachgegangen. Es bestanden weder Zeit noch Interesse für die Arbeit an möglichen Problemen des Netzwerks. Auf indirektem Wege erfahren nun einige von möglichen Problemursachen. Sie sind sehr unterschiedlich gelagert: So besteht aufgrund einer Gesetzesänderung neuerdings eine spürbare Konkurrenz zwischen einigen Akteuren, andere Akteure sehen alte Themen (z. B. Aids) über- und neue Themen (z. B. Tropenkrankheiten) unterrepräsentiert, wieder andere stellen das gesamte Konzept der Gesundheitsförderung als zu wirtschaftsnah in Frage.

> Die Koordinationsgruppe greift diese Themenvielfalt auf und leitet einen längeren, extern moderierten Prozess der themenzentrierten Interaktion ein, in dem die Akteure jene Themen auf vertraulicher Grundlage zur Sprache bringen. Nach einem Jahr intensiver Arbeit, in dem der sonst übliche Kampagnenbetrieb ruhte, haben sich die Akteure so weit verständigt, dass das Netzwerk in verkleinerter Form und mit teilweise neuen Themenakzenten fortgeführt wird. Fragen von Konkurrenz und Kooperation zwischen den Akteuren finden nun allgemein Beachtung und können bei der Netzwerkarbeit berücksichtigt werden, ohne abschließend gelöst zu sein.
> Der Prozess themenzentrierter Interaktion erscheint den Netzwerkern allgemein als notwendig und erfolgreich. Daher wird eine jährliche Klausurtagung vereinbart, auf der – in der nun erlernten Form – neue Entwicklungen vorgebracht und angesprochen werden können. Eine besondere Tagesordnung wird hierzu von der Koordinationsgruppe nicht erstellt, sondern dem offenen Gruppenprozess überlassen.

Im Fallbeispiel ist ein etabliertes, durch einen hohen Anteil staatlicher Akteure gekennzeichnetes Netzwerk Opfer einer Themenerstarrung geworden. In ihm wurden Störungen, Attentismus bis hin zum individuellen Rückzug in der Regel hingenommen, übergangen und überdeckt, um den Netzwerkprozess vordergründig nicht zu gefährden. Sehr selten hingegen werden diese Symptome offen angesprochen, und noch seltener dürfte die Diskussion um die Ursachen in den Vordergrund gestellt werden. Insofern wird die Standardempfehlung der themenzentrierten Interaktion – Störungen haben Vorrang – in Netzwerken in der Sozialen Arbeit oftmals verletzt, d. h. es wird in der Tagesordnung fortgefahren und keine Ursachenforschung betrieben. Mit einem falsch verstandenen Professionalitätsgehabe, ‚im Schatten der Hierarchie' und mit Blick auf ‚die Rute im Fenster' bleiben Störungen, Attentismus und auch individuelle Rückzüge bestehen.

Mit Blick auf das Strukturmodell der TZI ist es möglich, typische Balanceprobleme und Störungen in Netzwerken der Sozialen Arbeit einzuordnen:

- *Ich versus Wir*: Zwischen den Gruppenmitgliedern existiert eine Hierarchie, Konkurrenzsituation und Vorgeschichte, die einer offenen Kooperation im Wege stehen.
- *Ich versus Thema*: Persönliche Betroffenheit bei einem Thema und persönliche Motive der Mitarbeit, die eine Themenfixierung oder -aversion erzeugen und zur Themenstarre beitragen können.
- *Ich versus Umwelt*: Persönliche Situation außerhalb des Netzwerks und insbesondere in anderen, konkurrierenden Netzwerken. Hierdurch entstehen Rollen- und Loyalitätskonflikte, die nicht bearbeitet werden.
- *Wir versus Thema*: Vorgeschichte des Netzwerks z. B. als Fortführung älterer Kooperationsstrukturen zu ähnlichen Themen. Hierdurch kommt es zur Bildung von Untergruppen, Ausschließungsprozessen und gruppeninternen Konflikten.

- *Wir versus Umwelt:* Stabilität und Instabilität der Institutionen, mit denen das Netzwerk zusammenarbeiten will. Dies verschärft sich, wenn einzelne Kooperationspartner als gesetzt vorgegeben werden oder ganz ausfallen.
- *Umwelt versus Thema:* Die Umwelt – der Sozialraum – macht gleichzeitig einen wesentlichen Teil des Themas aus, d. h. Umwelt und Thema gehen ineinander über. Daher ist eine Balance von vornherein erschwert.

Wie erwähnt, passt es nicht recht zum verbreiteten Habitus der Akteure – vor allem in großen, etablierten Netzwerken –, verdeckte Probleme unterschiedlicher Art aufzudecken und nach Art der TZI in einem gruppentherapeutischen Bildungs- und Lernprozess zu bearbeiten. Die Notwendigkeit eines solchen Prozesses wird im politischen Raum kaum zugegeben, und die notwendigen Ressourcen werden nur ausnahmsweise bereitgestellt. Das Fallbeispiel zeigt hier eine positive Ausnahme vom negativen Regelfall. Oftmals dominiert hingegen die kollektive Obstruktion derart nachhaltig, dass auch eine ggf. engagierte externe Moderation, die für einen begrenzten Zeitraum engagiert wird, diese Blockaden nicht bearbeiten kann. Der Erfolg einer externen Moderation wird wahrscheinlicher, wenn sich diese an eine bewährte Methodik hält. Mit anderen Worten: Das Übergehen und das Nicht-Bewältigen von Konflikten sind für Netzwerke mindestens ebenso charakteristisch wie ihr reibungsloses Funktionieren. Störungen haben im Alltag offizialisierter Netzwerke (vgl. Kap. 2.1.5) eben nicht Vorrang, sondern Nachrang und können sich daher als Scheiternsursache entfalten. Welche grundlegenden positiven Impulse können nun von der TZI für die Arbeit in offizialisierten Netzwerken ausgehen?

Erstens ist *in einem großen, von Hierarchien geprägten, offizialisierten Netzwerk die Balance innerhalb des Strukturmodells gefährdet*, und daher kann es leicht zu Blockaden kommen. Über diese Probleme wird insbesondere in professionellen, tertiären Netzwerken (Motzke/Schönig 2012, S. 235) oftmals hinweggegangen, da dort Themenbezug und Sachlichkeit den Habitus der praktischen Arbeit prägen. So kann die ostentative Sachlichkeit der Netzwerke in der Sozialen Arbeit effizientes und effektives Arbeiten ermöglichen, sie birgt aber auch die Gefahr, dass verdeckte Konflikte zu Blockaden führen. Je mehr diese Netzwerke nicht den gesamten Menschen bzw. Akteur in den Blick nehmen, sondern nur einzelne Aspekte und mithin das einzelne Netzwerk als spezialisierte „role to role community" (Straus 2004, S. 9) funktioniert, umso mehr dominiert in ihm die Sachorientierung. Umso deutlicher steigt dann jedoch auch das Risiko, dass der personelle Aspekt doch irgendwann Raum greift, nun aber in seiner Komplexität unbearbeitet bleibt und daher vielfältige Handlungsblockaden oder eine Eskalation auslöst. Dann wiederum kann z. B. die TZI einen unkonventionellen Lösungsansatz gemeinsamen Lernens bieten.

Dies bedeutet, auch tertiäre Netzwerke nicht nur als Problemlöser, sondern auch als *Lernort* aufzufassen, in dem *Lernprozesse* ablaufen. Jene Lernprozesse bringen nicht selten überraschende Ergebnisse – Innovationen – hervor. Es gilt, das Netzwerk für Innovationen, d. h. für Fragen und Versuche, für Erfolg und Misserfolg offenzuhalten.

Zudem hat die TZI einen *gesellschaftspolitischen Anspruch*, welcher für die Soziale Arbeit in Netzwerken einen Impuls setzen kann. In der TZI ist dieser gesellschaftspolitische Anspruch (gemeinsame Arbeit am Thema durch Interaktion des ganzen Menschen) sehr grundlegend und war im Kontext der Emigration Ruth Cohns während und nach dem Zweiten Weltkrieg letztlich das auslösende Moment ihrer Entwicklung. Die wechselnde Durchdringung und Selbstregulation von Autonomie und Interdependenz, insbesondere die Idee der partizipativen Leitung, haben eine gesellschaftspolitische Dimension. Die TZI ist „nicht per se politisch, enthält aber deutliche politische Akzente" (Stollberg 2012, S. 26, vgl. S. 32).

Auch wenn die TZI sicher nicht zum Standardmodell der Netzwerkorientierung avancieren wird, so kann sie doch für die Suche nach Störungsursachen und für die Arbeit an diesen Ursachen wichtige Impulse geben. Notwendig ist in jedem Fall, Störungen der Balance wahrzunehmen, d. h. entsprechend störungssensibel zu sein. Sind diese Ursachen im Netzwerk nicht diskutierbar und letztlich nicht lösbar, so müssten sie in Untergruppen ausgelagert oder ganz aus dem Netzwerk ausgeblendet werden. Zudem kann es sinnvoll sein – da eine TZI in einer Großgruppe nicht machbar ist – ‚durch Bildung und/oder Abgrenzung von intensiv arbeitenden Substrukturen (‚harter Kern', ‚Netzwerkaktivisten' o. ä.; vgl. Schönig/Knabe 2010; Hummel 2011) eine kleinere TZI-Gruppe zu bilden, in der unterschiedliche Positionen repräsentiert werden. Jene Gruppe, deren Mitglieder sorgfältig ausgewählt werden sollten, funktioniert weniger deklaratorisch, und in ihr kann flexibler und vertrauensvoll gearbeitet werden.

Notwendig dafür sind Spielräume zur freien Deutung, Konstruktion und Störungsbehandlung des Themas. Enge Themenvorgaben und Berichtspflichten stehen dem entgegen, und so ist es eine Aufgabe der Politik, entsprechende offene Prozesse zu ermöglichen und die notwendigen Freiräume für eine offene Deutungsarbeit ggf. z. B. in einer Satzung festzulegen. Von besonderer Bedeutung sind zudem ein Grundverständnis der TZI, die Fähigkeit zur partizipierenden Leitung und schließlich die Haltung, das offizialisierte Netzwerk mit Leben füllen zu wollen. Angesichts der Rechtfertigungs- und Berichtspflichten vieler Akteure insbesondere in institutionellen Netzwerken erfordert dies Mut und Solidarität.

Schließlich ist – wie auch im Fallbeispiel angedeutet – auf den erheblich erhöhten Zeitbedarf störungssensibler Netzwerkorientierung hinzuweisen. Erst eine Langfristperspektive erhöht das Vertrauen zwischen den Netzwerkteilnehmenden und ihre Kooperations- und Kompromissbereitschaft. Sie haben die Möglichkeit, die typischen Phasen des auch für die TZI grundsätzlich relevanten Gruppenprozesses zu durchlaufen (Langmaack/Braune-Krickau 2010, S. 121–137), und werden auf eine natürliche personelle Fluktuation im Netzwerk eingehen müssen. Beides gelingt nur mit einer Langfristperspektive.

2.2.2 Externe Netzwerkmoderation: Zwischen Erfolg und Instrumentalisierung

Netzwerke sind im Normalfall selbstverwaltet, indem ein Akteur als Einzelperson oder in einer Gruppe für einen bestimmten Zeitraum diese Funktion innehat. In institutionellen sozialen Netzwerken ist mit dieser Funktion oftmals die Rolle des Sprechers verbunden, der das Netzwerk gegebenenfalls nach außen vertritt. Ist das Netzwerk durch eine deutliche Hierarchie geprägt, so übernimmt eine Steuerungsgruppe/Koordinationsgruppe diese Aufgaben. Allerdings kann die Selbstverwaltung durch Sprecher und Koordinationsgruppe an eine Grenze stoßen, wenn sich Diskussionen festgefahren haben und Konflikte im Netzwerk nicht mehr ohne externe Impulse zu lösen sind. Dann ist es sinnvoll, eine externe, meist freiberuflich tätige Netzwerkmoderation hinzuzuziehen. Sie nimmt eine neutrale Position ein und verfügt über die notwendigen Methodenkenntnisse für solche Moderationsprozesse. Jeder Netzwerkpraktiker kann plastisch aus solchen Moderationsprozessen berichten (vgl. exemplarisch Teller/Longmuß 2007).

Letztlich ähnelt die Rolle externer Netzwerkmoderation derjenigen einer Unternehmensberatung, welche ebenfalls zunächst eine Netzwerk-/Kommunikationsanalyse vornimmt und/oder vom Unternehmen als Unterstützung bei Krisenmanagement oder in Innovationsprozessen eingesetzt wird. Hier sind es insbesondere die Strategieberatung sowie die Organisations-/Prozessberatung, welche auch in institutionalisierten sozialen Netzwerken eingesetzt wird. Hier werden also Fragen bearbeitet wie: ‚Welche Themen soll das Netzwerk in den nächsten Jahren bearbeiten?' bzw. ‚Wie können wir unsere Netzwerkarbeit verbessern?'.

Eine externe Netzwerkmoderation ist durchaus riskant; sie kann umso eher scheitern, je konfliktbelasteter die aktuelle Netzwerkarbeit ist. Dabei bewegt sie sich immer auf gleichsam vermintem Terrain, da die Ursache, eine externe Moderation hinzuzuziehen, in aller Regel auf einen unbewältigten Konflikt hindeutet. Nur in seltenen Fällen, wenn etwa in einem EU-Förderprogramm ein fester Finanzposten für eine externe Moderation eingeplant ist, kann eine externe Moderation in einem konfliktfreien Umfeld agieren.

Voraussetzung für eine gelingende externe Moderation ist, dass die beteiligten Akteure eine hinreichende Planungssicherheit haben, d. h. nicht kurzfristig zueinander in akut existenzbedrohender Konkurrenz stehen. Ausdruck der Planungssicherheit ist beispielsweise die zeitlich gesicherte Zuständigkeit freier Träger für die sozialen Dienste in einem Sozialraum. Erst diese Planungssicherheit ermöglicht eine gemeinsame Einschätzung der Lage, eine gemeinsame Zielfindung und eine auf die Zielerreichung hin ausgerichtete Kommunikation. Planungssicherheit fundiert eine verlässliche Finanzierung von Stellen und eine klare fachliche Verantwortung. Periodische Neuverteilungen von Stellen und Zuständigkeiten sind damit nicht ausgeschlossen und werden sogar zu Schlüsselereignissen im Netzwerk. Wichtig ist jedoch, dass die Vertreter der Stadt diese Termine und Sensibilitäten im Auge behalten und offen thematisieren (Schönig 2014, S. 170).

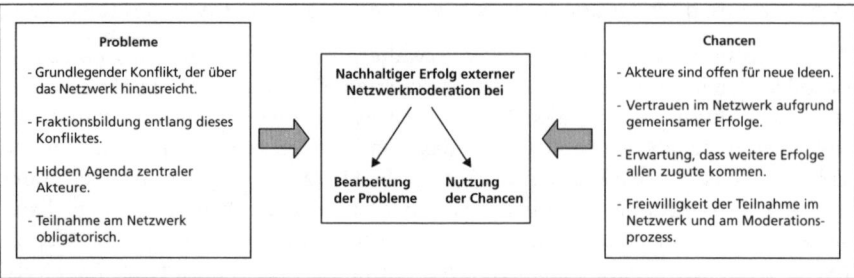

Abb. 30: Probleme und Chancen der externen Netzwerkmoderation in institutionellen Netzwerken

Da die externe Netzwerkmoderation eben nicht Teil des Netzwerks ist, kann sie sehr leicht scheitern, sei es, dass die von ihr moderierte Themenfindung praktisch nicht trägt, oder sei es, dass die von ihr ermittelten Reformbedarfe letztlich nicht umgesetzt werden. Erfolg oder Misserfolg, d. h. die nachhaltige Wirksamkeit einer externen Netzwerkmoderation hängt letztlich davon ab, wie gut ihre Rahmenbedingungen im Netzwerk sind. Die Rahmenbedingungen entscheiden darüber, ob einige Netzwerkakteure die Moderationsphase nur über sich ergehen lassen und am Ende ignorieren werden. Letztlich sind Fragen zu stellen, wie: Gibt es einen besonderen Hintergedanken bei der Einsetzung der externen Netzwerkmoderation, folgt sie einer Hidden Agenda? Oder ist der Prozess tatsächlich von allen Akteuren gewollt und offen angelegt? Abbildung 30 zeigt die zentralen Probleme und Chancen als Erfolgsfaktoren externer Netzwerkmoderation im Überblick.

Fallbeispiel: Das Stadtteilnetzwerk entwickelt sich an seinem Thema

Seitdem ein städtisches Armutsgebiet vor einigen Jahren Programmgebiet der ‚Sozialen Stadt' war, hat sich auch nach Auslaufen der Projektförderung ein Stadtteilnetzwerk herausgebildet. In ihm wirkt eine Vielzahl professioneller und ehrenamtlicher Akteure mit und arbeitet routiniert an den üblichen Themen.

Jedoch fehlt dem Stadtteil ein Leuchtturmprojekt sozialen Engagements, das den Bewohnern nützlich ist und das zudem auch eine integrierende Wirkung haben könnte. In verschiedenen Netzwerkdiskussionen wurden bereits eine Reihe von Vorschlägen unterbreitet, jedoch ebenso schnell wieder fallengelassen und zerredet. Oftmals wurden die Projektideen in der Diskussion derart überfrachtet, dass ihre Promotoren ihre Vorschläge selbst zurückzogen.

Ein Initiativkreis geht daraufhin mit der Idee einer moderierten Open-Space-Veranstaltung voran und organisiert die notwendigen Finanzmittel für die externe Moderatorin. Ihr gelingt es, aus den verstreuten Ideen die Vision eines Sozialkaufhauses als Stadtteilgenossenschaft zu formen, auf die man sich schnell einigen kann und die neues Engagement einer Projektgruppe freisetzt. Diese Projektgruppe bildet den Kern der Genossenschaftsgründung, in der die Akteure des Stadtteilnetzwerks zu Genossen werden und sie damit auch rechtlich tragen. Fortan ist die Genossenschaft ein Leuchtturmprojekt des Stadtteils und der Stolz der Netzwerkakteure.

Fallbeispiel: Der Moderator soll instrumentalisiert werden

Die absehbare Auflösung einer Hauptschule in einer Kommune ist für die Schuldezernentin der Anlass, einen breit angelegten Diskussionsprozess über die Zukunft der kommunalen Bildungslandschaft in Gang zu bringen. Hierfür wird von der Schuldezernentin ein Netzwerk ‚Schule der Zukunft' ins Leben gerufen und eine externe Moderatorin engagiert. Jene Moderatorin soll einen Konzept-Entwicklungsprozess begleiten, in dem die unterschiedlichen Schulformen sowie freie Bildungsträger, soweit sie im Schulkontext aktiv sind, zusammenarbeiten. Allerdings zeigen sich bald zwei Probleme:

- Erstens gibt es im Netzwerk erhebliche Differenzen zu den schulpolitischen Themen, welche seit Jahren zwischen den Schulformen, aber auch zwischen den Schulen und den freien Trägern existieren. Stichworte hierfür sind beispielsweise die Inklusionsthematik und die Übermittagsbetreuung. Zu ihnen haben die einzelnen Akteure sehr unterschiedliche Positionen, und anhand dieser Positionen bilden sich bald im Netzwerk die entsprechenden Fraktionen.
- Zweitens verfolgt die Schuldezernentin mit dem Netzwerk einen Hintergedanken, da sie im Sinne ihrer parteipolitischen Programmatik eine neue Gesamtschule installieren will. Mit dieser Gesamtschule soll der Schulfrieden wieder hergestellt werden.

Bald verfestigt sich die Fraktionsbildung, und es werden sehr unterschiedliche Einschätzungen zur Gesamtschule bei den absehbaren ‚Gewinnern' und ‚Verlierern' dieses Modells deutlich. Da es sich hierbei auch um materielle Interessen handelt, ist die Netzwerkmoderatorin mit der Aufgabe überfordert, bei diesen Fragen auf einen Konsens hinzuwirken. Zudem sorgt ein Konzeptentwurf der Schuldezernentin mit dem Tenor ‚Schulfrieden durch Gesamtschule' für Empörung und dies sowohl bei einigen Netzwerkakteuren als auch bei der externen Moderatorin, die sich instrumentalisiert fühlt und ihren guten Ruf in der Branche gefährdet sieht. Da so das Netzwerk keine positive Perspektive hat, wird es durch die Schuldezernentin aufgelöst. Die Kommune erhält eine Gesamtschule, ohne dass damit allerdings der angestrebte Schulfrieden erreicht wäre.

Beide Fallbeispiele verdeutlichen die Probleme und Chancen externer Netzwerkmoderation an einer erfolgreichen Moderation (das Stadtteilnetzwerk findet sein Thema) und einer gescheiterten Moderation (das Netzwerk ‚Schule der Zukunft' wird aufgelöst). In beiden Fällen ist nichts über die persönlichen Fähigkeiten der beiden externen Moderatorinnen bekannt, obgleich diese durchaus den Erfolg der Moderation beeinflussen können.

Unterstellt man jedoch jeweils gleiche Fähigkeiten der Moderatorinnen, so fallen die unterschiedlichen strukturellen Voraussetzungen beider Moderationsprozesse ins Auge. In beiden ist der Erfolg bzw. Misserfolg des Prozesses vor allem in den Strukturen angelegt und letztlich weniger von den Moderatorinnen zu beeinflussen. Umso wichtiger ist es für die externen Moderatoren, die strukturellen Voraussetzungen vorab zu ermitteln, nach Fraktionen und Konflikten zu suchen und intensiv nach einer Hidden Agenda zu fahnden. Diese Recherche sollte die Moderation schon im Eigeninteresse durchführen, da das offensichtliche Scheitern eines solchen Prozesses skandalös ist und dem professionellen Standing der externen Moderation schadet.

2.2.3 Ausblühungen an der Peripherie: Ehrenamtler im professionellen Netzwerk

Bedenkt man die vielfältigen Probleme der Netzwerkpraxis insbesondere in professionellen Netzwerken, so mag man sich wundern, wie gut viele Netzwerke realiter trotz dieser potenziellen Handlungsblockaden und drohenden Eskalationen funktionieren. Die Lösung dieses Widerspruchs liegt möglicherweise an den Rändern des sozialen Netzwerks, d. h. gerade dort, wo freiwillig, idealistisch, informell, ehrenamtlich und frei von Loyalitätskonflikten für die Ziele des Netzwerks gewirkt wird. Dies gilt auch und gerade dann, wenn sich diese peripheren, ehrenamtlichen Akteure ihres positiven Beitrags und ihrer wichtigen Rolle nicht bewusst sind und wenn sie zudem auch von den zentralen professionellen Akteuren nur am Rande wahrgenommen werden.

Eine Formulierung wie ‚Mittendrin, dabei oder versteckt am Rande' verweist auf unterschiedliche Akteurstypen in sozialräumlichen themenzentrierten Netzwerken und hat dabei vor allem die Ehrenamtler im Blick. Grundsätzlich können zwar ehrenamtliche Akteure in einem Netzwerk sehr unterschiedliche Positionen innehaben. Gleichzeitig liegt es auf der Hand, dass mit zunehmendem Professionalisierungsgrad eines Netzwerks die Ehrenamtler eher eine randständige Position einnehmen.

Näheren Einblick zur Einbindung ehrenamtlicher Akteure in ein professionelles Netzwerk gibt eine durchgeführte Netzwerkanalyse (Schönig/Knabe 2010). Hier zeigte sich zunächst, dass für 180 Personen nur insgesamt 293 Verbindungen zum Informationsaustausch ermittelt werden konnten, d. h. im Mittelwert lediglich 1,62 Bindungen je Akteur. Dieser Wert verweist auf eine sehr geringe Dichte des Netzwerks. In ihm haben jedoch einige Akteure einen weitaus höheren Zentralitätsgrad. Sie sind in Abbildung 31 auf der linken Seite dargestellt. Von links nach rechts nimmt dann die Zahl der Nennungen ab.

In der grafischen Darstellung aus Abbildung 31 sind von oben nach unten Zonen unterschiedlich intensiver Einbindung in das Netzwerk zu erkennen. Am oberen Rand erkennt man deutlich zwei Personen herausragender Zentralität, darauf folgen acht Personen mit geringerer Zentralität, weitere 20 Personen, die in der unteren Hälfte noch als Personen unterscheidbar sind, und anschließend die dominierende Peripherie des Netzwerks. Man erkennt zudem, dass nur wenige Personen eine reziproke Beziehung aufweisen (fett gezeichnete Linien) und dass jene reziprok vernetzten Personen durchweg einen hohen Zentralitätsgrad aufweisen. Diese wenigen zentralen Akteure werden in der gängigen Netzwerkdarstellung deutlich hervorgehoben, alle anderen Akteure sind kaum voneinander zu unterscheiden.

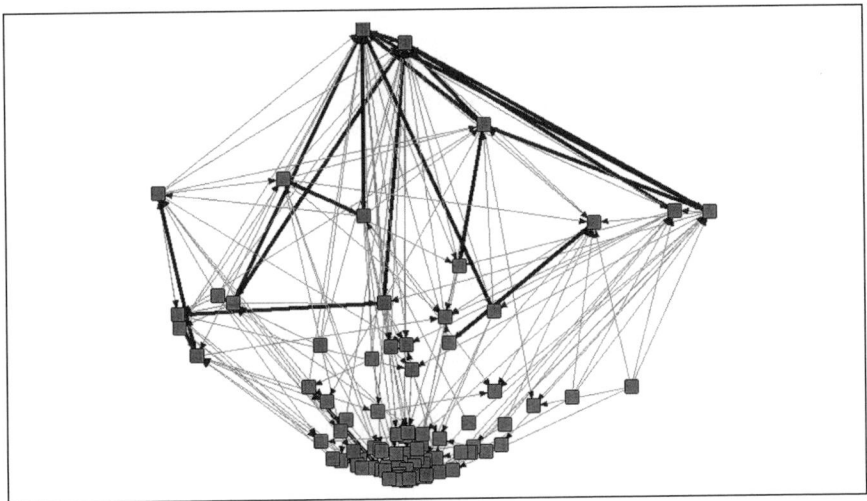

Abb. 31: Informationsfluss in einem professionellen Hilfenetzwerk (Schönig/Knabe 2010, S. 46)

Interessant ist daher die Betrachtung jener Akteure, die einen geringen Zentralitätsgrad, jedoch einen hohen Kontrollgrad aufweisen. Jene Personen sind in der Peripherie des Netzwerks angesiedelt und haben von dort aus Kontakte zu Ehrenamtlern, die sich nur auf sie beziehen. Die Akteure können daher den Informationsfluss zu dem auf sie bezogenen Ehrenamtler kontrollieren, und man kann davon ausgehen, dass die Ehrenamtler nicht unbedingt ein Interesse an einer intensiveren Einbindung in das Netzwerk haben. Ganz im Gegenteil: Die Ehrenamtler selbst legen Wert auf ihre Autonomie und pflegen den persönlichen Kontakt zu dem ihnen bekannten Akteur, ohne dass sie deshalb zwingend in die Gesamtstruktur des Netzwerks eingebunden sein wollen. Im befragten Netzwerk zeigen sich mehrere solcher Strukturen in Form von Ausblühungen am Rande des Netzwerks. In Abbildung 32 sind einige dieser Ausblühungen exemplarisch herausgelöst und so sichtbar gemacht worden.

Die Ehrenamtler in den jeweiligen Ausblühungen an der Peripherie haben offenbar einen gemeinsamen Bezugspunkt – ihre Kontaktperson im Netzwerk –, woraus sich nicht selten auch inhaltliche und räumliche Gemeinsamkeiten ergeben. Jene Gemeinsamkeiten der Ehrenamtler haben daher zunächst erstmal wenig mit dem Netzwerk an sich zu tun und bestehen auch außerhalb des Netzwerks. Erst durch den Kontakt zum Netzwerkakteur wird der Bezug zum Netzwerk hergestellt, so dass diese Verbindung sehr stark persönlich geprägt ist und von den befragten Netzwerkakteuren nur ungern konkret benannt wird.

152 Beispiele aus der Netzwerkpraxis

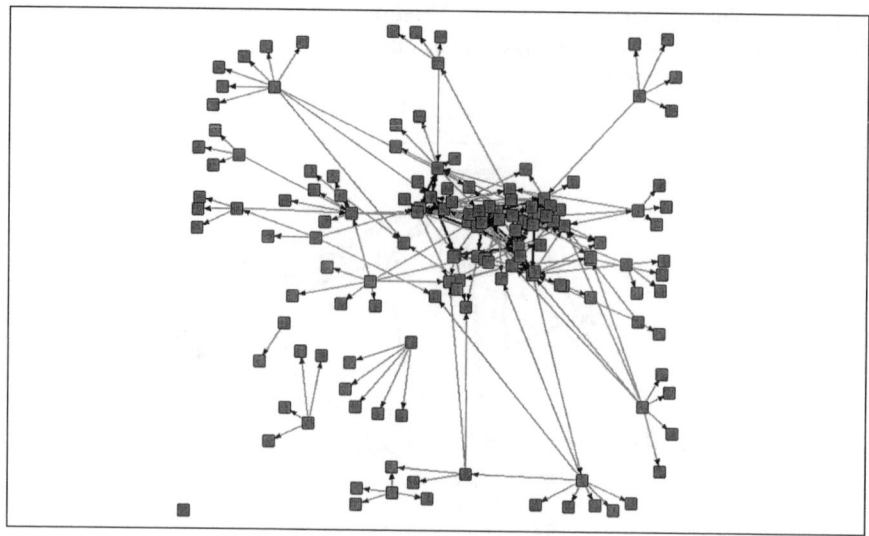

Abb. 32: Informationsnetzwerk mit Ausblühungen an der Peripherie (Schönig/Knabe 2010, S. 48)

Schließlich sei darauf hingewiesen, dass die Ausblühungen am Rande des Netzwerks durchweg keine reziproken Beziehungen aufweisen. Demnach sind die am Rande agierenden Ehrenamtler unterstützend tätig, erhalten jedoch keine für sie relevanten Informationen aus dem Netzwerk.

> **Fallbeispiel: Das ‚Netzwerk Jugendberufshilfe' will Ehrenamtler einbinden**
>
> Das ‚Stadtteilnetzwerk Jugendberufshilfe' ist in einem städtischen Problemgebiet gut aufgestellt. Es umfasst professionelle institutionelle Akteure aus der kommunalen Jugendhilfe, der Sozialraumkoordination, dem Migrationssozialdienst, verschiedenen Kulturzentren, dem kommunalen Jobcenter und Vertretern der Wirtschaftsverbände bis hin zu den ansässigen Medizinern und Psychologen. Aufgrund der Unterschiedlichkeit der Akteure, ihrer arbeitsteiligen Vorgehensweise und den Hierarchieunterschieden zwischen den Akteuren hat das Netzwerk Jugendberufshilfe in weiten Teilen den Charakter eines Systems, welches über die Jahre eingespielt gut funktioniert. Allerdings behindert die chronische Unterfinanzierung im Netzwerk und insbesondere die zunehmende Projektfinanzierung und Evaluation der freien Träger eine erfolgreiche Zusammenarbeit. Hierdurch sind im Netzwerk Friktionen bei der Weitervermittlung und kooperativen Unterstützung von Jugendlichen aufgetreten.
>
> In einer Netzwerkkonferenz wird daher diskutiert und beschlossen, dass man verstärkt ehrenamtliche Akteure in das Netzwerk einbeziehen will. Diese Freiwilligen vermitteln schon heute nicht selten Jugendliche unmittelbar in Ausbildungsstellen, und sie sind darüber hinaus den Jugendlichen vertraut und werden von

ihnen als Respektspersonen hoch angesehen. Typische Beispiele hierfür sind ein Kioskbetreiber, ein Fußballtrainer und ein ehemaliger Bezirksbürgermeister. Diese Personen sollen in das Netzwerk eingebunden werden, sie sollen gezielt Bindungen zu Jugendlichen aufbauen und dem Netzwerk auch eine höhere Stabilität nach innen und bessere Reputation nach außen verleihen.

Praktisch stößt indes die Idee einer stärkeren Einbindung von Ehrenamtlern in das professionelle Netzwerk bald auf zwei Probleme: Erstens beharren die meisten Ehrenamtler auf ihrer Autonomie. Sie wollen kein offizieller Akteur im Netzwerk sein, d. h. nicht in das arbeitsteilige Fallmanagement einbezogen werden. Zweitens haben die Ehrenamtler typischerweise nur Kontakt zu jeweils einem Professionellen im Netzwerk, welcher den Ehrenamtler als seinen individuellen Helfer ansieht. Beide Aspekte führen dazu, dass einige Ehrenamtler den Kontakt zum Netzwerk nun ganz abbrechen und andere von ihren Kontaktpersonen gar nicht erst informiert werden. Aufgrund dieser Probleme wird die Ehrenamtler-Initiative bald abgebrochen. Man ist im Netzwerk froh, im alten Modus weiterarbeiten zu können.

Fallbeispiel: Das ‚Netzwerk Jugendberufshilfe' vermittelt den ‚großen Bruder'

Das ‚Stadtteilnetzwerk Jugendberufshilfe' hat aus den negativen Erfahrungen gelernt. Es sieht nun davon ab, Ehrenamtler unmittelbar in das Netzwerk einzubinden. Allerdings erweist sich ein anderer Ansatz für das Netzwerk als fruchtbar und praktikabel: Die Akteure nehmen mit ehemals problembelasteten Jugendlichen, denen in der Jugendberufshilfe geholfen wurde, Kontakt auf und bringen diese in einem Paten-/Mentorensystem mit aktuellen Fällen zusammen. Diese Unterstützung nach dem französischen Modell des ‚großen Bruders' hat sich oftmals bewährt und kann auch im Fallbeispiel überzeugen. Für die Netzwerkarbeit ist dies insofern interessant, da der Erfolg des großen Bruders/der großen Schwester mehrere Ursachen hat, die in der Summe einen Ausblick auf die mögliche Einbindung von Ehrenamtlern in professionelle Netzwerke liefern.

Zum einen beruht der Erfolg darauf, dass es sich beim großen Bruder/der großen Schwester als Mentoren um einen anderen Typus von Ehrenamtlern handelt, nämlich solchen, die sich als resilient erwiesen haben und daher für die Jugendlichen ein authentisches Vorbild sind. Darüber hinaus haben diese Mentoren eine gute Vorstellung von der Situation der Jugendlichen im Hilfenetzwerk, und sie haben zudem eine Loyalität zum Netzwerk an sich, da ihnen ja zuvor im Netzwerk geholfen wurde. Schließlich sind die Mentoren sehr frei auf einer bilateralen Basis im Austausch mit einem oder wenigen Jugendlichen tätig und zunächst einmal nicht in die Prozesse des Netzwerks eingebunden. Sie können im Einzelfall darauf zurückgreifen, müssen es jedoch nicht, und sie sind selbstverständlich dem Netzwerk auch nicht berichtspflichtig. Daher erweisen sich diese Mentoren als eine sehr sinnvolle Ergänzung des professionellen Hilfenetzwerks.

Beide Fallbeispiele zeigen Chancen und Probleme der Einbindung von Ehrenamtlern in professionelle Netzwerke. Dabei wird man allgemein nach der unterschiedlichen Motivation von Ehrenamtlern unterscheiden müssen, aus der sich auch unterschiedliche Möglichkeiten ihrer Einbindung ergeben. So ist z. B. ein pensionierter Verwaltungsmitarbeiter, der sich im Ruhestand nützlich machen möchte, eher bereit, sich eng in ein Netzwerk einbinden zu lassen als eine berufstätige Ärztin, die nur gelegentlich und in größter Autonomie mitwirkt.

Auch ist zu bedenken, dass sich Personen, die zwar nicht als Professionelle im Netzwerk tätig sind, deren Profession jedoch mit dem Netzwerkthema eine enge Beziehung hat (z. B. ein freiberuflicher Coach im Netzwerk Jugendberufshilfe), anders einbringen werden als Personen, deren fachlicher Hintergrund gänzlich anders liegt. Letztere wollen über das Netzwerk auch selbst neue Erfahrungen sammeln (z. B. Mathematikerin aus gutem Hause, die im Armutsgebiet tätig wird). Hier ist jeder (ehrenamtliche) Einzelfall unterschiedlich gelagert und erfordert ein unterschiedliches Herangehen seitens der Netzwerkkoordination.

Andererseits zeigt die Erfahrung, dass Ehrenamtler in professionellen Netzwerken Fremdkörper sind: Sie sind umso mehr Fremdkörper, je geschlossener und damit systemischer das Netzwerk operiert. Ist das Netzwerk sehr gut eingespielt, so wächst die Gefahr der gegenseitigen Enttäuschung und des Scheiterns, da Ehrenamtler heute – Ausnahmen bestätigen die Regel – großen Wert auf Autonomie und persönlichen Kontakt bei ihrer ehrenamtlichen Tätigkeit legen. Gerade deshalb sind Mentorenprojekte wie der ‚große Bruder' ein guter Ansatzpunkt der Einbindung von Ehrenamtlern in professionelle Netzwerke. In diesem Sinne können auch Beiratstätigkeiten für Ehrenamtler attraktiv sein: Auch sie verbinden weitgehende Autonomie mit der Möglichkeit des persönlichen Kontakts.

2.2.4 Arbeitsteilung mit System: Das zentralisierte Hilfe-Netzwerk

Die Unterscheidung System und Netzwerk anhand eines Leitkriteriums (operative Geschlossenheit bzw. operative Offenheit, vgl. Kap. 1.1.3) ist in der Praxis vor allem mit Fragen einer Prozessstandardisierung, Hierarchie und Arbeitsteilung innerhalb von Netzwerken verbunden. Dabei gilt: Je standardisierter, hierarchischer und arbeitsteiliger ein Netzwerk operiert, desto mehr operiert es wie ein System. Es konzentriert sich dann (systemtypisch) mehr auf die effektive und effiziente Lösung bekannter Probleme als dass es (netzwerktypisch) nach innovativen Problemlösungen sucht.

In der Praxis sind häufiger Hilfe-‚Netzwerke' zu beobachten, die deutlich auch Elemente von Systemen zeigen. Oftmals umfasst diese systemartige Struktur eine starke Stellung eines zentralen Akteurs (z. B. städtisches Jugendamt, Kindertagesstätte, Clearingstelle), welche die Fallbearbeitung nach Art des Fall-Managements koordiniert.

Entscheidend für den Netzwerkaspekt ist dabei, dass der zentrale Akteur nicht primär aufgrund einer hierarchischen Position (z. B. Jugendamt im Verhältnis zu stationären Einrichtungen der Wohlfahrtspflege), sondern aus eher pragmatischen Gründen diese Stellung innehat und die operativen Prozesse durchaus offen angelegt sind. Der zentrale Akteur nimmt somit eine zentrale Koordinationsstellung ein, die aber letztlich eine Funktion wie jede andere auch in dem Hilfenetzwerk ist. Statt Konkurrenz dominiert Kooperation aufgrund von gegenseitigem Nutzen: Der zentrale Fallmanager in einem Familienzentrum ist gegebenenfalls ebenso auf die Kooperation mit z. B. einer Logopädin angewiesen wie die Logopädin einen relevanten Teil ihrer Aufträge von diesem Fallmanager erhalten mag. Beide Seiten – der zentrale Akteur und die anderen Akteure im Netzwerk – haben daher ein gleichgerichtetes Interesse (die erfolgreiche Fallbearbeitung), beide Seiten ziehen einen Nutzen aus der Kooperation (Reziprozität ist gewährleistet), und beide haben zudem eine Exit-Option (beide könnten auch andere Kooperationspartner wählen). So herrscht im Hilfenetzwerk eine Kooperation auf Augenhöhe – typisch für ein Netzwerk.

Ihre besondere Stärke entfalten diese Hilfenetzwerke bei der Bearbeitung komplexer Problemlagen. Jene Multiproblemlagen nehmen in der Praxis (z. B. der Jugendberufs- und in der Familienhilfe) deutlich zu, was schon für sich genommen eine zunehmende Vernetzung der sozialen Dienste nahelegt. Dies umso mehr, da in einem Netzwerk (z. B. während einer Fallkonferenz) flexibler Ziele formuliert, überprüft und auch korrigiert werden können, wobei die einzelnen Akteure ihre fachliche Perspektive jeweils gleichberechtigt einbringen können. Dabei bietet die Netzwerkstruktur die Möglichkeit, neue externe Ressourcen für den Fall und neue Themen in Form von Arbeitsgruppen zu erschließen.

> **Fallbeispiel: Zentralisiertes Hilfenetzwerk in einer JVA**
>
> Der Sozialdienst in einer Justizvollzugsanstalt arbeitet eng mit externen Suchtberatern zusammen. Damit kann die Betreuung der Inhaftierten verbessert werden, zudem ist so ein friktionsarmer Übergang in eine Suchtbehandlung nach der Haftentlassung möglich. Eine Zusammenarbeit mit externen Suchtberatern wird mit einer Vielzahl von Institutionen seit Langem erfolgreich praktiziert. Es hat sich durch die jahrelange Kooperation ein eingespieltes Netzwerk gebildet, bei dem der Sozialdienst der JVA die zentrale Stellung einnimmt.
>
> Die Zentralstellung des anstaltsinternen Sozialdienstes ist Folge des besonderen Settings der JVA und zudem noch dadurch begründet, dass die Mitarbeiter des Sozialdienstes u. a. Einfluss auf die Entscheidung, evtl. Lockerungsmaßnahmen oder vorzeitige Haftentlassung, haben. Sie werden daher von den Inhaftierten als Teil der JVA angesehen, während die Externen als neutral gelten, so dass zwischen ihnen und den Inhaftierten ein besonderes Vertrauensverhältnis besteht.
>
> So wird in Einzelfällen bereits während der Haft die psychosoziale Betreuung von substituierten Patienten von Externen übernommen, die dafür über die notwendigen Kenntnisse und Ausstattung verfügen. Weiterhin ermöglicht diese Zusammenarbeit z. B. eine Vermittlung der Insassen in eine stationäre Fachklinik nach dem Ende der Haft, was eine enge Zusammenarbeit mit den Inhaftierten wie auch der aufnehmenden Klinik voraussetzt. Zudem ist hierzu eine Kostenzusage und evtl. eine Aussetzung der Rest-Haftstrafe zur Bewährung notwendig. Auch dies erfordert eine enge Zusammenarbeit mit externen Akteuren.
>
> Unter dem Begriff ‚Übergangsmanagement' ist heute das Netzwerk institutionalisiert und fachlich-arbeitsteilig eingespielt. Alle Akteure profitieren von

> dem Netzwerk: Die JVA und die Insassen erreichen einen Hafterfolg und kürzere Haftzeiten, die externen Akteure verzeichnen eine höhere Auslastung ihrer Kapazitäten. Für alle ist die zentrale Stellung des internen Sozialdienstes unbestritten und Voraussetzung für eine reibungslose Zusammenarbeit auf Augenhöhe.

Das Fallbeispiel zeigt das Potenzial der Netzwerkarbeit, wenn auch im sehr speziellen Setting einer totalen Institution (Goffman 1973) und unter den besonderen Bedingungen des ohnehin schon stark arbeitsteilig organisierten Gesundheitswesens. Diese Gegebenheiten führen dazu, dass dem JVA-Sozialdienst zwangsläufig eine zentrale Stellung zukommt. Es ist nun das besondere Verdienst des Sozialdienstes, seine Zentralstellung über viele Jahre hinweg in eine vertrauensvolle und erfolgreiche Zusammenarbeit eingebracht zu haben. Auf dieser gesicherten Basis ist es dann auch möglich, ehrenamtliche Akteure arbeitsteilig einzubinden.

Eine detaillierte Erfassung dieses Netzwerks (Kania 2014) ist in den Abbildungen 33 und 34 dargestellt. Sie zeigen, dass es nicht nur den einen zentralen Akteur (zentraler JVA-Sozialdienst) gibt, sondern darüber hinaus drei weitere zentrale Akteure, über welche die Klienten verteilt werden (SKM-Koordinator, SKM ASC 2 und JVA Sucht Untersuchungshaft). Man erkennt hieraus, dass sich im Zuge der Arbeitsteilung offenbar weitere zentrale Akteure etabliert haben. Sie erreichen zwar nicht die besondere Zentralstellung des zentralen JVA-Sozialdienstes, sind aber als Koordinatoren in der zweiten Reihe anzusehen, welche den Clearing-Prozess übernehmen.

Das Netzwerk der Weiterleitung zeigt dann das Ergebnis dieses Clearing-Prozesses. Hier ist erkennbar, dass die Klienten an eine Vielzahl von Akteuren im Netzwerk weitergeleitet werden. Hierzu zählen neben mehreren Therapieeinrichtungen auch Rechtsanwälte, Ärzte, Wohnungsfachstellen, gesetzliche Betreuer, das Jugendamt, die Schuldnerberatung u. a., woraus sich eine Komplexität ergibt, die kaum noch sinnvoll grafisch dargestellt werden kann. Besonders hervorzuheben sind in diesem Netzwerk die spezialisierten und die stationären Dienste, die gleichsam das Ende der Vermittlungskette darstellen und unmittelbar mit den Klienten an der Problembewältigung arbeiten. Diese wiederum stehen untereinander fallweise in Kontakt.

Letztlich erfordert die hohe Komplexität des Weiterleitungsnetzwerks die Einrichtung koordinierender Stellen, die zentrale Positionen im Netzwerk einnehmen. Jene Positionen sind indes – wie bereits oben vermerkt – nicht Top-Down gesetzt, sondern haben sich in der Fallbearbeitung als effizient erwiesen und daher Bottom-Up durchgesetzt.

Ein derart erfolgreiches Netzwerk wird leicht Opfer seines Erfolgs. Opfer insofern, als es immer mehr zum System mutieren kann, indem Verfahrenswege weiter bürokratisch optimiert und damit operativ geschlossen werden. Dadurch wird jedoch das Innovationspotenzial des Netzwerks tendenziell vermindert, und dies wiederum zeigt sich deutlich, wenn neue Problemstellungen auftreten, auf welche die eingespielten Verfahren nicht passen.

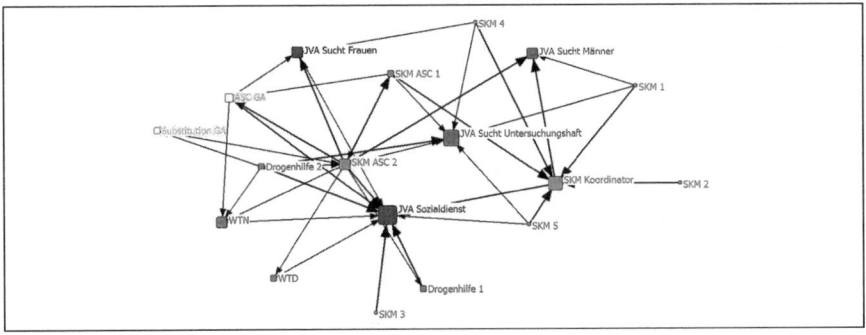

Abb. 33: Erste Vermittlung innerhalb des Hilfenetzwerks einer JVA (Kania 2014, S. 43)

Geänderte Rahmenbedingungen und neue Problemlagen werden in dem erfolgreich eingespielten Netzwerk nun systemisch als Komplikation des ‚alten' Themas und nicht netzwerktypisch als Innovation zum ‚neuen' Thema aufgefasst. Beispiele für diese geänderten Rahmenbedingungen sind Probleme bei der Kostenübernahme von Therapieplätzen und komplizierte Verfahrenswege in der externen Hilfelandschaft (Kania 2014, S. 63). Ein Beispiel für neue Problemlagen ist die kulturelle Prägung eines Großteils der Strafgefangenen, welche einen interkulturellen Ansatz und nicht nur ein psychologisch-therapeutisch geprägtes Vorgehen erfordert.

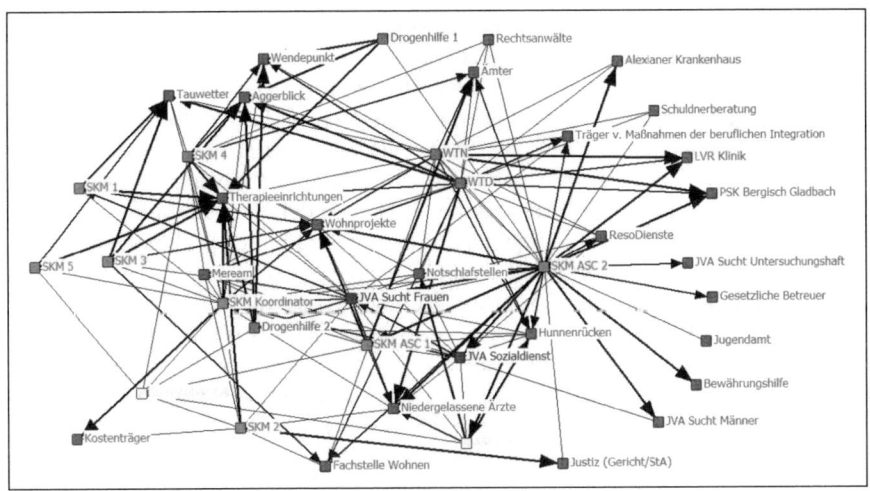

Abb. 34: Weiterleitung innerhalb des Hilfenetzwerks einer JVA (Kania 2014, S. 45)

Je weiter das Hilfenetzwerk bürokratisch-operativ optimiert ist, je weniger flexibel ist es gegenüber diesen externen Veränderungen, desto größer wird die Gefahr von Blockaden im Gesamtnetzwerk, wenn etwa die Weiterleitung von Klienten in Suchtkliniken nicht mehr sicher gewährleistet ist und die konventionellen Ansätze scheitern. Es stellt sich dann umständlich und systemisch die Frage nach einem Plan B, d. h. nach einem weiteren bürokratischen Prozess, während die typische Netzwerkperspektive offener mit diesen neuen Rahmenbedingungen umgehen würde. Zudem liegt es auf der Hand, dass die zentralen Akteure im Netzwerk im Laufe der Zeit ihre Machtposition im Konfliktfall mehr oder weniger subtil ausnutzen werden. Zumindest sind hierfür die strukturellen Voraussetzungen gegeben, da sie Merkmale eines hohen Kontrollgrades zeigen. Dann können sie z. B. widerspenstige Akteure durch Nicht-Weiterleitung von Klienten sanktionieren und durch den Netzwerkprozess insgesamt beschädigen.

2.2.5 Hilfenetzwerke versus Familiensysteme: Fälle familialer Gewalt

Bereits oben wurde deutlich, dass Netzwerke von Systemen anhand eines zentralen Merkmals – ihrer operativen Offenheit (Netzwerk) bzw. ihrer operativen Geschlossenheit (System) – differenziert werden können (Kap. 1.1.3). Aus diesem Unterscheidungskriterium folgt in der Regel, dass Systeme nach außen abgegrenzt sein müssen, weil sie operativ geschlossen sind, und dass Netzwerke nach außen offene Grenzen haben können, weil sie operativ offen sind. Für die Praxis der Netzwerkorientierung in der Sozialen Arbeit ist dies insofern von Bedeutung, als Systeme aufgrund ihrer operativen Geschlossenheit an bestimmten Konstellationen und Problemen scheitern können und dann selbst zum Problem werden.

Ein Beispiel hierfür findet sich in der systemischen Therapie, wenn etwa der Alkoholismus und die Gewalttätigkeit des Vaters als ein Symptom der Krankheit des gesamten Familiensystems aufgefasst werden. Hier bietet es sich an, das verengte System durch die Erschließung neuer Netzwerke zu öffnen. Dazu werden in der Netzwerkarbeit mit einer Netzwerkkarte das egozentrierte Netzwerk und mit ihm weitere Akteure veranschaulicht und zum Problemsystem in Beziehung gesetzt. Sowohl diese Netzwerkkarte als auch der Weg dahin kann sehr erhellend und anregend sein und nachhaltig eine Öffnung des Problemsystems bewirken. Ist in einem solchen Fall die Soziale Arbeit involviert, so sind tertiäre, professionelle Netzwerke – z. B. in der Familien-, Jugend- und Suchthilfe – Teil dieser Netzwerkkarten und werden dort als besondere Ressource aufgefasst. Sie können diese wichtige Funktion jedoch nur wahrnehmen, wenn sie gleichzeitig effizient und flexibel auf die Problemlagen in den Familien eingehen, d. h. sowohl Elemente des Netzwerks als auch des Systems für sich nutzen.

Im ersten Fallbeispiel (vgl. Schönig/Franken 2015) wird die Vorgeschichte eines Mordes im Namen der Ehre vorgestellt. Im Zuge der Zuwanderung aus ländlich geprägten Sozialräumen mit sehr ‚konservativ‘ geprägten Dörfern hat das Konzept der Ehre erneuten Einzug in westlich-urbane Gesellschaften gehalten und sorgt dort für intellektuelle Irritationen und manifeste soziale Probleme. Es ist insbesondere Teil des Selbstverständnisses religiös verwurzelter und traditioneller Migrantenmilieus, die beide gleichzeitig einen eher geringen sozialökonomischen Status aufweisen. Der Ehrbegriff dient in diesen Milieus auch dazu, den geringen sozial-ökonomischen Status zu kompensieren, da Ehre und andere traditionelle Wertvorstellungen als immaterielle Güter angesehen werden. Aus Netzwerk- und Systemperspektive sind diese Milieus insofern interessant, da sich mit ihnen recht gut beide in ihrer Gegenüberstellung und Mischung veranschaulichen lassen:

- *Demnach sind die Familien aus diesen traditionellen Milieus als Systeme aufzufassen:* Sie sind intern in festen Strukturen und insbesondere hierarchisch organisiert, treten nach außen als eine Einheit auf und werden dort durch das männliche Familienoberhaupt hierarchisch repräsentiert. Dessen Ehre wiederum wird durch die Ehre der Familie bestimmt. So bildet der Systembegriff, wonach ein System eine Gesamtheit aus eng verbundenen Elementen ist, die in Differenz zu ihrer Umwelt wahrgenommen werden, recht gut die Familien in traditionellen Milieus ab.
- *Gleichzeitig sind die Familiensysteme in Form eines Netzwerks miteinander verbunden:* Dieses Netzwerk existiert zunächst in der Dorfgemeinschaft, darüber hinaus jedoch auch in einer urbanen Nachbarschaft, die durch eine intensive Kommunikation miteinander verbunden ist. Diese Vernetzung ermöglicht die Nutzung von Ressourcen, allerdings um den Preis einer spürbaren sozialen Kontrolle, in welcher der Ehrbegriff einen zentralen Bezugspunkt darstellt. So können Kontakte von Familienmitgliedern außerhalb des Netzwerks als Gefahr bewertet werden, da sie inhaltlich nicht zu kontrollieren sind.
- Schließlich nutzen die bedrohten Frauen ein *neues Netzwerk aus Freunden sowie auch aus institutionellen Akteuren*, um sich selbst neue Optionen zu eröffnen. Dieses neue Netzwerk tritt in Konflikt zu den traditionellen Strukturen.

Aus der hier interessierenden Netzwerk- versus Systemperspektive fällt auf, dass sich die Entwicklung des Opfers weg von den traditionellen Milieus ihrer Herkunftsfamilie als ihr Ausbruch aus den dort engen, operativ geschlossenen Familiensystemen rekonstruieren lässt. Dieser Ausbruch geht mit dem Knüpfen neuer, zusätzlicher Netzwerkbeziehungen einher, die weitere Handlungsoptionen eröffnen und auch konkrete Unterstützungsleistungen erbringen. So ergibt sich folgendes Bild:

- *Die Opfer verlassen ihr enges, traditionelles Familiensystem und wenden sich weiten Netzwerkbeziehungen zu.* Durch das Knüpfen neuer Netzwerke durch die Opfer werden Ressourcen mobilisiert, um ein selbstbestimmteres Leben zu führen.
- *Dieses neue Netzwerk setzt das traditionelle Familiensystem unter Stress*, und dies aus zwei Gründen: Zum einen ist die Hierarchie im Familiensystem herausgefordert, zum anderen wandelt sich das eigentlich offene Netzwerk zwischen den Familien (Nachbarn, Verwandte), indem es systemtypische Schließungstendenzen ausbildet. Sowohl in der Familie als auch gegenüber ihrer Umwelt steigen soziale Kontrolle und Kommunikationsintensität. Damit seine

Ehre – und die ‚seiner' Familienangehörigen – nicht beschädigt wird, muss der Haushaltsvorstand das abweichende Verhalten der Opfer korrigieren und sanktionieren.
- Im Konflikt können jedoch *weder die Freunde noch das professionelle Hilfenetzwerk das Opfer hinreichend schützen.* Der Konflikt endet mit dem Mord.

Der Ausbruch des Opfers aus der Familie ist damit doppelt problematisch: Er stellt zum einen das hierarchische Familiensystem intern in Frage und beschädigt die Stellung des Familienoberhauptes. Zum anderen baut das Netzwerk anderer Familien zusätzlichen Druck auf, weshalb die Ehre der Familienmitglieder gefährdet ist. Erst die Schließungstendenz im Netzwerk der Familien führt zur Eskalation.

> **Fallbeispiel: Waffa wird vom Hilfenetzwerk nur unzureichend unterstützt**
>
> 1979 verlassen Waffa (W), ihre Mutter (M) und ihre Schwester Nourig (N) ihre syrische Familie und ziehen zu ihrem Vater (V) nach Deutschland (vgl. hier und im Folgenden Apfeld 2010). In Deutschland bekommt die Mutter zwei weitere Kinder (2wK). Bereits in jungen Jahren werden die Kinder von der Mutter geschlagen. Der Vater verhält sich zu Beginn sehr offen gegenüber der deutschen Gesellschaft und knüpft Kontakte zu den deutschen Nachbarn (NB). Er übernimmt einige Traditionen wie das Aufstellen eines Weihnachtsbaums und das Feiern von Geburtstagen. Trotzdem legt er auch auf die Traditionen aus seiner Heimat großen Wert und verlangt von seinen Kindern Respekt und Achtung. Später schlägt auch er die Kinder. Waffa rebelliert gegen die Gewalt der Eltern, indem sie zu Hause und in der Schule zurückschlägt. Sie trifft sich mit älteren Freunden ihrer Schwester, besucht regelmäßig ein Jugendzentrum und bleibt häufig von zu Hause fern. Gleichzeitig sucht sie Unterstützung beim Jugendamt (JA), wo sie jedoch abgewiesen wird.
>
> Waffas Vater verändert sich durch den Einfluss seiner konservativen Neffen Kaan und Kasib (K + K). Er wird zunehmend strenger und entschließt sich ca. 1991, Waffa in die Türkei zu bringen, wo er sie bei Verwandten zurücklässt. Diese schlagen Waffa, vergewaltigen sie und zwingen sie zu schwerer Arbeit. Sie flieht innerhalb der Türkei, verliebt sich in einen jungen Mann, wird von ihm schwanger und heiratet ihn. 1992 kehrt sie alleine zur Geburt ihres Kindes (D) nach Deutschland zurück. Im selben Jahr stirbt ihre Mutter. Leyla (L), die zweite Ehefrau des Vaters, sieht Waffa lediglich einmal bei ihrer Rückkehr nach Deutschland. Waffa findet Obhut in einer Jugendschutzstelle (JSt), aus der sie jedoch aufgrund von gewalttätigem Verhalten ihrem Sohn gegenüber verwiesen wird. Das Jugendamt bringt ihren Sohn in einem Heim unter. Es gelingt ihr nicht mehr, ein belastbares Helfernetzwerk aufzubauen. Sie wird am 29.08.1993 von ihrem Vater ermordet. Die Unterstützung durch die Neffen Kaan und Kasib ist nicht nachgewiesen worden, jedoch ist Nourig von ihrer Tatbeteiligung überzeugt.

Spezielle Aspekte der Netzwerkpraxis 161

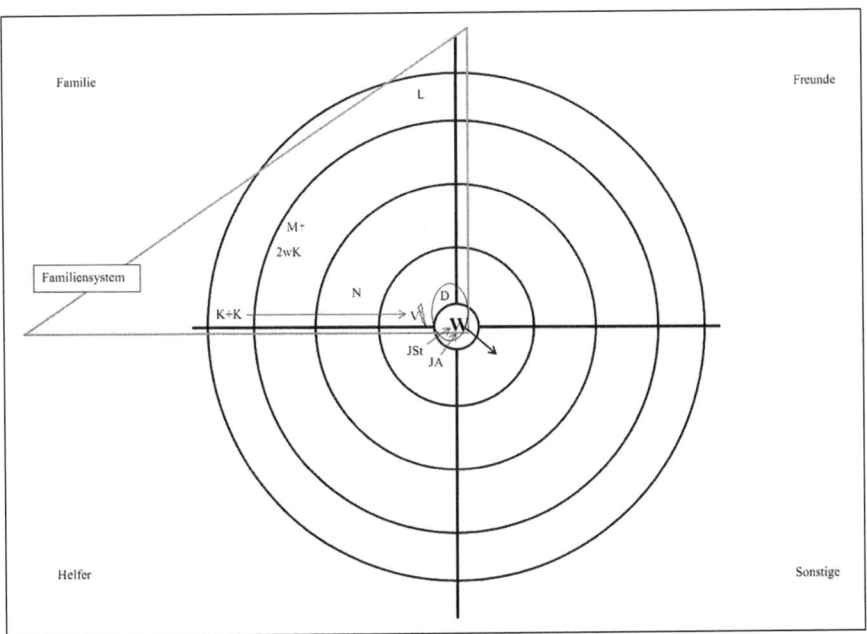

Abb. 35: Familiensystem und Netzwerkerweiterung im Fall Waffa

Im Fallbeispiel von Waffa kann von einer sehr geringen Erweiterung ihres Netzwerks gesprochen werden. Sie sucht vor ihrer Ermordung bei der Jugendschutzstelle (JSt) Unterstützung. Das Jugendamt (JA) wird lediglich von der Jugendschutzstelle kontaktiert, um den Sohn (D) zu schützen. Diese beiden Institutionen sind jedoch für Waffa nicht hilfreich, da sie sie in Bezug auf die Kindererziehung unter Druck setzen (roter Pfeil). Ebenfalls hat Waffas Kontakt zu den Institutionen starken Einfluss auf das Familiensystem. Ein Kontakt zu diesen Einrichtungen verletzt die Familienehre, da Probleme intern geregelt werden sollen. Daher übt Waffa einen sehr starken Druck auf das Familiensystem aus.

Zudem ist das Familiensystem durch den Einfluss von Kaan und Kasib (K + K) konservativ geprägt. Sie beeinflussen und manipulieren den Vater (horizontaler Pfeil), der die Erziehung seiner Kinder umstellt und sich als Patriarch an die Spitze der Familie setzt. Leyla (L), Kaan und Kasib spielen für Waffa einerseits keine große Rolle, da fast kein Kontakt zu den drei Personen besteht. Andererseits wirken Kaan und Kasib auf ihren Vater ein und haben daher einen enormen indirekten Einfluss auf Waffas Situation. Deren starker Einfluss kann weder durch die verstorbene Mutter (M) und ihre zwei weiteren Kinder (2wK) noch durch ihre Schwester (N) kompensiert werden.

Insgesamt fühlt sich Waffa einem enormen innerfamilialen Druck ausgesetzt und wenig unterstützt. Zudem verschärfen das (Nicht-)Handeln des Jugendamtes und der Verweis aus der Jugendschutzstelle ihre Lage. Beide Einrichtungen der Sozialen Arbeit nehmen die Gefahr nicht wahr, die bei einer weiteren Eskalation droht. So verliert sie schließlich durch die Trennung von ihrem Sohn den letzten Rückhalt in ihrer Familie. Hier hätte die Soziale Arbeit mit der Feststellung der Kindeswohlgefährdung auch eine Gefährdung von Waffa selbst feststellen müssen. Dies wäre nur dann möglich und wahrscheinlich, wenn dort die Beziehungen im Familiensystem verstanden worden wären.

> **Fallbeispiel: Der Fall Kevin**
>
> Kevins gewaltsamer Tod im Mai 2006 im Alter von zwei Jahren hat in der deutschen Öffentlichkeit eine beispiellose Diskussion ausgelöst und ist im Anschluss detailliert dokumentiert und aufgearbeitet worden. Offenkundig gab es erhebliche Defizite im Hilfenetzwerk für dieses Kind, das in eine Multiproblemfamilie drogenabhängiger und substituierter Eltern hineingeboren und auf dessen Kindeswohlgefährdung nicht adäquat reagiert wurde (vgl. zur Übersicht Goldberg o. J.).
>
> Ohne hier auf die Details des Falls eingehen zu können, so wird doch deutlich, dass beide Eltern schon vor Kevins Geburt langjährig schwer problembelastet waren, dass die Familie und ihre Problematik dem Jugendamt bekannt war und dass im Jugendamt Bremen für derartige Fälle Dienstanweisungen galten. Bereits bei Kevins Geburt erfolgte eine entsprechende Nachricht an das Jugendamt. Der weitere Fallverlauf (Besprechungen, abgelehnte Hilfeangebote, ärztliche Gewaltdiagnosen, Inobhutnahme Kevins, Beendigung der frühen Hilfen, Tod der Mutter, Entlassung Kevins zum Vater, Zwischenfälle mit dem Vater, Tagespflege für Kevin, häufige Fallkonferenzen, Tod Kevins nach Gewalteinwirkung) kann hier nur stichpunktartig angedeutet, aber nicht im Detail nachgezeichnet werden.
>
> Dabei wird für die Netzwerkarbeit deutlich, dass das Jugendamt und andere Netzwerkakteure zwar aktiv wurden, sich jedoch nicht koordiniert und konsequent genug für Kevins Kindeswohl einsetzten. Das Versagen des Hilfenetzwerks wird zum sozialpolitischen Skandal, auf den die Stadt Bremen mit einer Reform der Prozesse und letztlich mit einer Schließung des Netzwerks in Richtung eines Hilfesystems reagiert. Es wird ein Fallmanagement mit umfassender Dokumentation, Fehleranalyse und Supervision eingeführt.

Auch das Fallbeispiel Kevin zeigt zunächst einmal ein problematisches Familiensystem, in das ein Kind hineingeboren wird. Das professionelle Hilfenetzwerk hat auch hier Kontakt zum Fall, interveniert aber nicht hinreichend und schützt das Opfer nicht wirksam genug. Ohne auf Falldetails eingehen zu können, so legen doch beide Fallbeispiele dieselbe Folgerung nahe. Die operativ offene Netzwerkarbeit stößt in beiden Fällen an ihre Grenzen und wird dem Problem nicht gerecht. Denn in beiden Fällen lautet die naheliegende Folgerung, die Netzwerkakteure enger aneinander zu binden, den Informationsfluss und die Aktivitäten in einem Prozess klar zu ordnen. Nur so können die Lücken im Hilfenetzwerk geschlossen werden, und nur so kann der Geschlossenheit des Familiensystems adäquat begegnet werden.

Mit anderen Worten: Das Hilfenetzwerk sollte im Interesse der Opfer zum Hilfesystem mutieren und dann in klar strukturierten Prozessen intervenieren.

Geschieht dies nicht, so laufen die professionellen Akteure der Sozialen Arbeit (wie der gesetzliche Betreuer im Fall Kevin) sogar Gefahr, persönlich im Strafprozess zur Rechenschaft gezogen zu werden. Das Versagen des Hilfenetzwerks kann dann höchstens für mildernde Umstände sorgen, nicht jedoch die persönliche Schuld des Einzelnen aufheben. Es fragt sich daher sehr grundsätzlich, ob Netzwerkarbeit in diesem Kontext überhaupt die adäquate Organisationsform ist, da sich operativ offene Netzwerke kaum zur entschlossenen Krisenintervention eignen. Stattdessen haben Netzwerke besondere Stärken bei der Bewältigung anderer Aufgaben, und hierzu sollten sie dann auch ausschließlich eingesetzt werden.

2.2.6 Community Organizing: Beziehungsaufbau und Sozialstaatskritik

Community Organizing akzentuiert die offensiv-politische Soziale Arbeit und ist eng mit der Person Saul Alinskys verbunden. Aktuell scheint das Community Organizing in den USA eine Renaissance zu erleben, die auch nach Europa hinüberwirkt. Unter dem Leitbild der „Leidenschaft für den Nächsten" (Alinsky 1973; vgl. Schönig 2014a, 2015b) folgt der Community Organizer – übrigens im Gegensatz zur themenzentrierten Gemeinwesenarbeit – einem personenzentrierten Ansatz. Dieser besteht zunächst einmal in einer sehr aufwändigen Beziehungsarbeit und geht erst von dort aus in eine assistierende Funktion bei der Themenfindung und Projektentwicklung über (Gamble/Weil 2010, S. 125ff.).

In der Praxis ist diese Beziehungs- und Personenzentrierung z. B. daran zu bemerken, dass Community Organizer in ihren Gesprächen von Beginn an stark auf die Biografie ihres Gegenübers abstellen, nach seiner biografischen Verbundenheit mit dem Sozialraum fragen und seine Person und Gruppenzugehörigkeit so in den Vordergrund stellen. Im amerikanischen Kulturkreis mit seiner besonderen Mischung aus höflicher Distanz und vertraulichem Du aus Gruppenzugehörigkeit und flachen Hierarchien ist dieser Biografiezugang offenbar unproblematisch.

Im deutschen und ebenso in anderen Kulturkreisen wird dieser Biografiezugang hingegen oftmals irritierend, distanzlos und übergriffig wahrgenommen. Der Community Organizer wird diese Probleme antizipieren und berücksichtigen, d. h. praktisch eine abgemilderte Variante verfolgen. Hierzulande ist generell eine höhere Vorsicht gegenüber Biografiefragen angeraten. Vieles spricht mit Blick auf die in Deutschland vorherrschende öffentliche Diskurskultur eher für eine versachlichte und entpersonalisierte Themenzentrierung, wie sie etwa die kategoriale Gemeinwesenarbeit prägt. Individuelle Befindlichkeiten und massiv vorgetragene Partikularinteressen werden in dieser Konsenskultur als eher störend empfunden und können bald Blockadehaltungen hervorrufen.

Wie dem auch sei: Erst nach dieser Beziehungsarbeit erfolgen beim Community Organizing die Identifikation von Themen und Problemen mittels Gruppenarbeit, der Aufbau strategischer Allianzen und weitere Überlegungen zur Taktik des weiteren Vorgehens. Treten politische Widerstände auf, so werden – wiederum personenzentriert und Alinsky folgend – Gegner identifiziert und persönlich bearbeitet, die Öffentlichkeit gezielt eingesetzt, und im besten Fall wird eine Organisation von Personen geschaffen, die das Erreichte langfristig stabilisieren kann (Müller 2013, S. 2f.). Bei all dem bleibt der Community Organizer aktiv, aber im Hintergrund. Im Vordergrund stehen die Bewohner als Personen und ihr Handeln:

> „Ein Organizer sollte die Community, z. B. einen Stadtteil, die dort lebenden Menschen und ihre Geschichten, von Grund auf kennen. Er sollte zu diesen Beziehungen aufbauen, die von Achtung und wirklichem Interesse sogar von Neugierde im positiven Sinn getragen sind. So gesehen darf ein Organizer nicht für die Menschen sprechen, sondern sollte mit ihnen handeln. Ein wichtiger Leit- und Merksatz im CO lautet dementsprechend: Tue nie etwas für jemanden, was er oder sie selbst erledigen könnte!" (ebd., S. 2; Herv. i. Orig.)

Man kann aus diesem Zitat auch eine Distanzierung gegenüber einer paternalistisch-sozialstaatsfinanzierten Sozialen Arbeit herauslesen. So bieten neuere Initiativen des Community Organizing der hiesigen Gemeinwesenarbeit und insbesondere der Sozialarbeitspolitik in Armutsgebieten wichtige Anregungen. Sie beginnen bei der kritischen Distanz gegenüber der staatlichen Sozialpolitik und den Wohlfahrtsverbänden, sei es aus einer kommunitaristisch-konservativen oder aus einer kritisch-radikalen Position heraus. ‚Welfare is hellfare' ist – aus jeweils unterschiedlicher Perspektive – ein gängiges und offenkundig nicht unproblematisches Motto des Community Organizing.

Konsequenterweise haben sich daher im Zuge der Übertragung nach Deutschland zwei Varianten des Community Organizings herausgebildet, die zum einen eher kommunitaristisch-konservativ geprägt sind (hier kann Penta als Vertreter genannt werden), während der andere Ansatz eher radikal-staatskritisch geprägt ist (hier ist Fraser zu nennen). Beide Ansätze fundieren in Deutschland „eine kleine, aber bunte CO-Praxis" (Müller 2013, S. 6), die teils gänzlich privat finanziert ist, sich teils aber auch an Programme der Stadterneuerung anlehnt. Ansätze des Community Organizing finden sich zudem in gewerkschaftlichen und politischen Kampagnen, ohne dort jedoch als Methode der Sozialen Arbeit wahrgenommen zu werden.

Probleme bereitet der in den letzten Jahren zu bemerkende Aufschwung des Community Organizing insofern, als insbesondere die privatwirtschaftlich und durch Stiftungen finanzierten Projekte – hier steht die kommunitaristisch-konservative Variante der Bürgerplattform im Vordergrund – mehr oder weniger deutlich in Konkurrenz zu bestehenden sozialräumlichen Strukturen der Sozialen Arbeit etabliert werden. Die Projekte der Bürgerplattformen sind meist kein Thema staatlicher Sozialpolitik, da sie nicht staatlich finanziert werden. Vor Ort ist der Aufbau dieser Doppelstrukturen in Konkurrenz zur Gemeinwesenarbeit allerdings problematisch und konflikträchtig. Er kann zudem für die Bevölkerung kontraproduktiv sein, wenn die private Finanzierung des Community Organizing ausläuft und keine Verstetigung der Arbeit in Sicht ist.

Hinzu kommt, dass Community Organizing stark erfolgsorientiert ist und nicht nur Randgruppen und deprivierte Armutsbevölkerung im Blick hat. Die Habenichtse (have nots) haben nach US-amerikanischer Auffassung die Verpflichtung, für ihr Lebensglück zu kämpfen. Daher kann der Community Organizer von ihnen ein Maximum an Eigeninitiative erwarten, und sich selbst kann er darauf konzentrieren, die Habenichtse zu vereinen und ihre Eigeninitiative zu wecken. Praktisch ist für das Community Organizing die Perspektive der Mittelschicht (folks in the middle) von Bedeutung, also jener, die bereits etwas haben, jedoch mehr wollen (have a little and want more) (Alinsky 1989). In der Praxis der Sozialarbeitspolitik haben indes beide Gruppen nicht unbedingt die gleichen Interessen, zudem sind die Erfolgsaussichten in der Arbeit mit der Mittelschicht tendenziell größer, da sie über mehr Ressourcen verfügt.

So hat de facto ein beachtlicher Teil des privat finanzierten Community Organizings auch in Deutschland deutlich die untere Mittelschicht im Blick, um mit ihr soziale Bewegungen aufzubauen. Damit läuft man Gefahr, die gelegentlich sperrige Armutsbevölkerung – die ja traditionell im Fokus von Gemeinwesenarbeit und Sozialraumorientierung steht – im Community Organizing aus dem Blick zu verlieren. Die Unterschicht erscheint dann mehr als Teil des Problems (als Objekt von Projektideen) denn als Teil der Lösung (als Subjekt in Handlungskonzepten).

So ist letztlich Community Organizing der Sozialen Arbeit im deutschen Sprachraum nicht völlig fremd, da ihr Grundkonzept zum traditionellen Kanon der Gemeinwesenarbeit und damit auch der Sozialraumorientierung zählt. Darüber hinaus sind jedoch die US-amerikanischen Ansätze tendenziell personenzentrierter, radikaler, aggressiver, sozialstaatskritischer und auch offener für soziale Bewegungen der Mittelschicht (Burghardt 2011, S. 91), was neben den benannten Problemen einen frischen Impuls in Theorie und Praxis bringt und auch ein Überdenken des Selbstverständnisses Sozialer Arbeit bewirken kann. Fragen des doppelten, dreifachen, vierfachen oder situativ-multiplen Mandates stellen sich hier offensichtlich nicht: Die Soziale Arbeit hat im Community Organizing nach Alinsky nur ein Mandat – das des Nächsten, für den sie ihre Leidenschaft aufzubringen hat. Dies ist eine radikale Verkürzung der Sichtweise, die der etablierten Arbeit neue Anregungen und Impulse geben kann. Solche Impulse werden durch die beiden folgenden Fallbeispiele illustriert.

> **Fallbeispiel: Gründungs-Choreografie der Bürgerplattform ‚Wir sind Mutig'**
> Finanziert durch umfangreiche Unterstützung großer Konzerne, der örtlichen Industrie- und Handelskammer sowie einer lokalen Kirche wird in mehreren Bezirken einer Großstadt eine Bürgerplattform nach der Methode des Community Organizing gegründet. In ihr sind Einzelpersonen, vor allem aber unterschiedliche Gruppen vernetzt, die gemeinsam politische Veränderungen herbeiführen möchten. Welche Veränderungen dies sein sollen, ist einstweilen offengeblieben. In der zweijährigen Vorbereitung wurde eine Vielzahl von Gesprächen geführt, bei denen immer der Beziehungsaufbau zu Personen und Gruppen im Vordergrund stand.
> Das vage Netzwerkthema der Bürgerplattform, ‚gemeinsam politische Veränderungen herbeizuführen' und die ‚Lebensbedingungen zu verbessern', ist für jene Personen und Gruppen attraktiv, welche zwar eine gesellschaftlich-politische

> Randstellung haben, zugleich jedoch nach ihrem sozialökonomischen Status im Kleinbürgertum konsolidiert sind. Dieser Have-a-little-and-want-more-Typ (hier ist das Engagement von Migrantengruppen auffällig) kann von den Organisatoren leicht empört, mobilisiert und für die Vernetzung gewonnen werden.
> Die Choreografie des Gründungsaktes ist – in Ermangelung eines greifbaren Themas – psychologisch ausgefeilt und zeigt deutliche Anklänge an freikirchliche Gottesdienste charismatischer Prägung, wie sie in den USA verbreitet sind. Ihre Hauptaussagen – Du bist nicht allein; Du kannst alles schaffen, wenn Du es willst; Wechsel die Seiten; Gemeinsam kämpfen wir für das Gute – werden in verschiedener Form wiederholt und ziehen sich wie ein roter Faden durch die Veranstaltung. Sie werden von einem Chor gesungen und von Einzelnen in Testimonials persönlicher Erfolgsgeschichten vorgetragen. Visualisiert wird die Botschaft durch den feierlichen, von schwungvollen Bigband-Klängen unterlegten Einzug der Gruppen in den Festsaal und auf die Bühne. Nicht zuletzt ist eine große Batterie-Attrappe auffällig, welche sich mit jeder zusätzlichen Gruppe weiter auflädt und die schließlich – von Rot auf Grün umgefärbt, also gänzlich gefüllt – die pralle Energie versinnbildlicht, welche nun den Raum erfüllen soll. Hieran schließt sich als Höhepunkt der Gründungsakt an, das mehrfache, gemeinsame Ausrufen des Namens der Bürgerplattform: „Wir sind mutig!".
> Die Choreografie gibt zum Schluss doch noch einen Ausblick auf mögliche Themen und Politikfelder. Auch dies geschieht wieder personalisiert in Form von Testimonials, wobei nun allerdings Betroffene – ein Frührentnerpaar, ein Migrant und ein Schulkind – recht ungelenk ihre persönlichen Probleme vortragen. Auf ein weiteres Chorlied folgt zum Abschluss ein großes Gruppenfoto.

Das Fallbeispiel zur Choreografie zeigt, wie ausgefeilt und konsequent hier die Startphase eines Netzwerks angegangen wird. In ihr soll das Netzwerk als Gemeinschaft der Empörten gruppenpsychologisch gefestigt werden. Der konsequente Beziehungsfokus und das Hintanstellen von konkreten Themen in der Netzwerkgründung haben praktisch den Vorteil, dass zunächst einmal eine Vielzahl von Akteuren in der Bürgerplattform vernetzt werden kann und diese ihre Vielzahl als Stärke empfinden. Gleichzeitig sind im Fallbeispiel die konservativ-kommunitaristischen Anklänge nicht zu übersehen.

In den USA – der Heimat des Community Organizing – sind die Begeisterungsfähigkeit und der optimistische Glaube an die eigene Stärke sprichwörtlich, und sie prägen dort das nationale Selbstverständnis. Die eng am Sakralen orientierte Choreografie der Bürgerplattform fügt sich insofern gut in die Zivilreligion der USA ein (Bellah 1986), in der das Politische mit sakralen Symbolen aufgeladen wird (Fahne, Eidesformel, öffentliches Gebet, Bekenntnis u. a.). Allerdings sind jene importierten US-amerikanischen Emotionalisierungsmethoden für die Netzwerkarbeit in Deutschland, das gerade in politischen Fragen aufgrund der historischen Erfahrung von Nüchternheit und Skepsis geprägt ist, eher befremdlich und praktisch auch riskant. Der Grat zwischen Emotionalisierung und Lächerlichkeit ist hierzulande sehr schmal, und er wird im Zeitverlauf eines solchen Projektes immer schmäler, wenn sich die Begeisterung ganz von selbst abkühlt. Altbundeskanzler Helmut Schmidts hanseatisches Diktum „Wer Visionen hat, der soll zum Arzt gehen" kann somit die anfänglich naive Begeisterung zum Bumerang und zur Belastung der weiteren Arbeit werden lassen. Vor allem können sich dann jene verführt und instrumentalisiert fühlen, die – entgegen der wohlbegründeten professionellen Standards der Sozialen Arbeit – ihre persönlichen Probleme und ihre Hilflosigkeit als Testimonials in einer öffentlichen Veranstaltungen offenbart haben.

Abb. 36: Einzug und Aufstellung der Gruppen vor der geladenen Energiebatterie

Jedoch fragt sich, wie nachhaltig diese Art der pseudo-sakralen Emotionalisierung des Gründungsaktes die realen Interessenkonflikte innerhalb des Netzwerks eindämmen kann. Darüber hinaus ist anzunehmen, dass die finanziellen Unterstützer aus Großfinanz und Kirchen eine eigene politische Agenda verfolgen. Sie wollen – hier in der konservativ-kommunitaristischen Variante – einen anders akzentuierten Sozialstaat, der mehr ‚aktiviert' und weniger ‚interveniert'. Soziale Bürgerrechte laufen nach dieser konservativ-kommunitaristischen Agenda Gefahr, sukzessive herabgesetzt zu werden, ohne dass für sie ein adäquater Ersatz in Sicht wäre.

Allerdings wäre die Umsetzung dieser versteckten Agenda nur dann zu befürchten, wenn das Community Organizing nachhaltig und in der Breite erfolgreich wäre. Eben dies ist vor dem Hintergrund der bisherigen Erfahrungen in Deutschland eher unwahrscheinlich. Die oben beschriebene kleine, aber bunte CO-Praxis ist weit davon entfernt, sich in der Breite durchzusetzen. Ein erster Grund hierfür ist der grundsätzlich befristete Effekt einer anfänglichen Emotionalisierung und Finanzierung, auf die Ernüchterung und Bescheidenheit folgen muss. Schwierig wird es zudem, wenn bald Interessenkonflikte in den Vordergrund treten. Sie blockieren schnelle erste Erfolge und führen damit zu einem Erlahmen der Bewegung.

> **Fallbeispiel: Die Bürgerplattform opponiert ins Leere**
>
> Nach umfangreicher Netzwerkarbeit und einem reibungslos verlaufenen Gründungsakt steht die Bürgerplattform nun vor der Herausforderung der inhaltlichen Arbeit. Zwar wurden vier große Themenfelder früh identifiziert (Wohnen, Arbeit, Bildung, Verkehr) und die Gruppen und Personen aufgefordert, sich in entsprechenden Arbeitsgruppen zusammenzufinden. Ziel war es, Forderungen und Projekte zu erarbeiten, mit denen später die Politik konfrontiert werden kann. Dieser Übergang von der Beziehungs- zur inhaltlichen Arbeit ist aus mehreren Gründen kritisch und verläuft schleppend.
>
> Zunächst treten in der inhaltlichen Arbeit bald Interessenkonflikte und Partikularinteressen zu Tage, die auf der unterschiedlichen sozial-ökonomischen Situation, jedoch auch auf unterschiedlichen weltanschaulichen Bewertungen basieren. Die Suche nach einem kleinsten gemeinsamen Nenner läuft auf Wohnumfeld-Maßnahmen, Schulsanierung und die Einrichtung von mehr Bushaltestellen hinaus – ein vergleichsweise mageres Ergebnis, das nicht wenige Gründungsmitglieder frustriert.
>
> Darüber hinaus gestaltet sich der Kontakt zu Lokalpresse, Lokalpolitik und Verbänden schwierig, da von dieser Seite die Neugründung der Bürgerplattform freundlich ignoriert wird. Insbesondere stößt die inszenierte Empörungsattitüde in Presse und Politik auf Unverständnis angesichts der Tatsache, dass seit Jahren an diesen Themen gearbeitet wird, jedoch die komplizierten Finanz- und Verfahrensprobleme – und die Abwägung zu anderen Partikularinteressen – nur langsam gelöst werden können. In diesen Prozessen sind Mitarbeiter der Verwaltung im Auftrag des Rates der Stadt federführend, die sich sehr ungern wegen angeblicher Untätigkeit an den Pranger gestellt sehen. Gleiches gilt für die langjährig vor Ort tätigen sozialen Dienste, welche sich ebenfalls von der Bürgerplattform abgewertet fühlen.
>
> Bald treten zudem kritische Fragen zur versteckten Agenda der Bürgerplattform in den Vordergrund, die im linken politischen Spektrum gestellt und politisch im Stadtrat und den Ausschüssen eingebracht werden. Dort wird die demokratische Legitimität der Bürgerplattform in Frage gestellt und als versteckte Agenda ein konservativ-kommunitaristisches Programm vermutet. Letzteres ist in der lokalen Stadtgesellschaft – auch angesichts des Ansehensverlusts der lokalen Wirtschafts- und Kirchenelite – keineswegs mehrheitsfähig. Im Ergebnis stirbt die Bürgerplattform einen langsamen Tod. Ohne schnellen Erfolg und tragfähige Story wandern die Akteure sukzessive ab.

Das zweite Fallbeispiel beleuchtet eine spätere Phase des Community Organizing, in der Themen bearbeitet, Projekte entwickelt und diese umgesetzt werden sollen. Es ist unvermeidlich, dass nun die Interessenkonflikte unterschiedlicher Art in den Vordergrund treten. Hier nun muss sich die Idee des Community Organizing bewähren, d. h. nun muss sich zeigen, ob der anfängliche (zentripetale) Beziehungsaufbau stark und tragfähig genug ist, um die folgenden (zentrifugalen) Belastungen auszuhalten. Nur dann kann die produktive Phase des Netzwerks erreicht werden. Die Interessenkonflikte sind dabei unterschiedlich gelagert:

- Zum einen treten *Konflikte innerhalb des Netzwerks* auf, da deren Mitglieder Partikularinteressen verfolgen und sie von Anfang an als Gründungsimpuls in das Netzwerk eingebracht haben. Diese Partikularinteressen sind also keine Fremdkörper, sondern konstitutive Elemente der Bürgerplattform. Hier steht Bezirk gegen Bezirk, Stadtteil gegen Stadtteil, und es stehen unterschiedliche Bevölkerungsgruppen mit ihren Milieuinteressen gegeneinander. Insbesondere die häufig bearbeiteten Themenkomplexe Wohnen, Bildung und Verkehr sind – wie alle Planungs- und Entwicklungsfachleute bestätigen – per se konfliktträchtig, wenn es um Standorte, Belastungen, Routen und Ressourcen geht.
- Zum anderen steht das *Netzwerk programmatisch im Konflikt zu Politik und Kommunalverwaltung ('wellfare is hellfare')*. Es agiert mit dem Ziel, mit den Entscheidungsträgern aus Politik und Verwaltung auf Augenhöhe zu verhandeln und sie – vorzugsweise in öffentlichen Veranstaltungen – unter Druck zu setzen. In einer Demokratie wäre es dazu der angemessene Weg, Verbündete in den politischen Parteien zu suchen, was allerdings hier konzeptionell schwierig ist, wenn das Netzwerk explizit parteiunabhängig und parteiübergreifend agieren will und gleichzeitig einer versteckten Agenda folgt. Es sucht also den Weg an der angeblich unfähigen Politik und Verwaltung vorbei, und so ist es geradezu zwangsläufig, dass die dortigen Akteure reserviert sind.
- Darüber hinaus sei erwähnt, dass das *Netzwerk tendenziell auch im Konflikt mit der Sozialen Arbeit vor Ort steht*, die ja in aller Regel in die staatliche Sozialpolitik und Sozialverwaltung integriert ist. Dieser Konflikt zur Sozialen Arbeit beginnt schon bei der öffentlichen Zurschaustellung sozial benachteiligter Personen und umfasst auch die Empörungsrhetorik, die davon ausgeht, dass die Zustände vor Ort unhaltbar sind, dass keine Hilfe vorhanden und keine Besserung in Sicht ist. Eine solchermaßen implizite Abwertung langjähriger Arbeit der Fachkräfte in den Stadtteilen löst ebenfalls kühle Reaktionen aus.

Nun ist es unwahrscheinlich, dass diese vielschichtigen Konflikte offen ausgetragen und in einen Konsens übergeleitet werden. Zu erwarten ist vielmehr, dass sich im Netzwerk der Bürgerplattform einzelne Personen und Gruppen mit ihren Themen und Projekten durchsetzen werden, während andere daraufhin stillschweigend ihre Mitarbeit einstellen. Dies ist insbesondere im Kontext lokaler, materieller Interessen bei Standortentscheidungen und auch in der interkulturellen Arbeit ein gängiges Phänomen, Letzteres, wenn rivalisierende oder gar verfeindete Verbände aufeinandertreffen. Im Ergebnis werden die am Ende definierten Themen und Projekte noch deutlicher als zuvor die Bürgerplattform durch ihre Partikularinteressen wahrgenommen werden. Sie können immer weniger beanspruchen, 'die' Interessen im Bezirk zu vertreten. Politik und Verwaltung sehen diese Schwächung als weiteres Argument, mit Blockaden und Symbolhandlungen zu reagieren. Dies wiederum führt beim verbliebenen Netzwerk der Bürgerplattform zu Enttäuschung und öffentlicher Klage, was letztlich die Konfliktlage verschärft.

Ein Beispiel hierzu liefert eine gescheiterte Schulgründung in Berlin. Den dortigen Prozess hat der Tagesspiegel unter dem Titel „Schöner streiten statt schöner lernen" (Vieth-Entus 2014) zusammengefasst. Hintergrund war das Projekt einer Bürgerplattform, in einem Berliner Problembezirk eine neue ‚exzellente' Schule zu gründen, um damit zu vermeiden, dass die Kinder ansässiger Eltern bei Überbelegung beliebter Schulen den ungeliebten Restschulen zugewiesen werden. Es handelt sich bei dieser Problematik somit sehr deutlich um das Partikularinteresse besorgter Eltern, welche die Bildungschancen ihrer Kinder auf einer Restschule gefährdet sahen.

Dieses Ansinnen der Schulgründung wurde von der zuständigen Senatsverwaltung für Bildung nicht zurückgewiesen. Naheliegend wäre die Errichtung einer Schule in privater Trägerschaft gewesen, die allerdings 40 % der Kosten selbst hätte aufbringen müssen. Diesen Betrag jedoch konnte die Bürgerplattform weder aus eigenem Sponsoring noch aus Elternbeiträgen bereitstellen. Als Ausweg schlug die Schulverwaltung die Kooperation mit einer bestehenden öffentlichen Schule vor, welche allerdings von der Bürgerplattform mit dem Hinweis zurückgewiesen wurde, man wolle „nicht zu einem externen Kooperationspartner herabgestuft werden, der sich gegenüber einem bestehenden Kollegium hätte behaupten müssen" (Vieth-Entus 2014, S. 2). Eben dieser Status – der eines externen Kooperationspartners – war jedoch exakt die Wahrnehmung von Politik und Verwaltung gegenüber der Bürgerplattform. Würde sie die Bürgerplattform privilegieren, so wäre das ein Verstoß gegen das Willkürverbot.

Letztlich zeigte sich, dass die Realisierung des Projekts unter dem Dach einer öffentlichen Schule zwar möglich gewesen wäre, jedoch von der Bürgerplattform verweigert wurde. Es hätte bedeutet, dass das zuständige Amt – in Budgetkonkurrenz zu anderen Schulen – die Ressourcen zugewiesen und auch begrenzt hätte. Ohne Aussicht auf Konfliktlösung wurden in dieser Blockadekonstellation die Schuldzuweisungen immer heftiger, und bald war von einer „Bankrotterklärung" der Bildungsverwaltung die Rede, was diese selbstverständlich zurückwies.

Die Bürgerplattform war angesichts dieser Eskalation an einem kritischen Punkt angelangt: Aufwendig wurde ein Netzwerk etabliert und intensiv an Beziehungen und auch einem Projekt gearbeitet. Am Punkt der Umsetzung kam es jedoch zum Realitätsschock mit Politik und Verwaltung, so dass die Performancephase des Netzwerks auszubleiben drohte. Wäre dies der Fall, so könnte sich die Bürgerplattform nicht durch eine gemeinsame Erfolgs-Story festigen und wäre bald eine Episode.

📖 Gut zu wissen – gut zu merken

Die folgenden Wiederholungsfragen betreffen ausgewählte Aspekte der Netzwerkpraxis und fordern zur eigenen Stellungnahme auf. Die Fragen sind den einzelnen Gliederungspunkten zugeordnet.

Allgemeine Aspekte der Netzwerkpraxis
- Skizzieren Sie die typischen Gruppenphasen eines Netzwerks. Welche Phasen tragen besonders zur Herausbildung einer Story bei? Welche Bedeutung hat

diese Story für die weitere Arbeit des Netzwerks? Inwiefern unterscheiden sich das Netzwerk Wohnungslosenhilfe und das Netzwerk Seniorenvertretungen hinsichtlich ihrer Story, und was folgt daraus Ihrer Ansicht nach (s. Kap. 2.1.1)?
- Zeigen Sie mit Hilfe der Stakeholder-Matrix, wie einzelne Akteure zur Neugründung eines Netzwerks positioniert sein können und welche Strategien sich dann jeweils anbieten. Warum ist diese Analyse angesichts der zunehmenden Komplexität von Netzwerkstrukturen besonders wichtig? Was folgern Sie aus den Erfahrungen des Präventionsnetzwerks Nordstadt? Kann Ihrer Ansicht nach die Soziale Arbeit Elemente von Hierarchie, Anarchie und Pragmatismus in der Frühphase institutioneller Vernetzung sinnvoll integrieren (2.1.2)?
- Inwiefern prägen Konkurrenz und Kooperation die Netzwerkpraxis? Halten Sie eine Koopkurrenz für wünschenswert und überhaupt für möglich? Nennen Sie ein Beispiel für eine dialektische Beziehung, d. h. von sich abwechselnden Phasen vorherrschender Konkurrenz und Phasen vorherrschender Kooperation in einem Netzwerk (2.1.3).
- Welches sind die Faktoren, durch die Kreativität und Innovationskraft in einem Netzwerk verstärkt oder aber gehemmt werden? Wie haben es das Netzwerk Konzeptentwicklung Jobcoaching und die Sektionsgründung im Verein Soziale Arbeit geschafft, ihr innovatives Projekt zum Erfolg zu führen? Wie bewerten Sie generell die Chancen und Risiken einer auf Innovation angelegten Netzwerkarbeit (2.1.4)?
- Wie kann ein Netzwerk unter dem Einfluss von Hierarchie in einen heißen oder in einen kalten Krieg geraten? Inwiefern kann man dies auf eine Offizialisierung zurückführen? Nennen Sie Beispiele dafür, dass ein Netzwerk von einer Subgruppe gekapert und okkupiert wurde. Wie und unter welchen Voraussetzungen kann eine solche Entwicklung verhindert werden (2.1.5)?
- Was versteht man unter Hierarchiekonformität in Netzwerken, und warum ist dies besonders für die Soziale Arbeit relevant? Inwiefern kann die operative Gruppenbildung einen Mittelweg zwischen dem Idealtyp Netzwerk und dem Idealtyp System zeigen? Welche Gefahren drohen Ihrer Ansicht nach speziell den kooperativ eingestellten Sozialarbeitern/Sozialpädagogen, wenn nicht realistisch die Grenzen der Kooperationsneigung in Netzwerken beachtet werden (2.1.6)?
- Welche subjektiven und welche objektiven Faktoren wirken zusammen, wenn Ego sein Netzwerk illustriert? Inwiefern können sich die Netzwerkkarten unterscheiden, und was ist bei der Interpretation zu beachten? Wie bewerten Sie – ausgehend von den Beispielen zur Studienplatzwahl und zu den Peergroups von Jugendlichen – den Einsatz der Netzwerkkarten in Handlungsfeldern der Sozialen Arbeit (2.1.7)?

Spezielle Aspekte der Netzwerkpraxis
- Skizzieren Sie die Grundidee der Themenzentrierten Interaktion einschließlich ihres Strukturmodells. Welche Anwendungsmöglichkeiten bietet es bei welcher Art von Problemen, um Netzwerke wieder in die Balance zu bringen?

Halten Sie die Themenzentrierte Aktion für die Netzwerkorientierung in der Sozialen Arbeit für praktikabel und wenn ja, unter welchen Bedingungen (s. Kap. 2.2.1)?
- Wo liegen die Chancen und Probleme einer externen Moderation institutioneller Netzwerke? Inwiefern müssen strukturelle Voraussetzungen gegeben sein, damit erfolgreich extern moderiert werden kann? Welche dieser Strukturfaktoren sind Ihrer Ansicht nach für den Erfolg des Stadtteilnetzwerks und welche für das Scheitern des Schulnetzwerks verantwortlich? Was würden Sie tun (2.2.2)?
- Wo liegen die Chancen und Probleme einer Einbindung von Ehrenamtlern in professionelle Hilfenetzwerke? Inwiefern sind Differenzierungen zwischen verschiedenen Typen von Ehrenamtlern und deren Motivationen vorzunehmen? Warum ist Ihrer Ansicht nach die Ehrenamtler-Initiative des Netzwerks Jugendberufshilfe gescheitert, während ihr Mentoren-Projekt erfolgreich war (2.2.3)?
- Erläutern Sie, wie sich ein Hilfenetzwerk zum System entwickeln kann. Inwiefern ist das zentralisierte Hilfenetzwerk in einer JVA ein positives Beispiel gelungener Arbeitsteilung im Netzwerk, und welchem Akteur kommt in dieser Erfolgsgeschichte eine besondere Bedeutung zu? Woran wird man langfristig erkennen können, ob das Netzwerk weiter als Netzwerk agiert oder sich in Richtung auf ein System entwickelt hat (2.2.4)?
- Familiensysteme können positiv und negativ wirken. Was waren die problematischen Faktoren der Familiensysteme im Fall Waffa und im Fall Kevin, welche letztlich sogar tödliche Folgen hervorbrachten? Was waren zudem die Fehler des Hilfenetzwerks professioneller Sozialer Arbeit, und was spricht dafür, das professionelle Hilfenetzwerk letztlich zu einem Hilfesystem umzubauen (2.2.5)?
- Erläutern Sie die Methode des Community Organizings und dessen Bedeutung für die Netzwerkorientierung in der Sozialen Arbeit. Wo liegen seine Chancen und Probleme, wenn diese Methode von den USA nach Deutschland übertragen wird? Wie bewerten Sie die im Fallbeispiel geschilderte Gründungsversammlung und die weitere Arbeit der Bürgerplattform? Welches alternative Vorgehen empfehlen Sie (2.2.6)?

Weiterführende Literatur

AWO (2004): Qualitätsentwicklung für lokale Netzwerkarbeit. Eine Arbeitshilfe für die Praxis. Schriftenreihe Theorie und Praxis. Bonn: AWO Bundesverband e. V.

Friedrich, Sibylle (2012): Ressourcenorientierte Netzwerkmoderation. Ein Empowermentwerkzeug in der Sozialen Arbeit. Wiesbaden: VS.

Röhrle, Bernd; Sommer, Gert; Nestmann, Frank (1998) (Hrsg.): Netzwerkinterventionen. Fortschritte der Gemeindepsychologie und Gesundheitsförderung, Band 2. Tübingen: dgvt-Verlag.

3 NETZWERKE NUTZEN: EINE TO-DO-LISTE

„Netzwerkorientierung ist kein Patentrezept, sondern Maßarbeit."
(Gerhardter 2001, S. 8)

Was Sie in diesem Kapitel lernen können

Die Ausführungen des vorangegangenen Theorie- und Praxisteils münden in diesem Kapitel in einer komprimierten To-do-Liste, die der Praxis Sozialer Arbeit als Vademecum dienen kann. In ihr werden die zentralen Erfolgs- und Risikofaktoren der Netzwerkorientierung in der nicht fallbezogenen Arbeit mit institutionellen Netzwerken auf einer allgemeinen Ebene zusammengefasst und geordnet.

Die zentralen Aussagen zur Nutzung von Netzwerken werden im Folgenden bewusst auf wenige Punkte konzentriert. Von besonderer Bedeutung sind:

- *Das Netzwerk als Netzwerk akzeptieren:* Sowohl beim Aufbau als auch im Verlauf des Prozesses besteht die Gefahr, das Netzwerk auf Abwege zu bringen und es insbesondere operativ zu schließen. Es sollte daher grundsätzlich das Netzwerk als offene Kooperationsstruktur unabhängiger Akteure akzeptiert und gelebt werden. Nur dadurch wird es seine besonderen Stärken entfalten können.
- *Den Netzwerktyp und seine Funktion erkennen:* Netzwerke verfolgen jeweils spezifische Ziele, folgen unterschiedlichen Logiken und fußen auf verschiedenen Voraussetzungen und Rahmenbedingungen. Setzen Sie sich mit diesen Aspekten bezogen auf ihr Netzwerk intensiv auseinander und behalten diese in Ihrem weiteren Handeln stets im Blick.
- *Kreatives Chaos als Chancen nutzen:* Oftmals herrschen in Netzwerken operative Probleme – diese sollten als wesenseigen und nicht als Funktionsproblem aufgefasst werden. Netzwerke sind operativ offen und gerade dadurch kreativ und in der Lage zur Innovation. Nutzen Sie die Unordnung auch als Indikator für einen möglichen Bedarf, am Thema des Netzwerks zu arbeiten. Netzwerke bieten die Chance zum Wechsel der Perspektive.
- *Die Netzwerkkultur fördern:* Netzwerkakteure können und sollten eine Gemeinschaft bilden, die durch eine Netzwerkkultur verbunden ist. Diese Netzwerkkultur wird durch Kommunikationsregeln, Freude am Erfolg, ein Logo und andere Symbole mit Außenwirkung und informelle Kontakte gefördert. Dann kann die Gemeinschaft das Netzwerk auch im Konfliktfall stabilisieren.
- *Dramen und Konflikte integrieren:* Netzwerke sind Dramen, und Konflikte sind dem Netzwerk inhärent. Achten Sie also auf alte und neue Konflikte und deren Entwicklung, weil aus diesen Beziehungen das Netzwerk besteht. Sie sind eben nicht per se Fremdkörper und Störfaktoren, sondern eine Herausforderung an die Netzwerkkultur.

- *Kommunikationssensibel und kommunikationsfähig sein:* Netzwerke bestehen aus Kommunikation, und daher müssen die Netzwerkakteure möglichst authentisch nach außen und nach innen kommunizieren. Konflikte hingegen führen regelmäßig zu einer Störung der Kommunikation. Achten Sie also auf eine gute Kommunikationskultur, und fördern sie diese.
- *Aufgaben und Rollen klären:* Im Netzwerk müssen unter den Akteuren verschiedene Aufgaben und Rollen verteilt werden. Dies ermöglicht die Verantwortungsübernahme aller Partner und verteilt die Aufgaben gleichmäßig auf allen Schultern. Für das Funktionieren der Zusammenarbeit sind alle Aufgaben und Rollen gleichsam bedeutend.
- *Reziprozität gewährleisten:* Je länger ein Netzwerk besteht, desto mehr werden die Akteure auf die Reziprozität ihres Engagements und auch des Engagements anderer achten. Dabei kann die Art des Nutzens sehr unterschiedlich sein, und jene Unterschiedlichkeit ist auch nicht das Themas des Netzwerks, sondern eine individuelle Bewertung. Zum Netzwerkthema wird diese Bewertung dann, wenn die Reziprozität nicht mehr gewährleistet ist. Da hier die Existenz des Netzwerks insgesamt auf dem Spiel stehen kann, sollte die Reziprozität regelmäßig in den Blick genommen werden.
- *Schwache Bindungen offen halten:* Netzwerke ziehen ihre Stärke aus schwachen Bindungen zwischen den Akteuren. Sie unterscheiden das Netzwerk vom System und sind die Quelle innovativer Problemlösungen. Es ist daher notwendig, sowohl die Aufnahme neuer Akteure laufend zu prüfen als auch starken Bindungen, zumindest in einem gewissen Umfang, entgegenzuwirken. Starke Bindungen und Loyalitäten zwischen den Akteuren einer In-Gruppe haben situativ Vorteile, können jedoch langfristig das Netzwerk aushöhlen.
- *Hierarchiekonformität akzeptieren:* In institutionell geprägten Netzwerken sind Hierarchiekonflikte unausweichlich, und sie können unmittelbar in eine Blockade führen. Daher ist es notwendig, Hierarchien zunächst einmal wahrzunehmen und – falls notwendig – in der Netzwerkstruktur abzubilden. Auf der jeweils ähnlichen Hierarchieebene ist ein vergleichsweise offener Austausch möglich. Später können dann die Ergebnisse der unterschiedlichen Ebenen zusammengefasst werden.
- *Geschenke verteilen und Ambiguitätstoleranz praktizieren:* Reziprozität ist wichtig, allerdings nur in langfristiger Perspektive. Netzwerke leben kurzfristig geradezu von dem Gegenteil, d. h. davon, dass einseitig Geschenke verteilt, Vorleistungen erbracht und Toleranz praktiziert wird. Hierdurch entsteht eben jenes Vertrauen, welches später im Netzwerk erfolgreich genutzt werden kann.
- *Kompetenzen des Netzwerkkoordinators kennen und entwickeln:* Für eine erfolgreiche Netzwerkkoordination sind unterschiedliche fachliche, methodische, soziale sowie organisatorische Kompetenzen erforderlich. Seien Sie sich dessen bewusst, und versuchen Sie, möglichst viele Kompetenzen aus diesen Bereichen auf- und auszubauen.
- *Zwischen den Dilemmata oszillieren:* Netzwerke sind inhärent von Dilemmasituationen (Vertrauen, Besitz, Konflikt und Subvention) geprägt, die nicht leichthin und abschließend mit einem ‚Basta' aufgelöst werden können. Sie

können allerdings situativ in der einen oder anderen Weise und später eben anders gelöst werden. Diese Praxis ist gerade nicht konzeptionslos und chaotisch, sondern Bedingung für ein langfristiges Funktionieren des Netzwerks als Netzwerk.

- *Gefahr der politischen Instrumentalisierung sehen:* Fragen Sie stets nach den Zwecksetzungen von politischen Programmen, die die Initiierung oder den Erhalt von Netzwerken in der Sozialen Arbeit fördern. Soll hier bürgerschaftliches Engagement geschaffen, dafür aber sozialstaatliche Förderung heruntergefahren werden? Was bedeutet das für die Klienten, das Handlungsfeld und Ihre Profession und die damit verbundenen ethischen Richtlinien?
- *Netzwerkorientierung schafft Identität als Sozialarbeiter/Sozialpädagoge:* Die Auseinandersetzung mit dem Arbeitsprinzip Netzwerkorientierung stärkt eine problembezogene Professionalität und kann dadurch zur Identitätsbildung von Fachkräften in der Sozialen Arbeit beitragen. Fühlen Sie sich als Netzwerkkoordinator!

4 FAZIT UND AUSBLICK

„Netzwerke haben nicht aus sich heraus eine positive Qualität – alles hängt von den Strukturen dieser Figurationen und ihren jeweiligen Zwecksetzungen ab." (Keupp 2009, S. 59)

Das vorangestellte Zitat fasst es gut zusammen: Der Netzwerkansatz birgt gleichermaßen Chancen wie Gefahren, mit denen sich die Soziale Arbeit in Disziplin und Profession auseinandersetzen muss. Auf einer übergeordneten Ebene bestehen seine Chancen in der Nutzung und innovativen Verknüpfung von Ressourcen, wie sie für die moderne Netzwerkgesellschaft (Castells) paradigmatisch und prägend ist. Seine Gefahren liegen vor allem in seiner Instrumentalisierung durch die Sozialpolitik und Sozialverwaltung und damit letztlich in der Entmündigung Sozialer Arbeit. Deshalb muss die Soziale Arbeit die politische Steuerungsperspektive Vernetzung wahr- und ernst nehmen, sie sich aber nicht unhinterfragt aufstülpen lassen, sondern professionell autonom sinnvolle Konditionen ihrer Umsetzung einfordern und ihre Grenzen aufzeigen. Ihre Aufgabe ist dabei, offensive Lobbyarbeit in Bezug auf die sozialpolitische Ausgestaltung der Gesellschaft sowie die Durchsetzung und vehemente Verteidigung fachlicher Standards zu betreiben.

Die Einstufung der Netzwerkorientierung in den Rang eines Arbeitsprinizips der Sozialen Arbeit ist ambitioniert, jedoch angesichts der Entwicklungen in Gesellschaft, Forschung und Praxis naheliegend. Im Wesentlichen existiert heute kein Fall mehr ohne Feld, da in Diagnose, Konzepten und Methoden – zu Recht – Netzwerkaspekte durchgehend eine Rolle spielen. Bei der Netzwerkorientierung handelt es sich nun weder um ein arbeitsfeldspezifisches Phänomen noch um eine temporäre Mode, sondern eben um ein grundsätzliches Prinzip, das das professionelle Handeln in der Sozialen Arbeit leiten kann und sollte und das sich darüber hinaus im reflexiven Arbeitsstadium befindet.

Mit zunehmender Erfahrung und Erkenntnis im Zusammenhang mit Netzwerkorientierung in der Sozialen Arbeit sind in den letzten Jahren konkrete Differenzierungen, Chancen und Probleme auf den unterschiedlichen Ebenen aufgezeigt und diskutiert worden. Diese stützen und stabilisieren die Netzwerkorientierung als Arbeitsprinzip langfristig, da Theorie und Praxis zunehmend dessen Funktionsbedingungen und Aspekte einer ‚guten Netzwerkorientierung' herausarbeiten.

Aspekte dieser ‚guten Netzwerkorientierung' in der Sozialen Arbeit – bezogen auf die fallunabhängige Arbeit in institutionellen Netzwerken – stehen im Mittelpunkt des Lehrbuches. Bevor sie jedoch herausgearbeitet werden konnten, bedurfte es dringend einer (bislang wenig systematisch betriebenen) begrifflichen Schärfung des Netzwerkansatzes in der Sozialen Arbeit, einerseits mit Blick auf dessen Spezifika, andererseits im Anschluss an die interdisziplinäre deutschsprachige Netzwerkforschung. Dazu gehörte grundlegend die Entwicklung einer Definition von Netzwerk, die an die allgemeine sozialwissenschaftliche Diskussion anschlussfähig, für die Soziale Arbeit verwertbar sowie gegen verwandte weitere Begriffe abgrenzbar ist.

Die Vertiefung von theoretischen Grundlagen und die Beschäftigung mit der empirischen Netzwerkanalyse schufen dann das Handwerkszeug und damit die Basis für die Auseinandersetzung mit einzelnen Theorieaspekten, die der nicht fallbezogenen Netzwerkpraxis in institutionellen Netzwerken in der Sozialen Arbeit immanent sind. Dazu gehören beispielsweise Phasen der Zusammenarbeit in Netzwerken, Anforderungen an die Netzwerkkoordination oder Aufgaben und Rollen innerhalb eines Netzwerks. Daneben liefert das vorliegende Buch Antworten auf wichtige systematisierende Fragen der Disziplin und Profession, die im Kontext des Netzwerkansatzes virulent werden. Dieser analytische Blick auf ‚best practice' umfasste die Skizzierung und fachliche Bewertung diverser Beispiele aus der Netzwerkpraxis. Da die Voraussetzungen für jedes spezifische Netzwerk und die konkrete Arbeit darin und damit jedoch äußerst individuell sind, mündet der konkret verwertbare Anwendungsbezug für den Leser in einer zusammenfassenden To-do-Liste, die die zentralen Erfolgs- und Risikofaktoren der Netzwerkorientierung benennt und ordnet.

Die Verfasser hoffen daher insgesamt, mit dem vorliegenden Lehrbuch einen Beitrag zur Grundlegung der Netzwerkorientierung in der Sozialen Arbeit geleistet zu haben, der Forschung und Praxis dieses (neuen) Paradigmas recht umfassend beleuchtet. Dies wiederum ist Teil unseres Bemühens, die Netzwerkorientierung in Disziplin und Profession Sozialer Arbeit zu verankern. Hierdurch soll schließlich eine problembezogene Professionalität gestärkt und zur Identitätsbildung der Fachkräfte in der Sozialen Arbeit beigetragen werden. Die Leser aus Forschung und Praxis werden selbst entscheiden, ob uns dieses Vorhaben gelungen ist. Unser Blick in die Zukunft geht in zwei Richtungen:

- Erstens ist es für die Netzwerkorientierung in der Sozialen Arbeit notwendig, den *Kontakt zur Grundlagenforschung der deutschsprachigen Netzwerkforschung sowie der amerikanischen Social Network Analysis* zu halten und sich dort auch als Vertreter der eigenen Disziplin und Profession und mit der spezifischen Perspektive der Sozialen Arbeit einzubringen. Im Grundsatz sind weite Bereiche dieser Forschung sehr gut mit der Sozialen Arbeit kompatibel, so dass sich ein Blick über den Tellerrand fast immer lohnt – sei es durch die direkte thematische Nähe oder sei es als Anregung zur Übertragung einzelner Aspekte auf die eigenen Fragestellungen. Hier sind sowohl theoretische Diskussionen als auch neuere qualitative und quantitative Methoden der Netzwerkforschung wichtig. Es ist vor diesem Hintergrund ein Glücksfall, dass sich vor einigen Jahren die Sektion „Soziologische Netzwerkforschung" in der Deutschen Gesellschaft für Soziologie gebildet hat, die das zentrale Forum grundlegender Netzwerkforschung in Deutschland ist. Dort ist man von Anfang an bemüht, Theorie und Praxis interdisziplinär zusammen zu denken, und man ist bemerkenswert offen für eigene Beiträge der Sozialen Arbeit.
- Da unseres Erachtens die Netzwerkorientierung ein generelles Prinzip der Sozialen Arbeit ist, kann sie eine unüberschaubare Menge an Praxisbeispielen und -erfahrungen beisteuern. Ob in der Genese sozialer Probleme, ihrer Bewäl-

tigung oder Prävention: Es wird sich kaum ein Aspekt der Sozialen Arbeit finden, der nicht mit sozialen Netzwerken zu tun hat. Hieraus folgt gleichsam ein Luxusproblem der Sozialen Arbeit, in der Vielzahl von Praxisbeispielen eine Struktur zu finden, die dann weiterentwickelt werden kann. Das vorliegende Lehrbuch ist hierzu nur ein erster Schritt, indem es die einzelnen Praxisbeispiele *vor dem Hintergrund theoretisch-politisch-methodischer Erkenntnisse* interpretiert und bewertet hat. Hier nun ist *zukünftig eine stärkere Systematisierung von Praxiserfahrungen möglich und sinnvoll*. Unser Vorschlag einer To-do-Liste deutet hier eine Richtung an, ist jedoch sicher noch nicht ausreichend.

Bei all dem gilt es für die Soziale Arbeit zu beachten, dass sie durch mehrfache Mandate geprägt ist und sich gegen einseitige Vereinnahmungsversuche beständig zu wehren hat. Gerade Netzwerke, die ja als freiwilliger Zusammenschluss autonomer Akteure charakterisiert sind, werden sehr gerne und sehr leicht von außen oder von innen her instrumentalisiert, was wiederum – und wie in den Praxisbeispielen mehrfach gezeigt – erhebliche Gefahren mit sich bringt. Ein Gegensteuern fällt hier umso leichter, je früher Versuche einer Instrumentalisierung erkannt und problematisiert werden.

So wie Netzwerke Dramen sind, so bleibt die Arbeit in und mit Netzwerken immer widersprüchlich: Sie ist spannend und langweilig, erfolgreich und gefährlich, autonom und abhängig, traditionell und modern, simpel und kompliziert, analog und digital. Damit ist und bleibt sie ganz sicher eine Zukunftsthematik. Wie diese Zukunft aussieht, hängt von der Gestaltungsfähigkeit und vom Gestaltungswillen auch der Sozialen Arbeit ab.

Literatur

Aderhold, Jens; Wetzel, Ralf (2005): Netzwerkmoderation. Grundprobleme und Gestaltungsvorschläge für ein handlungsfähiges Netzwerkmanagement. In: Zeitschrift Führung und Organisation, 74. Jg., 1/2005, S. 18–24.

Alinsky, Saul D. (1973): Leidenschaft für den Nächsten. Strategien und Methoden der Gemeinwesenarbeit. Gelnhausen/Berlin: Burckhardthaus-Verlag.

Alinsky, Saul D. (1989): Reveille for Radicals. London: Vintage.

AWO (2004): Qualitätsentwicklung für lokale Netzwerkarbeit. Eine Arbeitshilfe für die Praxis. Schriftenreihe Theorie und Praxis. Bonn: AWO Bundesverband e. V.

Axelrodt, Robert (1988): The Evolution of Cooperation. New York: Basic Books.

Baecker, Dirk (2012). In: Wirth, Jan V.; Kleve, Heiko (Hrsg.): Lexikon des systemischen Arbeitens. Grundbegriffe der systemischen Praxis, Methodik und Theorie. Heidelberg: Carl Auer, S. 408–411.

Bauer, Petra (2005): Institutionelle Netzwerke steuern und managen. Einführende Überlegungen. In: Bauer, Petra; Otto, Ulrich (Hrsg.) (2005): Mit Netzwerken professionell zusammenarbeiten, Band II: Institutionelle Netzwerke in Steuerungs- und Kooperationsperspektive. Tübingen: DGVt, S. 11–46.

Becker, Martin (2006): Sozialraumorientierung als Handlungskonzept Sozialer Arbeit. In: Theorie und Praxis der Sozialen Arbeit, 4/2006, S. 30–36.

Bellah, Robert N. (2011): Zivilreligion in Amerika. In: Kleger, Heinz; Müller, Alois (Hrsg.): Religion des Bürgers. Zivilreligion in Amerika und Europa, Münster: Lit-Verlag, S. 19–41.

Bernstein, Saul; Lowy, Louis (1969): Untersuchungen zur sozialen Gruppenarbeit, Lambertus, Freiburg im Breisgau.

Bisky, Jens (2011): Kleist. Eine Biographie. 2. Aufl. Berlin: Rowohlt.

Bommes, Michael; Wilmes, Maren (2007): Menschen ohne Papiere in Köln. Eine Studie zur Lebenssituation irregulärer Migranten. Studie im Auftrag des Rates der Stadt Köln. Osnabrück/Köln.

Boskamp, Peter (1999): Das Konzept des Sozialen Netzwerks – Anwendungsmöglichkeiten im Kontext von Führen und Leiten in Organisationen. In: Boskamp, Peter; Knapp, Rudolf (Hrsg.): Führung und Leitung in sozialen Organisationen. Handlungsorientierte Ansätze für neue Managementkompetenz. 2. Aufl., Neuwied, Kriftel: Luchterhand. S. 161–192.

Boulet, Jean Jaak; Krauss, Ernst-Jürgen; Oelschlägel, Dieter (1980): Gemeinwesenarbeit als Arbeitsprinzip: eine Grundlegung. Bielefeld: AJZ-Druck-&-Verlag.

Böhnisch, Lothar (2008): Sozialpädagogik der Lebensalter. Eine Einführung. 5., überarb. Aufl., Weinheim, München: Juventa.

Browne, Kath (2005): Snowball Sampling: Using Social Networks to Research Non–heterosexual Women. In: International of Journal Social Research Methodology, Vol. 8, 1/2005, pp. 47–60.

Buber, Martin (1983): Ich und Du. 11. Aufl. Heidelberg: Lambert Schneider.

Budde, Wolfgang; Früchtel, Frank (2005): Fall und Feld. Oder was in der sozialraumorientierten Fallarbeit mit Netzwerken zu machen ist. In: Sozialmagazin Heft 6, 30. Jg., S. 14–23.

Bullinger, Hermann; Nowak, Jürgen (1998): Soziale Netzwerkarbeit. Eine Einführung für soziale Berufe. Freiburg i. Br.: Lambertus.

Burghardt, Steve (2011): Macro Practice in Social Work for the 21st Century. Los Angeles u. a.

Cakir-Ceylan, Esma (2011): Gewalt im Namen der Ehre. Eine Untersuchung über Gewalttaten in Deutschland und in der Türkei unter besonderer Betrachtung der Rechtsentwicklung in der Türkei. Frankfurt a. M. u. a.: Peter Lang.

Castells, Manuel (2001): Das Informationszeitalter. Opladen: Leske und Budrich.

Cohn, Ruth (1992): Von der Psychoanalyse zur Themenzentrierten Interaktion. Von der Behandlung einzelner zu einer Pädagogik für alle. 11. Aufl. Stuttgart: Klett-Cotta.

Dahme, Heinz-Jürgen; Wohlfahrt Norbert (2000): Einleitung: Zur politischen Inszenierung von Wettbewerb und Vernetzung im Sozial- und Gesundheitssektor – auf dem Weg zu einem neuen Organisationsmix? In: Dahme, Heinz-Jürgen; Wohlfahrt, Norbert (Hrsg.) (2000): Netzwerkökonomie im Wohlfahrtsstaat: Wettbewerb und Kooperation im Sozial- und Gesundheitssektor. Berlin: Ed. Sigma, S. 9–27.

Dawkins, Richard (1978): Das egoistische Gen. Berlin/Heidelberg: Springer-Verlag.

Draheim, Georg (1952): Die Genossenschaft als Unternehmenstyp. Göttingen: Vandenhoek und Ruprecht.

Dunbar, Robin I. M. (1993): Coevolution of neocortical size, group size and language in humans. In: Behavioral and Brain Sciences. 16, 1993, S. 681ff.

Engelke, Ernst; Borrmann, Stefan; Spatscheck, Christian (2009): Theorien der Sozialen Arbeit. Eine Einführung. 5., überarb. u. erw. Aufl., Freiburg i. Br.: Lambertus.

Eschenburg, Rolf (1973): Konflikt- und Harmonietheorie der Genossenschaften. Bemerkungen zur gleichnamigen Kritik Manfred Neumanns. In: Zeitschrift für das gesamte Genossenschaftswesen, 23. Jg., 2/1973, S. 101–114.

Felber, Martina (2006): Familienzentrum. Ein Organisationsmodell zur Entwicklung von Akteursnetzwerken. Diplomarbeit eingereicht an der Katholischen Hochschule Köln. Unveröffentlicht.

Fischer, Jörg; Kosellek, Tobias (Hrsg.) (2013): Netzwerke und Soziale Arbeit. Theorien, Methoden, Anwendungen. Weinheim und Basel: Belz Juventa.

Friedrich, Sibylle (2012): Ressourcenorientierte Netzwerkmoderation. Ein Empowermentwerkzeug in der Sozialen Arbeit. Wiesbaden: VS.

Galuske, Michael (2013): Methoden der Sozialen Arbeit. Eine Einführung. Bearbeitet von Karin Bock und Jessica Fernandez Martinez. 10. Aufl., Weinheim, München: Belz Juventa.

Gamble, Dorothy N.; Weil, Marie (2010): Community Practice Skills. Local to global perspectives. New York/Chichester.

Geier, Manfred (2009): Die Brüder Humboldt. Eine Biographie. Reinbek: Rowohlt.

Geiser, Kaspar (2004): Problem- und Ressourcenanalyse in der Sozialen Arbeit. Eine Einführung in die Systemische Denkfigur und ihre Anwendung. 2. Aufl., Luzern: Interact.

Geißler, Karlheinz A.; Hege, Marianne (2007): Konzepte sozialpädagogischen Handelns. Ein Leitfaden für soziale Berufe. 11. Aufl., Weinheim, Basel: Juventa.

Gerhardter, Gabriele (2001): Netzwerkorientierung in der Sozialarbeit. Eine überblicksartige Zusammenstellung zu „Soziale Netzwerke" und „Organisationsnetzwerke". Verfügbar unter http://www.pantucek.com/diagnose/netzwerkkarte/gerhardter_netzwerk.pdf am 18.8.2015.

Glasl, Friedrich (2011): Konfliktmanagement. Ein Handbuch für Führungskräfte, Beraterinnen und Berater (10. Aufl.). Stuttgart: Haupt Verlag Freies Geistesleben.

Goffman, Erving (1973): Asyle. Über die soziale Situation psychiatrischer Patienten und anderer Insassen. Frankfurt a. M.: Suhrkamp.

Goldberg, Brigitta (o. J.): Der Fall Kevin. Analyse und Diskussion. Verfügbar unter http://¬www.brigitta-goldberg.de/pdf/Der%20Fall%20Kevin%20-%20Analyse%20und%20Dis¬kussion-farbig.pdf am 14.2.2015.

Gottlieb, Benjamin, H. (1985): Assessing and strengthening the impact of social support on mental health. In: Social Work Jg. 30, Heft 4, S. 293–300.

Granovetter, Mark S. (1973): The Strength of Weak Ties. American Journal of Sociology, Vol. 78, No. 6, May/1973, S. 1360–1380.

Groenemeyer, Axel (1999): Soziale Probleme, soziologische Theorie und moderne Gesellschaften. In: Albrecht, Günter; Groenemeyer, Axel; Stallberg, Friedrich Wilhelm (1999) (Hrsg.): Handbuch soziale Probleme. Opladen: Westdeutscher. S. 13–72.

Habermas, Jürgen (1981): Theorie des kommunikativen Handelns. Frankfurt a. M.: Suhrkamp.

Hafen, Martin (2012): Problem. In: Wirth, Jan V.; Kleve, Heiko (Hrsg.): Lexikon des systemischen Arbeitens. Grundbegriffe der systemischen Praxis, Methodik und Theorie. Heidelberg: Carl Auer, S. 312–315.

Hauser, Richard; Hauser, Hepzibah (1971): Die kommende Gesellschaft: Handbuch für soziale Gruppenarbeit und Gemeinwesenarbeit. München/Wuppertal: Pfeiffer.

Hennig, Marina u. a. (2012): Studiying Social Networks. A Guide to empirical Research. Frankfurt/New York: Campus.

Herwig-Lempp, Johannes (2009): Ressourcen im Umfeld: Die VIP-Karte. In: Michel-Schwartze, Brigitta (Hrsg.): Methodenbuch Soziale Arbeit. 2. Aufl., Wiesbaden: Verlag für Sozialwissenschaften, S. 207–226.

Hinte, Wolfgang; Karas, Fritz (1989): Studienbuch Gruppen- und Gemeinwesenarbeit. Neuwied/Frankfurt a. M.: Luchterhand.

Hinte, Wolfgang; Litges, Gerd; Springer, Werner (1999): Soziale Dienste: Vom Fall zum Feld. Soziale Räume statt Verwaltungsbezirke. Berlin: Ed. Sigma.

Hirshman, Albert O. (1970): Exit, Voice and Loyalty. Responses to Decline in Firms, Organizations and States. Cambridge/MA: Harvard University Press.

Holler, Manfred J.; Illing, Gerhard (2009): Einführung in die Spieltheorie. 7. Aufl. Berlin/Heidelberg: Springer.

Holzer, Boris (2010): Netzwerke. 2. Aufl. Bielefeld: Transcript.

Holzer, Boris, (2012): Netzwerk. In: Wirth, Jan V.; Kleve, Heiko (Hrsg.): Lexikon des systemischen Arbeitens. Grundbegriffe der systemischen Praxis, Methodik und Theorie. Heidelberg: Carl Auer, S. 280–283.

Hummel, Konrad (2011): Neue Wege der Bürgerbeteiligung. Stadtentwicklung und Lebensstilbeteiligung. In: Soziale Arbeit, 60. Jg., 6/2011, S. 220–227.

IFSW (International Federation of Social Workers) (2015): Global Definition of Social Work. Verfügbar unter http://ifsw.org/get-involved/global-definition-of-social-work/ am 26.10.2015.

Jansen, Dorothea (2000): Netzwerke und soziales Kapital. Methoden zur Analyse struktureller Einbettung. In: Weyer, Johannes: Soziale Netzwerke. Konzepte und Methoden der sozialwissenschaftlichen Netzwerkforschung. München: de Gruyter Oldenbourg. S. 35–62.

Jansen, Dorothea (2006): Einführung in die Netzwerkanalyse. Grundlagen, Methoden, Anwendungen. 3. Aufl. Wiesbaden: VS.

Jansen, Stephan A. (2000): Konkurrenz der Konkurrenz. Co-opetition: Die Form der Konkurrenz. Typen, Funktionen und Voraussetzungen von paradoxen Koordinationsformen. In: Jansen, Stephan A.; Schleissing, Stephan (Hrsg.): Konkurrenz und Kooperation. Interdisziplinäre Zugänge zur Theorie der Co-opetition. Marburg: Metropolis, S. 13–63.

Kania, Jessica (2014): Vernetzung von Einrichtungen der Drogenhilfe. Bachelor-Thesis vorgelegt an der Katholischen Hochschule Köln, Fachbereich Sozialwesen. Unveröffentlicht

Keupp, Heiner (2009): So weit die Netze tragen: Chancen und Mythen der Netzwerkarbeit. In: Verhaltenstherapie & psychosoziale Praxis, 41. Jg., Heft 1, S. 43–60.

Kleve, Heiko (2004): Die intime Grenze funktionaler Partizipation. Ein Revisionsvorschlag zum systemtheoretischen Inklusions-/Exklusions-Konzept. In: Merten, Roland; Scherr, Albert (Hrsg.): Inklusion und Exklusion in der Sozialen Arbeit. Wiesbaden: VS-Verlag. S. 163–187.

Kruse, Jan (2005): Soziale Netzwerkarbeit im Spiegel gegenwärtiger Diskurse. In: Sozialmagazin, 30 Jg., 6/2005, S. 36–45.

Krücken, Georg; Meier, Frank (2003): „Wir sind alle überzeugte Netzwerktäter". Netzwerke als Formalstruktur und Mythos der Innovationsgesellschaft. In: Soziale Welt, Jg. 54, S. 71–92.

Kuhlmann, Carola (2000): Alice Salomon. Ihr Lebenswerk als Beitrag zur Entwicklung der Theorie und Praxis sozialer Arbeit. Weinheim: Dt. Studien-Verl.

Lambers, Helmut (2010): Systemtheoretische Grundlagen Sozialer Arbeit. Opladen & Farmington Hills: Budrich.

Lambers, Helmut (2013): Theorien der Sozialen Arbeit. Ein Kompendium und Vergleich. Opladen & Toronto: Budrich.

Lammers, Klaus (1992): Das Konzept des sozialen Netzwerks. Überlegungen zur theoretischen und praktischen Relevanz des Netzwerkmodells in der Sozialarbeit und Sozialpädagogik. In: neue praxis, Jg. 22, Heft 2, S. 117–130.

Langmaack, Barbara; Braune-Krickau, Michael (2010): Wie die Gruppe laufen lernt. Anregungen zum Planen und Leiten von Gruppen. Ein praktisches Lehrbuch. 8. Aufl. Weinheim: Beltz.

Lewin, Kurt (1975): Die Lösung sozialer Konflikte. Ausgewählte Abhandlungen über Gruppendynamik. 4. Aufl. Bad Nauheim: Christian.

Löhmer, Cornelia; Standthardt, Rüdiger (2006): TZI – Die Kunst, sich selbst und eine Gruppe zu leiten. Einführung in die Themenzentrierte Interaktion. Stuttgart: Klett-Cotta.

Ludewig, Kurt (2005): Einführung in die theoretischen Grundlagen der systemischen Therapie. Heidelberg: Carl Auer.

Lüttringhaus, Maria; Richers, Hille (Hrsg.) (2003): Handbuch aktivierende Befragung. Konzepte, Erfahrungen, Tipps für die Praxis. Bonn: Verlag Stiftung Mitarbeit.

May, Michael (2010): Aktuelle Theoriediskurse Sozialer Arbeit. Eine Einführung. 3. Aufl., Wiesbaden: VS-Verlag.

Mayntz, Renate (1993): Policy-Netzwerke und die Logik von Verhandlungssystemen. In: Héritier, Adrienne (Hrsg.): Policy-Analyse. Kritik und Neuorientierung. Opladen: Leske und Budrich, S. 39–95.

McCallister, Lynne; Fischer, Claude S. (1978): A Procedure for Surveying Personal Networks. In: Sociological Methods and Research 7, S. 131–148.

Mennemann, Hugo (2014): Interessenausgleich im Netzwerk zwischen den Akteuren der ‚eigentlichen Arbeitsrunde'. Referat auf dem Fachtag ‚Institutionelle Vernetzung sozialer Dienste – Netzwerke begleiten' an der Katholischen Hochschule NRW in Münster am 21.1.2014. Unveröffentlichtes Manuskript.

Merchel, Joachim (2000): Kooperation und Vernetzung in der Jugendhilfe. Programm und Realität. In: Dahme, Heinz-Jürgen; Wohlfahrt, Norbert (Hrsg.) (2000): Netzwerkökonomie im Wohlfahrtsstaat: Wettbewerb und Kooperation im Sozial- und Gesundheitssektor. Berlin: Ed. Sigma, S. 91–118.

Miller, George A. (1956): The Magical Number Seven, Plus or Minus Two: Some Limits on Our Capacity for Processing Information. In: The Psychological Review. Bd. 63, 1956, S. 81–97.

Miller, Tilly (2005): Die Störungsanfälligkeit organisierter Netzwerke und die Frage nach Netzwerkmanagement und Netzwerksteuerung. In: Bauer, Petra; Otto, Ulrich (Hrsg.): Mit Netzwerken professionell zusammenarbeiten. Bd. 2: Institutionelle Netzwerke in Steuerungs- und Kooperationsperspektive. Tübingen: dgvt-Verlag, S. 105–125.

Motzke, Katharina (2014): Soziale Arbeit als Profession. Zur Karriere „sozialer Hilfstätigkeit" aus professionssoziologischer Perspektive. Opladen, Berlin & Toronto: Budrich.

Motzke, Katharina; Schönig, Werner (2012): Netzwerkorientierung als Arbeitsprinzip in der Sozialen Arbeit. Kein Fall ohne Feld. In: Neue Praxis, 42. Jg., 3/2012, S. 231–241.

Müller, Carsten (2013): Community Organizing – als Konzept, Methode und Haltung kritischer Sozialer Arbeit Benz, Benjamin; Rieger, Günter; Schönig, Werner; Többe-Schukalla, Monika (Hrsg.): Politik Sozialer Arbeit. Bd. 2: „Akteure, Handlungsfelder und Methoden". Weinheim/Basel, S. 300–313.
Nestmann, Frank (1989): Förderung sozialer Netzwerke – eine Perspektive pädagogischer Handlungskompetenz? In: neue Praxis, Jg. 19, Heft 2, S. 107–123.
Neugebauer, Christian (2012): Organisationsentwicklung im Schatten der Hierarchie?: Kooperation als Steuerungsmodell politischer Leistungen. Heidelberg: Carl Auer.
Neumann, John v.; Morgenstern, Oskar (1944): Theory of games and economic behavior. Princeton: Princeton University Press.
Nüß, Sandra; Schubert, Herbert (2004): Projektmanagement in der sozialen Arbeit. Ergebnisse einer Befragung von Akteuren der sozialen Arbeit zum Projektmanagement in Kalker Einrichtungen. Manuskript. Verfügbar unter https://www.th-koeln.de/mam/downloads/deutsch/hochschule/fakultaeten/f01/srm-arbeitspapier09_kalk2.pdf am 5.2.2016.
Otto, Hans-Uwe (2013): Vorwort. In: Fischer/Kosellek 2013, S. 5–6.
Pappi, Franz Urban (1987): Die Netzwerkanalyse aus soziologischer Perspektive. In: Pappi, Franz Urban (Hrsg.): Methoden der Netzwerkanalyse. München: Oldenbourg. S. 11–37.
Pester, Marion (1993): Das Prinzip Kooperation. Dimensionen strategischer Kooperation und ihre Relevanz für den genossenschaftlichen Finanzverbund. Regensburg: Transfer.
Pöhlsen-Wagner, Inga (2013): Konflikt. In: Grunwald, Klaus; Horcher, Georg; Maelicke, Bernd (Hrsg.): Lexikon der Sozialwirtschaft. 2. Aufl. Baden-Baden: Nomos, S. 530–554.
Quilling, Eike; Nicolini, Hans J.; Graf, Christine; Starke, Dagmar (2013): Praxiswissen Netzwerkarbeit. Gemeinnützige Netzwerke gestalten. Wiesbaden: VS.
Rieck, Christian (2013): Spieltheorie. Eine Einführung. 12. Aufl. Christian Rieck Verlag: Eschborn.
Riemann, Gerhard; Schütze, Fritz (2012): Die soziologische Komplexität der Fallanalyse von Mary Richmond. In: Bromberg, Kristin; Hoff, Walburga; Miethe, Ingrid (Hrsg.): Forschungstraditionen der Sozialen Arbeit. Materialen, Zugänge, Methoden. Opladen, Berlin, Toronto: Budrich. S. 131–201.
Ritscher, Wolf (2005): Systemische Modelle für die Soziale Arbeit. Ein integratives Lehrbuch für Theorie und Praxis. 2. Aufl. Heidelberg: Carl Auer.
Röh, Dieter (2013): Soziale Arbeit, Gerechtigkeit und das gute Leben. Eine Handlungstheorie zur daseinsmächtigen Lebensführung. Wiesbaden: VS.
Röhrle, Bernd; Sommer, Gert; Nestmann, Frank (1998) (Hrsg.): Netzwerkinterventionen. Fortschritte der Gemeindepsychologie und Gesundheitsförderung Band 2. Tübingen: dgvt-Verlag.
Röhrle, Bernd; Stark, Wolfgang (1985) (Hrsg.): Soziale Netzwerke und Stützsysteme. Perspektiven für die klinisch-psychologische und gemeindepsychologische Praxis. Tübingen: Deutsche Gesellschaft für Verhaltenstherapie.
Safranski, Rüdiger (2001): Schopenhauer und die wilden Jahre der Philosophie. Frankfurt a. M.: Fischer.
Scharpf, Fritz W. (1991): Die Handlungsfähigkeit des Staates am Ende des Zwanzigsten Jahrhunderts. In: Politische Vierteljahresschrift, 32. Jg., 4/1991, S. 621–634.
Scharpf, Fritz W. (2000): Interaktionsformen. Akteurszentrierter Institutionalismus in der Politikforschung. Opladen: Leske und Budrich.
Schlippe, Arist v.; Schweitzer, Jochen (2013): Lehrbuch der systemischen Therapie und Beratung I. Das Grundlagenwissen. 2. Aufl. Göttingen/Bristol: Vandenhoeck und Ruprecht.
Schmidt-Grunert (2009): Soziale Arbeit mit Gruppen. 3. Aufl. Freiburg: Lambertus.
Schneider, Lothar (1983): Subsidiäre Gesellschaft. Implikative und analoge Aspekte eines Sozialprinzips. Paderborn u. a.: Schöningh.
Schneiders, Werner (1997): Das Zeitalter der Aufklärung. München: C.H. Beck.

Schnell, Rainer; Hill, Paul B.; Esser, Elke (2011): Methoden der empirischen Sozialforschung. 9. Aufl., München: Oldenbourg.
Scholl, Armin (2003): Die Befragung. Konstanz: UVK-Verlag.
Schönig, Werner (2001): Rationale Sozialpolitik – Die Produktion von Sicherheit und Gerechtigkeit in modernen Gesellschaften und ihre Implikationen für die ökonomische Theorie der Sozialpolitik. Volkswirtschaftliche Schriften, Heft 517. Berlin: Duncker und Humblot.
Schönig, Werner (2006): Aktivierungspolitik. In: Dollinger, Bernd; Raithel, Jürgen (Hrsg.): Aktivierende Sozialpädagogik. Ein kritisches Glossar. Wiesbaden: Verlag für Sozialwissenschaften, S. 23–39.
Schönig, Werner (2013): Themenzentrierte Interaktion. Impulse für die Netzwerkarbeit im Sozialraum. In: Soziale Arbeit, 62. Jg., 4/2013, S. 153–160.
Schönig, Werner (2014): Sozialraumorientierung. Grundlagen und Handlungsansätze. 2. Aufl., Schwalbach/Ts.: Wochenschau.
Schönig, Werner (2014a): Kommunalpolitik in der Sozialen Arbeit. In: Benz, Benjamin; Rieger, Günter; Schönig, Werner; Többe-Schukalla, Monika (Hrsg.): Politik Sozialer Arbeit. Bd. 2: Akteure, Handlungsfelder und Methoden. Weinheim/Basel: Juventa, S. 43–61.
Schönig, Werner (2015): Koopkurrenz in der Sozialwirtschaft. Zur sozialpolitischen Nutzung von Kooperation und Konkurrenz. Weinheim/Basel: Juventa.
Schönig, Werner (2015a): Störungssensibilität statt Themenerstarrung. Konventionelle und themenzentrierte Ansätze zur Konfliktbewältigung in offizialisierten Netzwerken Sozialer Arbeit. In: Stövesand, Sabine; Röh, Dieter (Hrsg.): Konflikte in der Sozialen Arbeit. Sammelband zur DGSA-Jahrestagung 2014, erscheint demnächst.
Schönig, Werner (2015b): Sozialarbeitspolitik in Armutsgebieten. Überwindung politischer Apathie durch Handlungs-, Themen- und Personenzentrierung. In: Knabe, Judith; Rießen, Anne van; Blandow, Ralf (Hrsg.): Städtische Quartiere gestalten. Kommunale Herausforderungen und Chancen im transformierenden Wohlfahrtsstaat. Bielefeld: Transcript, S. 223–244.
Schönig, Werner (2016): Vielgestaltigkeit von Netzwerken in der Sozialen Arbeit – Skizze einer Typologie anhand der Leitkriterien Nähe und Offenheit. In: Neue Praxis, erscheint demnächst.
Schönig, Werner; Franken, Rabea (2015): Netzwerk und System: Der operative Unterschied. Begriffliche Grundfragen und Illustration an Fallskizzen familiärer Gewalt. In: Neue Praxis, 45. Jg. 2/2015, S. 145–159.
Schönig, Werner; Knabe, Judith (2010): Mittendrin, dabei oder versteckt am Rande. Nutzung der sozialräumlichen Netzwerkforschung für die Soziale Arbeit. In: Sozialmagazin, 35. Jg., 6/2010, S. 42–52.
Schönig, Werner; Motzke, Katharina (2008): Riskanter Korporatismus. Der misslungene Angriff auf die Wohlfahrtsverbände als langfristiges Krisensymptom. In: Soziale Arbeit, 57. Jg., H. 7, S. 251–256.
Schönig, Werner; Primus, Sarah (2009): Abgeklärte Netzwerkarbeit im Sozialraum. Komplexe Netzwerkloyalität als Funktionsproblem eines Stadtteil-Netzwerks. In: Sozialmagazin, 34. Jg., 4/2009, S. 36–47.
Schubert, Herbert (2008): Netzwerkkooperation – Organisation und Koordination von professionellen Vernetzungen. In: Schubert, Herbert (Hrsg.): Netzwerkmanagement. Koordination von professionellen Vernetzungen – Grundlagen und Praxisbeispiele. Wiesbaden: Verlag für Sozialwissenschaften, S. 7–105.
Schubert, Herbert; Spiekermann, Holger (2009): Arbeitshilfen zur Entwicklung und Steuerung von Netzwerken Früher Förderung. Landschaftsverband Rheinland. Verfügbar unter http://www.lvr.de/app/resources/neff_abschlussbericht.pdf am 28.2.2015.

Schubert, Herbert (2011): Kooperation. In: Deutscher Verein für öffentliche und private Fürsorge (Hrsg.): Fachlexikon der sozialen Arbeit. 7. Aufl., Baden-Baden: Nomos. S. 531–532.

Seippel, Alf (1976): Handbuch aktivierende Gemeinwesenarbeit. Bd. 1. Bedingungen, Konzepte, Strategien, Methoden. Gelnhausen/Berlin: Burckardthaus-Verlag.

Staub-Bernasconi, Silvia (2008): Soziale Arbeit und soziale Probleme. Eine disziplin- und professionsbezogene Bestimmung. In: Thole, Werner (Hrsg.): Grundriss Soziale Arbeit. Ein einführendes Handbuch. 3., überarb. u. erw. Aufl., Wiesbaden: VS. S. 267–282.

Stegbauer, Christian (2008): Netzwerkanalyse und Netzwerktheorie. Einige Anmerkungen zu einem neuen Paradigma. In: Stegbauer, Christian (Hrsg.) (2008): Netzwerkanalyse und Netzwerktheorie. Ein neues Paradigma in den Sozialwissenschaften. Wiesbaden: VS, S. 11–19.

Stegbauer, Christian (Hrsg.) (2008a): Netzwerkanalyse und Netzwerktheorie. Ein neues Paradigma in den Sozialwissenschaften. Wiesbaden: VS.

Stegbauer, Christian (2016): Grundlagen der Netzwerkforschung. Situation, Mikronetzwerke und Kultur. Wiesbaden: Springer VS.

Stegbauer, Christian; Häußling, Roger (2010a): Einleitung in das Handbuch Netzwerkforschung. In: Stegbauer, Christian; Häußling, Roger (Hrsg.) (2010): Handbuch Netzwerkforschung. Wiesbaden: VS, S. 13–16.

Stegbauer, Christian; Häußling, Roger (2010b): Einleitung: Selbstverständnis der Netzwerkforschung. In: Stegbauer, Christian; Häußling, Roger (Hrsg.) (2010): Handbuch Netzwerkforschung. Wiesbaden: VS, S. 57–60.

Stegbauer, Christian; Häußling, Roger (Hrsg.) (2010c): Handbuch Netzwerkforschung. Wiesbaden: VS.

Stiftung Mitarbeit (2010): Runde Tische erfolgreich durchführen. 5. Band der Reihe mitarbeiten.skript. Bonn: Verlag Stiftung Mitarbeit.

Stollberg, Dietrich (2012): Politische Implikationen der TZI. In: Themenzentrierte Interaktion, 26. Jg., 1/2012, S. 26–35.

Straus, Florian (1990): Netzwerkarbeit. Die Netzwerkperspektive in der Praxis. In: Textor, Martin (Hrsg.): Hilfen für Familien. Ein Handbuch für psychosoziale Berufe. Frankfurt a. M.: Fischer Taschenbuch. S. 496–520.

Straus, Florian (2004): Soziale Netzwerke und Sozialraumorientierung. Gemeindepsychologische Anmerkungen zur Sozialraumdebatte. IPP Arbeitspapiere Nr. 1/2004. München.

Straus, Florian (2012): Netzwerkarbeit: Förderung sozialer Ressourcen. In: Knecht, Alban; Schubert, Franz-Christian (Hrsg.): Ressourcen im Sozialstaat und in der Sozialen Arbeit. Zuteilung – Förderung – Aktivierung. Stuttgart: Kohlhammer, S. 224–237.

Straus, Florian; Höfer, Renate (1998): Die Netzwerkperspektive in der Praxis. In: Röhrle, Bernd; Sommer, Gert; Nestmann, Frank (Hrsg.): Netzwerkinterventionen. Fortschritte der Gemeindepsychologie und Gesundheitsförderung Band 2. Tübingen: dgvt-Verlag. S. 77–95.

Sydow, Jörg (2010): Management von Netzwerkorganisationen – Zum Stand der Forschung. In: Sydow, Jörg (2010) (Hrsg.): Management von Netzwerkorganisationen. Beiträge aus der „Managementforschung". 5., aktual. Aufl. Wiesbaden: Gabler. S. 373–470.

Teller, Matthias; Longmuß, Jörg (2007): Netzwerkmoderation: Netzwerke zum Erfolg führen. Hergensweiler: Ziel-Verlag.

Thiersch, Hans (2008): Lebensweltorientierte Soziale Arbeit. Aufgaben der Praxis im sozialen Wandel. 7. Aufl., Weinheim, München: Juventa.

Veith-Entus, Susanne (2014): Schöner streiten statt schöner lernen. In: Tagesspiegel vom 12. August 2014. Verfügbar unter: http://www.tagesspiegel.de/berlin/schulen-im-sozialen-brennpunkt-schoener-streiten-statt-schoener-lernen/10324264.html am 22.10.2015.

Voland, Eckart (2013): Soziobiologie. Die Evolution von Kooperation und Konkurrenz. 4. Aufl. Berlin/Heidelberg: Springer Spektrum.

Von Spiegel, Hiltrud (2013): Methodisches Handeln in der Sozialen Arbeit. 5., vollst. überarb. Aufl. München, Basel: Reinhardt.
Waltner, Peter (2014): Was ist TZI? Verfügbar unter: http://www.waltner-gbr.de/TZI-Dreieck.gif am 14.8.2014.
Weber, Susanne (2005): Netzwerkentwicklung als Lernprozess. Bauer, Petra; Otto, Ulrich (Hrsg.): Mit Netzwerken professionell zusammenarbeiten. Bd. 2: Institutionelle Netzwerke in Steuerungs- und Kooperationsperspektive. Tübingen: dgvt-Verlag, S. 127–179.
Weyer, Johannes (2014): Soziale Netzwerke. Konzepte und Methoden der sozialwissenschaftlichen Netzwerkforschung. 3., überarb. Aufl. München: de Gruyter Oldenbourg.
Wolf, Christof (2009): Netzwerke und soziale Unterstützung. Der Vorschlag eines Moduls für die Panelerhebung ‚Arbeitsmarkt und soziale Sicherung' des IAB. Gesis Working Paper 9/2009, verfügbar unter: http://www.gesis.org/fileadmin/upload/forschung/publikationen/gesis_reihen/gesis_arbeitsberichte/GESIS_AB_9.pdf am 21.2.2015.
Ziegler, Rolf (2010): Deutschsprachige Netzwerkforschung. In: Stegbauer, Christian; Häußling, Roger (Hrsg.) (2010): Handbuch Netzwerkforschung. Wiesbaden: VS, S. 39–53.

Ansgar Marx

Mediation und Konfliktmanagement in der Sozialen Arbeit

2015. 245 Seiten. Kart.
€ 32,-
ISBN 978-3-17-026032-0

Grundwissen Soziale Arbeit, Band 17

In allen klassischen Arbeitsfeldern der Sozialarbeit treten Konflikte auf. Ein Sozialarbeiter muss sich ihnen stellen. Denn häufig übernimmt er wegen seiner Position eine Vermittlerrolle, etwa zwischen seinem Klienten und einer Institution oder beim Interessensausgleich in familiären Auseinandersetzungen. Dabei ist es immer sinnvoll, Methoden konstruktiver Gesprächsführung und Konfliktbearbeitung handhaben zu können. Das Buch liefert zunächst Grundlagenwissen zur Entstehung und zur Dynamik von Konflikten in sozialen Arbeitsfeldern. Es stellt anschließend die wichtigsten Kommunikationsmethoden und Konfliktbearbeitungsinstrumente vor, wobei der Schwerpunkt auf der Mediation liegt, die im Methodenkoffer Sozialer Arbeit derzeit zu den modernsten und anerkanntesten Verfahren zählt.

Dr. jur. Ansgar Marx ist Professor für Zivilrecht, Familienrecht und Mediation an der Ostfalia Hochschule für angewandte Wissenschaften in Braunschweig/Wolfenbüttel. Er leitet das iko-Institut für Konfliktlösungen und bildet dort Mediatoren aus.

W. Kohlhammer GmbH
70549 Stuttgart
vertrieb@kohlhammer.de

150 Jahre Kohlhammer

Joachim König (Hrsg.)

Praxisforschung in der Sozialen Arbeit

Ein Lehr- und Arbeitsbuch

2016. 284 Seiten. Kart.
€ 36,–
ISBN 978-3-17-024195-4

Grundwissen Soziale Arbeit, Band 18

Forschung gewinnt nicht nur in der Theoriebildung, sondern vor allem auch in der Praxis der Sozialen Arbeit zunehmend an Bedeutung. Die Autorinnen und Autoren beschreiben systematisch und theoretisch begründet konkretes Handlungswissen, stets anhand von Praxisbeispielen aus Kitas, der Jugendhilfe, der Jugendsozialarbeit, der Sucht- und Straffälligenhilfe, der Beratung und vielen anderen Feldern der Sozialen Arbeit. Im Zentrum steht dabei eine an zwölf Arbeitsschritten orientierte Darstellung des Verlaufs eines Praxisforschungsprozesses, die der Vorbereitung, Planung und Durchführung eigener Ansätze dienen kann.

Dr. Joachim König ist Professor für Pädagogik und Empirische Sozialforschung an der Evangelischen Hochschule Nürnberg.

W. Kohlhammer GmbH
70549 Stuttgart
vertrieb@kohlhammer.de

150 Jahre Kohlhammer